大先生

暨南大先生

詹伯慧

主编◎刘新中　木　子

暨南大學出版社
JINAN UNIVERSITY PRESS

中国・广州

图书在版编目（CIP）数据

暨南大先生：詹伯慧/刘新中，木子主编．—广州：暨南大学出版社，2021.7
ISBN 978－7－5668－3135－4

Ⅰ.①暨…　Ⅱ.①刘…②木…　Ⅲ.①汉语—文集　Ⅳ.①H1－53

中国版本图书馆 CIP 数据核字（2021）第 065765 号

暨南大先生：詹伯慧
JINAN DAXIANSHENG：ZHAN BOHUI
主　编：刘新中　木　子

出 版 人：张晋升
策划编辑：李　战
责任编辑：黄　颖
责任校对：周海燕　林玉翠　冯月盈
责任印制：周一丹　郑玉婷

出版发行：暨南大学出版社（510630）
电　　话：总编室（8620）85221601
营销部（8620）85225284　85228291　85228292　85226712
传　　真：（8620）85221583（办公室）　85223774（营销部）
网　　址：http://www.jnupress.com
排　　版：广州市天河星辰文化发展部照排中心
印　　刷：广东广州日报传媒股份有限公司印务分公司
开　　本：787mm×1092mm　1/16
印　　张：15.25
彩　　插：16
字　　数：380 千
版　　次：2021 年 7 月第 1 版
印　　次：2021 年 7 月第 1 次
定　　价：90.00 元

暨南园里一道美丽的风景线——詹老骑车上班

深耕岭南
桃李芬芳

林如鹏

2021·4.15

暨南大学党委书记林如鹏教授题词

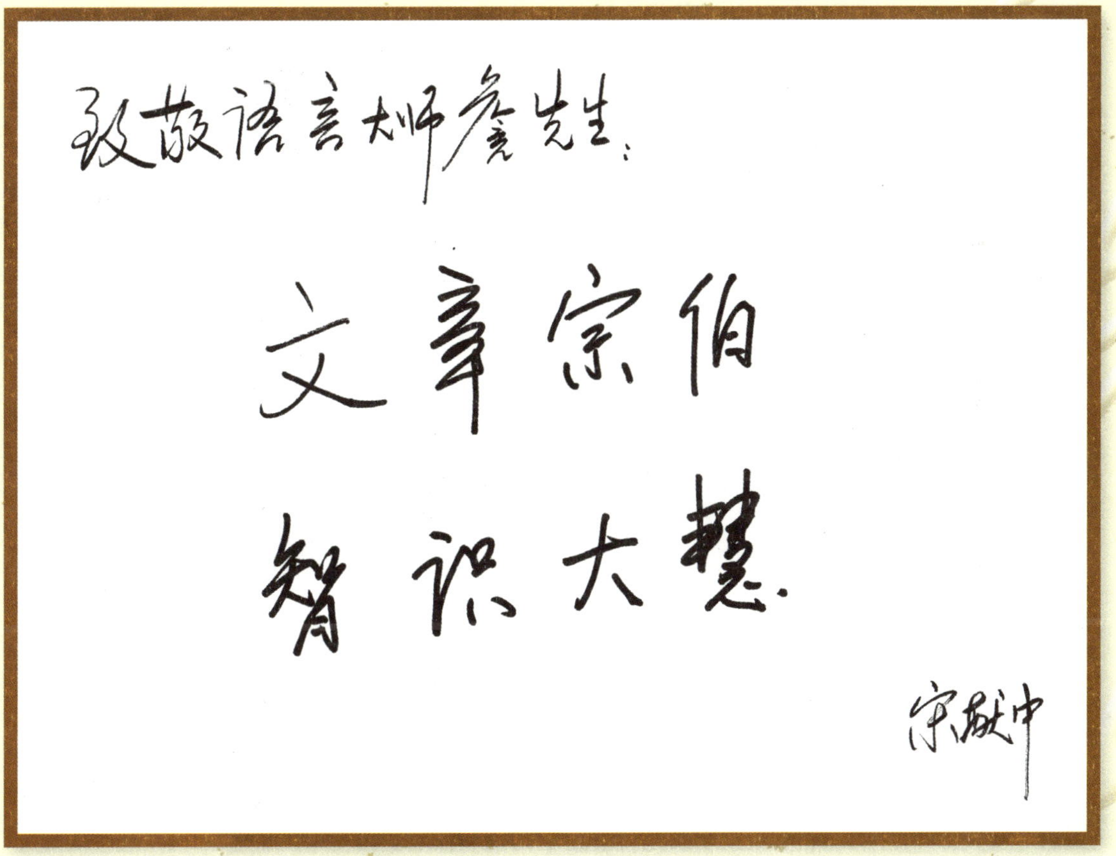
致敬语言大师詹先生：

文章宗伯

智识大慧

宋献中

暨南大学校长宋献中教授题词

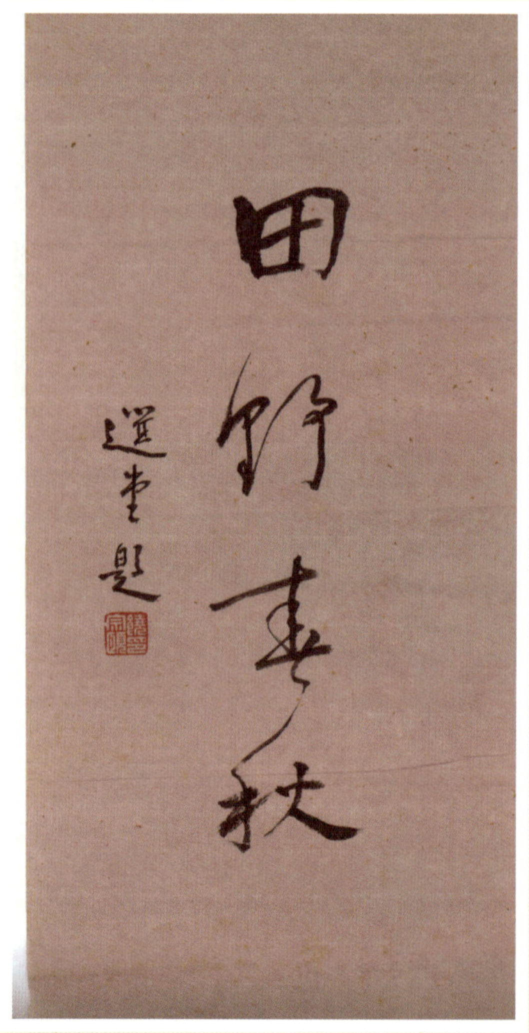

饶宗颐先生为《田野春秋》题写书名

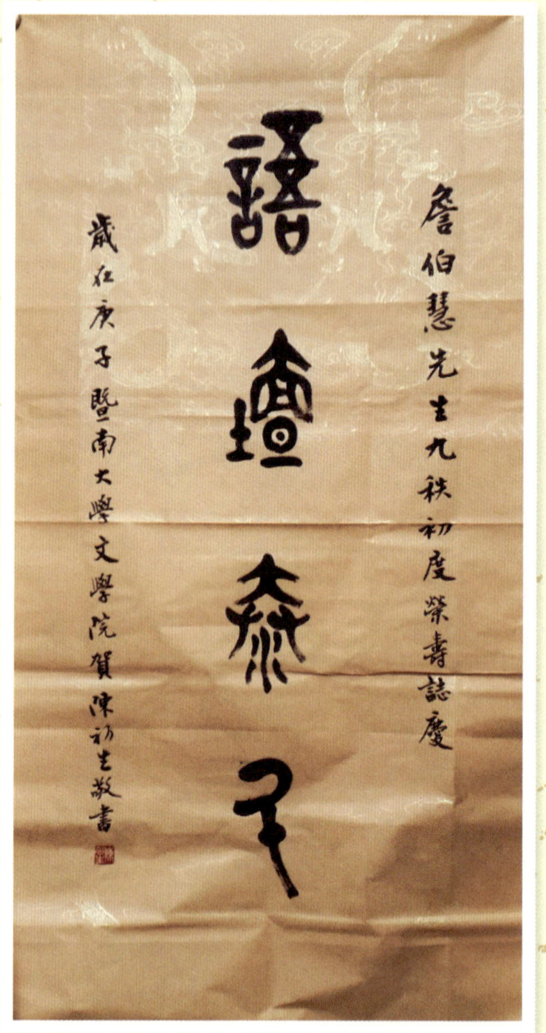

暨南大学文学院书法家陈初生书写詹伯慧教授九十华诞贺词

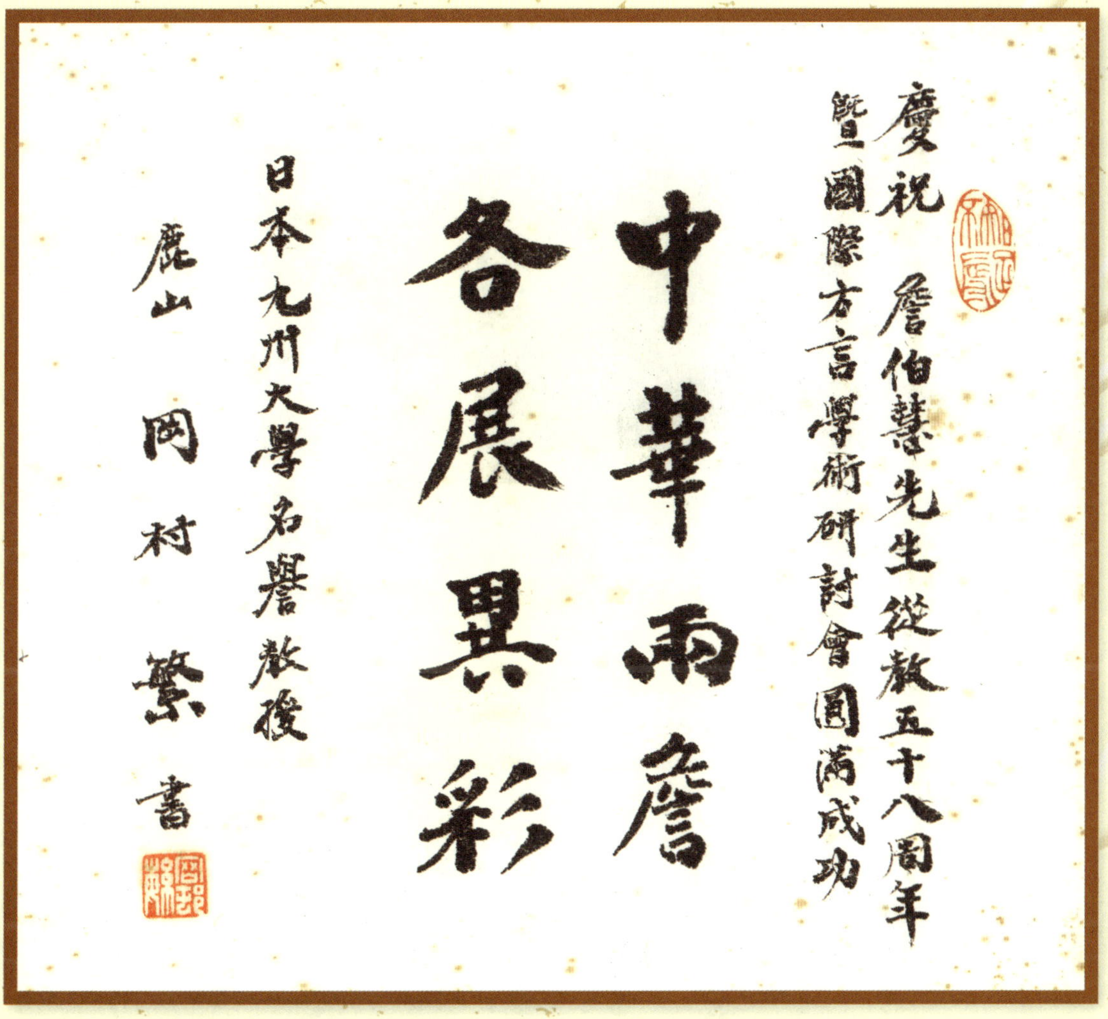

日本著名汉学家九州大学名誉教授冈村繁题词

詹伯慧教授九秩近照（2021 年新春）

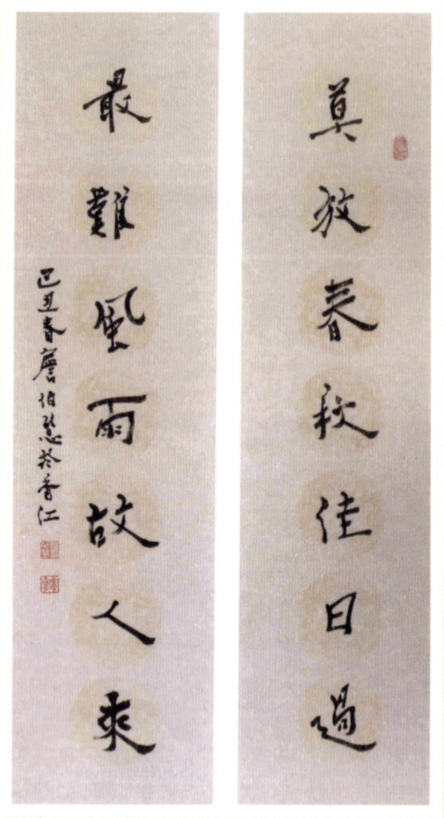

詹伯慧教授书法作品

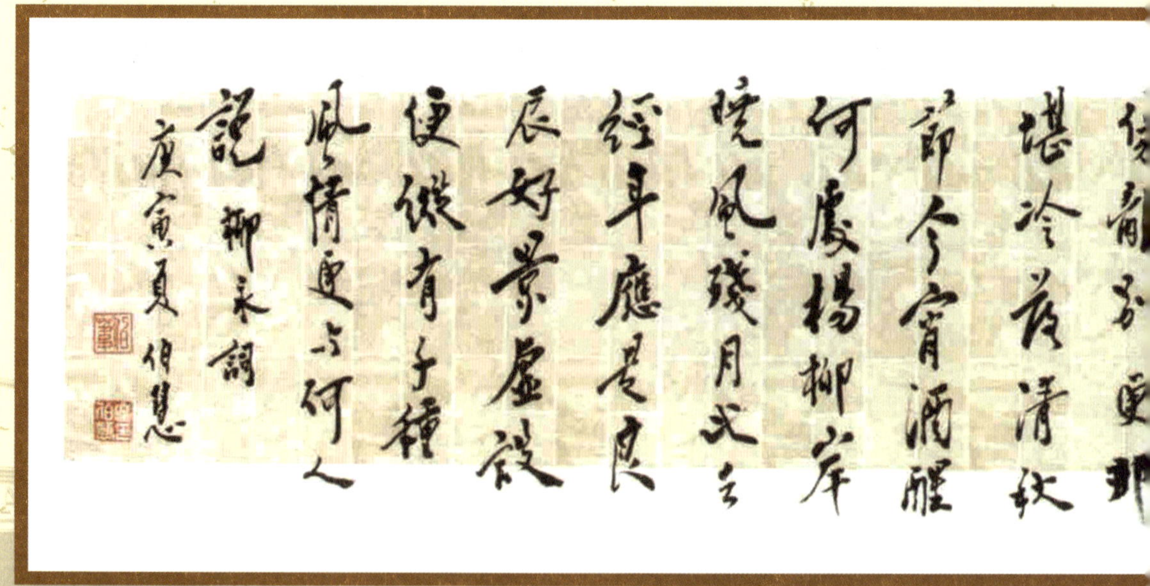

詹伯慧教授书法作品

詹伯慧教授荣获首届广东省优秀社会科学家称号（2011 年）

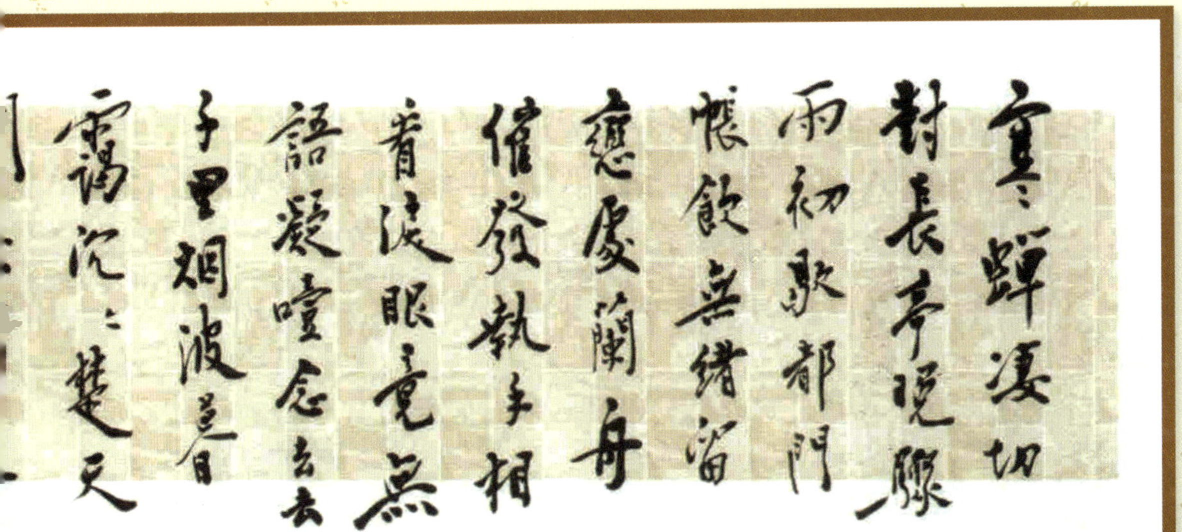

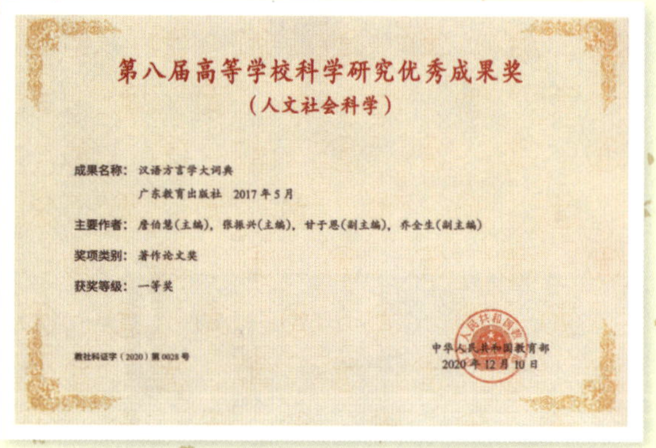

《汉语方言学大词典》荣获教育部第八届高等学校科学研究优秀成果奖（人文社会科学）一等奖（2020年）

詹伯慧唯一的学历：中山大学毕业证书（1953年）

詹伯慧教授部分获奖证书

詹伯慧教授部分著作

作为全国政协委员列席第八届全国人民代表大会第一次会议（1993 年）

詹伯慧书法展在广东画院开幕（2011 年）

1963年，方言学界九兄弟合影

前排左起：黄家教、陈世民、詹伯慧、陈章太、许宝华；后排左起：施文涛、张盛裕、王福堂、李如龙

1957年夏，北大、复旦、中大、武大四所大学中文系部分教师受高教部委托在青岛编写统编中文教材时合影

前排右起：林庚、余冠英、詹安泰、游国恩、王力、赵景琛、袁家骅、王季思（蹲坐者为周祖谟之女周瑛、刘绶松之子刘东宜）；第二排右起：陈震文、萧玫、张永安、王瑶、刘绶松、周祖谟、潘兆明、唐作藩、金申熊；第三排右起：马天祥、沈玉成、黄越、苏寰中、许绍早、詹伯慧、汪金光

与饶宗颐教授合影于日本京都
三缘寺（1980 年）

与恩师王力教授合影于日本东京（1981 年）

与业师袁家骅教授合影于北京（1957 年）

在吕叔湘先生家做客（1990 年）

与日本语言学家桥本万太郎（右）、辻伸久（左）合影于横滨桥本教授家中（1982年）

东京大学中文系教师在东京涉谷为詹伯慧教授五十华诞设宴祝寿（1981年）

与法国汉学家李嘉乐（左）、贝罗贝（右）合影于巴黎街头咖啡馆（1990年）

与诺贝尔委员会委员马悦然教授合影于香港九龙（2001年）

出席暨南大学“语言学科建设高级专家座谈会”（2002 年）

在第三届中国语言学会学术年会上与相声大师侯宝林（左三）及与会同仁合影（1985年，昆明）

在烟台出席《中国大百科全书 · 语言文字卷》会议与吕叔湘、季羡林等教授合影（1985 年）

“暨南大学詹伯慧语言学奖”启动仪式上的合影（2020 年）

2002年，语言学界朋友合影于香港：周嘉彦伉俪、詹伯慧伉俪、丁邦新伉俪、郑锦全伉俪、张洪年伉俪、陈渊泉伉俪、游汝杰教授(左一后者）

与张振兴教授合影于澳门大三巴前（2009年）

与香港大学单周尧教授在澳门出席粤语论坛（2013 年）

2019 年 5 月重返东京大学与平山久雄教授合影

与张日昇教授合影于广州东站广场（2007 年）

1957 年与父亲在青岛

与陈雅仙女士的结婚照（1962 年）

与父母及兄弟姐妹们（1959 年）

2015 年 8 月孙女谭之颖在香港树仁大学毕业后全家的合影

2019 年 5 月于东京大学图书馆前

在香港大学主楼前（2004 年）

詹老带领本书团队仔细研究书稿。从左至右：刘新中教授、张晋升社长、詹老、李战副总编辑、黄颖编辑

詹伯慧教授简介

詹伯慧教授，1931年生，广东饶平人。1953年毕业于由王力教授创办的中山大学语言学系，师从中国语言学大师王力教授和著名方言学家袁家骅教授。历任武汉大学助教、讲师、副教授、教授30年，1983年调入暨南大学任教授，1985年任暨大复办后首任文学院院长，兼任汉语方言研究室（1994年更名为汉语方言研究中心）主任。现为暨南大学中文系教授、汉语方言研究中心名誉主任，兼任香港大学中文学院名誉教授。1990年被国务院学位办评为博士研究生导师，在暨南大学中文系建立第一个博士点——现代汉语博士点。1991年开始招收攻读汉语方言学的博士研究生。迄今詹教授已培养毕业博士研究生29人、硕士研究生9人。1994年我国首批5名攻读汉语方言学的博士研究生毕业，获授博士学位，其中出自詹伯慧教授门下的就占了4名。如今詹教授的门生都已成为汉语方言学界的骨干力量，语言学界把这个富有活力的汉语方言研究团队戏称为“詹家军”。

詹伯慧教授从教68年（1953—2021年）来在汉语方言、汉语辞书、汉语应用和汉语规范等领域做了大量的研究、教学工作，取得了许多令人瞩目的成就。他早年参加由北京大学袁家骅教授主持的《汉语方言概要》的编写工作，负责编写“粤方言”和“闽南方言”两章，约占全书50万字的三分之一。此书为中国历史上第一部全面论述汉语方言的著作，在海内外学术界影响很大。此外，他在辞书的编纂方面也成绩卓著，曾担任《汉语大字典》编委多年，主持该字典的收字审音工作。他还是《中国大百科全书·语言文字卷》中方言分科的副主编，撰写了许多方言方面的条目。2013年冬，他以82岁高龄接受学校返聘，主持国家社科基金重大项目“汉语方言学大型辞书编纂的理论研究与数字化建设”，以首席专家的身份负责主编465万字的《汉语方言学大词典》（分上下两卷），这部被誉为汉语方言学史上一座丰碑的《汉语方言学大词典》于2017年出版问世，受到广泛赞誉，并先后获得广东省第八届哲学社会科学优秀成果奖一等奖、第七届中华优秀出版物（图书）奖、教育部第八届高等学校科学研究优秀成果奖（人文社会科学）一等奖等奖项。詹教授屡屡应聘到境外一些著名的学府讲学。1980—1982年，他作为我国教育部推荐的首位学者受聘到日本东京大学讲学两年，为中日两国语言学界的学术交流开了先河。他的《现代汉语方言》一书被译成日文在东京出版，当年听他讲课的日本学生，如今大都已成为日本汉学界的知名学者。此后詹教授先后在法国高等社会科学院（1990年）、新加坡国立大学（1998年）、美国加州（伯克利）大学（1998年）、香港大学（1986年、2000年、2004—2017年）、香港中文大学（1987年、1992年）、香港科技大学（2005年）以及台湾“中央研究院”（1995年）等著名学术机构担任客座教授或开设讲座。他所授的课和他所作的学术讲演都给听众留下了深刻的印象，获得了普遍的赞誉。

詹伯慧教授已刊著作逾40部，发表论文逾400篇。先后出版过《汉语方言文集》（日本东京龙溪书舍，1982年）、《语言与方言论集》（广东人民出版社，1993年）、《方言·共同语·语文教学》（澳门日报出版社，1995年）、《漫步语坛的第三个脚印——汉语方言与语言应用论集》（暨南大学出版社，2003年；增订本，2006年）、《詹伯慧语文评论集：庆祝詹伯慧教授从教五十五周年（1953—2008）》（暨南大学出版社，2008年）、《詹伯慧自选集》（中山大学出版社，2015年）等六部个人论文选集。他还主编了一套通俗性、应用性的“大家小书”系列丛书，他自己的《语文杂记》（2010年）作为首册出版。由他主编的广东省社会科学“七五”“八五”“九五”规划重点研究项目成果《珠江三角洲方言调查报告》（三卷本，1987年、1988年、1990年）、《粤北十县市粤方言调查报告》（1994年）和《粤西十县市粤方言调查报告》（1998年）等多次获评国家教委和省社科优秀成果奖。由他主编的全国高校通用教材《汉语方言及方言调查》获国家教委第三届普通高等学校优秀教材二等奖。由他主编、粤港澳三地一批粤语学者共同编纂的《广州话正音字典》以及由他主编的《广东粤方言概要》在2002年相继出版，受到学术界的好评。其中《广州话正音字典》为我国第一部方言正音字典；《广东粤方言概要》于2005年5月荣获广东省首届哲学社会科学优秀成果奖一等奖（政府奖），是广东语言学科大量著作中获此殊荣的唯一一部著作。詹教授1992年获国务院颁发有突出贡献证书，享受政府特殊津贴。1992年和1997年他连续两度被国家语言文字工作委员会评为全国语言文字先进工作者。2006年，暨南大学授予他终身贡献奖。2011年6月，他更获评为首届广东省优秀社会科学家，是全省获此殊荣的16位社会科学家中唯一一位中国语言学家。1988年他当选第七届全国人民代表大会代表，1993年和1998年又连续两届出任第八届、第九届全国政协委员。1990—2000年，他连续两届被广东省人民政府任命为广东省人民政府文史研究馆副馆长。他曾为中国语言学会理事，并曾连续担任第一届至第十七届（1981—2013 年）全国汉语方言学会理事，自 1986 年起，他连续 20 多年被选为广东省中国语言学会会长。

2020 年 7 月 10 日，在詹伯慧教授 89 岁寿诞，即将进入 90 岁高龄之时，他捐出毕生积蓄 50 万元，倡议设立“暨南大学詹伯慧语言学奖”，每两年为一届，评选并奖励在语言学领域中成绩卓著的著述。此倡议得到校内外广泛的赞赏和支持，暨南大学于 2020 年 11 月 15 日隆重举行“暨南大学詹伯慧语言学奖”启动大会，宣布这一奖项开始运作，将于 2021 年 10 月举行首届颁奖大会。

（2021 年 3 月）

前　言

“大先生”之“大”，大在他们众多重要的开创性贡献，大在格局和眼界，大在胸襟和情怀，大在他们为事业培养众多优秀的继承者。

“万古不磨意，中流自在心”是饶宗颐先生学艺兼修的对联，它反映了饶宗颐先生跨越古今、兼通中外的学术定力和追求。任何一位有巨大影响力的学者，都会有继往开来的学问，也有桃李芬芳的教学事业。他们更是将自己的研究和教学融入国家发展的大局，回应时代要求，解决现实问题，在服务社会的同时，提升研究、教学的品质。詹伯慧先生是暨南大学有影响力的著名学者之一，他在近七十年的教学、科研中，为中国的语言学研究、教学做出了卓越的贡献。我们借着《暨南大先生：詹伯慧》的出版，将先生的鸿彦硕学略叙一二，以期弘扬暨南卓越学人的优良学风，助力祖国教育、学术的繁荣。

詹伯慧先生成就卓著，著作等身。詹先生在近七十年的教学与科研工作中，于汉语方言、汉语辞书、汉语应用和汉语规范等领域做了大量的研究、教学工作，取得了许多令人瞩目的成就，这些成就影响、支撑了中国语言学事业的诸多方面。

詹伯慧先生“爱”字当头，富有家国情怀。詹先生爱国爱乡，用语言学的理论和实践服务国家建设的大局。对于国家的建设、发展，詹先生始终是一位和谐的语言生活的倡导者。詹先生经历了新中国几乎所有重大的语言文字工程，从“推普”到方言保护，从汉字规范化到方言用字，詹先生始终胸怀全局，不为一时一地的一些错误认识所左右。他既强调推广共同语、规范汉字的重要意义，也始终强调中华文化的根脉在各地的地方文化中，并提出了“留住方言留住根”的语言保护理念。

詹伯慧先生立德树人，不捐细流，桃李满天下。詹先生对人才的培养，从高处立意，从大处着眼，几十年如一日推动方言学科人才的培养和队伍的建设，正如一位学界后辈所评价的一样：先生不捐细流，方成大海。方其为大海，也才能众流归之。在学生的眼中，詹先生是一个平易近人、有乐有学的人，跟他交往过的人都能从中汲取为学和做人的智慧。正是他的不懈努力，培养出了汉语方言学界的骨干力量——“詹家军”。

詹伯慧先生倾其所有，奖掖后学。詹先生是一位影响巨大的人文学者，2020 年，为弘扬中华优秀文化传统，保护丰富的语言资源，繁荣我国的语言学研究，他捐出平生积蓄 50 万元人民币，设立“暨南大学詹伯慧语言学奖”，奖励那些对中国语言和汉语方言研究有贡献的学者，“暨南大学詹伯慧语言学奖”的设立，将极大地激励语言和方言的研究，成为新时代中国语言学事业的又一重要标杆，必将对中国语言学事业的发展产生深远的影响。

詹伯慧先生始终认为，语言研究要为语言实践服务，要与语言应用结合。研究与应用结合，必然会使语言学研究者具有大局意识，产生社会责任感与使命感。在做好方言研究工作的同时，詹伯慧先生近七十年如一日，不遗余力地推广民族共同语，在执行国家的语言文字政策时，坚持实事求是，多次呼吁“少当语言的警察，多做语言的导游”。在推广普通话最为轰轰烈烈之时，他提醒人们注意方言的研究与应用；在一些人不明就里，将方言与共同语对立起来时，他又及时纠正那些偏颇的认识。

詹伯慧先生非常注重团队建设，善于发挥集体攻关的优势。随着研究条件的不断改善、研究水平的不断提高，学者们意识到，介于人文科学和自然科学间的语言学研究，只停留在传统的“单打独斗”式的研究是不够的，组团队、上规模的研究正不断被各方面重视，并取得了突出的成绩。几十年来，詹伯慧先生一直没有离开过重大的、集体攻关的语言学建设工程。目前还在主持汉语方言学大型辞书编纂的理论研究及数字化建设工作，这又是一个联合攻关的重大工程。这些都是詹伯慧先生注重团队建设，致力人才培养的表现和成果。

詹伯慧先生深具国际视野，善于学习国外的先进理念、方法，他十分注重与国外同行交流、学习的机会。正是这种广泛的交流、学习，使詹伯慧先生具备了开阔的视野、与时并进的思想观念。同时他也积极向国外宣传、推广我们的研究成果。

在信息化、智能化的今天，詹伯慧先生老当益壮，紧随时代步伐，依然活跃在学术一线，继续发挥着引领和指导作用。詹伯慧先生活到老、学到老的品质，对事业执着追求、坚持不懈的意志，乐观向上、注重团队、奖掖后学的风范，凝练成他为学与做人的大先生格局，是我们暨南学人的楷模，永远值得我们后辈学人传承和发扬光大。

2021 年 4 月 19 日，习近平总书记在考察清华大学时指出：“教师要成为大先生，做学生为学、为事、为人的示范，促进学生成长为全面发展的人。”国家繁荣、民族振兴、教育发展，需要千千万万个塑造学生品格、品行、品位的大先生。

詹伯慧先生，就是这样一位大先生。

主　编

2021 年 4 月 28 日

目 录

CONTENTS

如歌岁月

学术丰碑

XUESHU FENGBEI

詹伯慧：暨南大先生[①]

《南方》杂志　刘艳辉

“普通话说‘我先走’，广东人说‘我行先’，这里有语音、词汇和语法的不同。”一谈起粤语的方言特点，自诩“九零后”的詹伯慧信手拈来。

“语言是很有趣的，语言学者要把大家引导到语言的乐园中来，享受语言的快乐。”从教六十多年，詹伯慧积极倡导并身体力行做语言的“导游”，他全情投入汉语方言的研究与应用，至今乐此不疲，把学术视作与生命同等重要的存在。

采访詹老之际，恰逢第23届全国推广普通话宣传周，今年的主题是“同讲普通话，携手进小康”。语言和亿万人民生活紧密相连，正是詹伯慧一生心之所系，目光所在。在他的人生字典里，没有“冷门”二字，对于未来，他始终满怀希冀——这门“活在人们嘴里”的学问，可以永远传承下去。

文士情怀

今年7月10日，詹伯慧虚岁九十。这一天，他送出一个与众不同的“礼物”：捐出个人积蓄50万元发起设立“暨南大学詹伯慧语言学奖”，“设立这个奖支持大家来做学问，同时也是向我的老师王力学习，（王力先生）在北京大学设立‘王力语言学奖’，评奖工作始于1986年，迄今已历十八届”。

粗略算来，九十年光阴的三分之二以上，詹伯慧都在语言这片乐园里深耕，埋首汉语方言、汉语辞书、汉语应用和汉语规范等领域。他乐在其中，“能从一而终，一辈子都搞语言学专业，这是最值得高兴的”，也收获了累累硕果、等身著作。

前几年，詹伯慧尚可骑自行车在暨大校园内穿行。随着年事渐高，家人“没收”了他的自行车。他虽然坐轮椅，却仍然经常来到办公室，有时比年轻人还勤快。目前，他一只眼睛已失明，却自我调侃道：用电脑、看文件“一目了然”。

---

① 本文发表于中共广东省委主办的《南方》杂志2020年第19期，原名为《詹伯慧：语言乐园一师翁》，其公众号更名为《詹伯慧：暨南大先生》。

詹伯慧的办公室，也是一间会议室，一张会议桌摆在中间，桌旁放着一块供讨论交流用的黑板。采访当日，他看到旁边的黑板歪了，笑着对站在一旁的暨南大学中文系教授刘新中打趣说：“这块黑板，要摆就摆正，要么就别摆了。”言语间透露着他的幽默、快乐和做人为学之道。

2013 年冬，82 岁的詹伯慧接受暨南大学返聘，主持国家社科基金重大项目“汉语方言学大型辞书编纂的理论研究与数字化建设”，以首席专家身份负责主编《汉语方言学大词典》。

业内人士都知道，方言词典常有，方言学词典不常有，一字之差，难度系数不可比肩。詹伯慧组织 200 多人，花了四年多时间编纂了 465 万字，终于在 2017 年推出这部被誉为汉语方言学史丰碑的大词典。“（大词典）过去没有，今后不敢说没有，很难。”詹伯慧不无自豪。

成就背后，是耄耋之年的詹伯慧常工作到深夜一两点，他为方便和大家交流还学会了使用微信。同为大词典主编的张振兴，被詹伯慧惊人的意志力所折服，更加认定：凡是詹伯慧要做的事情，不管有多大的困难，总能做成。

如今，项目的数字化平台建设正在进行中，詹伯慧仍在勉力支撑。“我还是项目负责人，不过很多事情我撒手了，不是撒手人寰，而是让给年轻人去做。”他打趣说。詹老的“撒手”不无底气。他带出的汉语方言研究团队，人称“詹家军”，因富有活力而备受语言学界肯定。自 1991 年开始招收汉语方言学博士研究生起，至今詹伯慧共培养了博士研究生 29 人、硕士研究生 9 人，如今都已成为汉语方言学界的骨干力量。

与第一届博士研究生（1994 年毕业）合影

多年前，詹伯慧首次举办书法展时，饶宗颐先生欣然为他题字“文士情怀——詹伯慧书法展”。对“文士情怀”四个字，詹伯慧十分珍视，在自己的书法展上一直沿用，也恰到好处地诠释了他视学术为生命，以服务社会为己任的一生。

乡音无改

詹伯慧与语言研究的结缘和其独特的语言背景分不开。

他出身于潮州的一个“双语”家庭。父亲詹安泰是饶平客家人，讲客家话，母亲是地道的潮州人，讲潮州话。后来，他随父亲转学到粤北坪石一所用粤语教学的小学，又很快熟悉了粤语。自小耳濡目染，对这三种方言，詹伯慧张口就来。

那时，父亲教他背诵贺知章的《回乡偶书》。詹伯慧懵懵懂懂，不知“乡音”为何意，没想到后来出于对“乡音”的热爱，研究“乡音”竟成了他毕生的事业。

1949 年，中华人民共和国成立。对语言怀有极大兴趣的詹伯慧迈进中山大学的校门，就读的专业是当时全国唯一的语言学系。

作为一门现代意义上的独立学科，汉语方言学发轫于 20 世纪 20 年代。得益于五四运动，各种现代语言学理论、方法和技术被陆续引入中国。曾在法国留学专攻语言学的王力先生担任中山大学文学院院长期间，很快便办起语言学系。

詹伯慧入学时，全班只有 7 个学生，加上此前已经入学的，全系只有 13 个学生。但教师就达 10 位之多，且多是知名教授。得天独厚的学习条件，在今天难以想象，也更让语言学在詹伯慧心中扎下根来。

1953 年，詹伯慧毕业后被分配到武汉大学，随后在 1955 年又到北京大学师从袁家骅先生进修汉语方言学，全面打下了方言调查研究、实践作业和教学的基础。

进修期间，他参加了我国首部系统论述汉语各大方言的著作《汉语方言概要》的编写，负责编写“粤方言”和“闽南方言”两章，约占全书 50 万字的三分之一。此外他还在参加中科院组织的语言调查中发现了海南军话这个“北方方言岛”，引起学界关注……詹伯慧渐渐崭露头角，成为学术新秀。

自此以后，詹伯慧就主攻汉语方言研究，初心如磐。他的乡音也不曾忘，“现在让我回饶平，我可以跟人家讲饶平客家话”。

方言学者“推普”半生

时代洪流滚滚向前，个人才华一旦顺应时代潮流，注定迸发出无限能量。

1955 年 10 月，语言学界三大重要会议——全国文字改革会议、现代汉语规范问题学术会议和民族语文工作会议相继在北京召开，为确立新中国语文现代化的三大任务——简化汉字、推广普通话、推广汉语拼音打下基础。会议的历史影响极其深远，对有幸旁听的詹伯慧来说，正逢其时、意义重大。

关心国家的语言文字方针政策、支持贯彻每一项具体措施是语文专业人士义不容辞的职责。“在我们这样一个民族众多、方言众多的大国，不能没有一个全民共同使用，全社会广泛流通的通用语言。”詹伯慧在文章中写道。

回到珞珈山，詹伯慧热情似火地开展工作：一边开设汉语方言学课程，带领学生深入湖北进行方言调查，主持编纂《湖北方言调查》，发表论文；一边身体力行，积极推广普通话，帮助公安部门识别方言。

20 世纪 70 年代中期，詹伯慧加入大型辞书编纂行列。1975 年起，参加《汉语大字典》编纂；1979 年，写成 14.3 万字的书稿《现代汉语方言》。在《现代汉语方言》一书中，詹伯慧首次采用了七大方言区（北方方言、吴方言、湘方言、赣方言、客家方言、粤方言和闽方言）的概念，得到语言学界的广泛认同，并沿用至今。

“天不怕，地不怕，就怕广东人说普通话。”1983 年，詹伯慧从武汉大学调回暨南大学，面对广东复杂的方言状况和相对滞后的普通话普及情况，他多次呼吁大力推广普通话以适应改革开放的需要。同时，他身体力行，为“推普”工作培训骨干，担任普通话比赛评委，为媒体撰写“推普”稿件和普通话学习手册……只要是“推普”的工作，詹伯慧再忙再累也要挤出时间给予支持，从不推辞。

为表彰他的业绩，1992 年国家语言文字工作委员会授予他“全国语言文字先进工作者”称号。在投入“推普”的同时，詹伯慧也始终主张“推行一种、保留多种”，要继续发挥方言在文化领域中无可取代的作用。

语言资源

“作为工具，粤语始终没有停止社会交际的功能；作为文化，又始终没有停止过承载、弘扬粤语地区传统文化和民情习俗的功能，这就决定了粤语始终不会有消失的可能。”面对所谓“方言存废”的争论，詹伯慧勇于发声，以正视听。

多年来，面对种种误解，詹伯慧陆续发表了不少意见，阐明一位语言专业工作者的看法。他反复解释道，“推普”是要让全国各地人民在熟悉、用惯本地方言的基础上学好社会通用语，从单一的语言生活过渡到双语生活。“假如潮州的孩子不会说潮州话，广州的孩子不会说广州话，这绝不能视为一种成功。”

近年来，我国方言保护日渐提上日程，语言是宝贵资源的观念开始深入人心。这一重要观念的确立，离不开以詹伯慧为代表的语言专业工作者的大声疾呼。

在我国汉语七大方言中，广东的方言种类占了半壁江山。而很长一段时间里，研究成果少之又少。回到家乡任教的詹伯慧，虽年过半百仍雄心勃勃，深感对方言资源丰富的广东作系统研究之必要。

广东方言分布有规律可循，靠河流平原的多是粤方言，靠山区的多是客家方言，沿海一带的潮汕和雷州的方言则属闽语。身兼广东省中国语言学会会长的詹伯慧，从大处着眼、小处着手，确立首先弄清粤方言，有条件再研究其他方言的思路。

他带领团队躬耕田野，十年间走遍珠三角、粤北、粤西，相继推出《珠江三角洲方言调查报告》《粤北十县市粤方言调查报告》《粤西十县市粤方言调查报告》，为广东粤语勾勒出轮廓，为粤语研究提供重要参考。

随着对闽、粤、客等方言调查的进一步深入，詹伯慧和他的团队掌握了丰富的一手资料，使过去长期无人问津的广东方言研究“荒地”越来越少。“詹家军”的学术成果与全国其他地区的方言学成果一道以百花齐放之势，汇聚起了中国汉语方言学前所未有的繁荣发展期。

多做“导游”

看似冷门的语言文字研究中，詹伯慧并不“高冷”，更多时候是“火热的”。晚年的他更是孜孜不倦地投入方言应用中，其中既有卷帙浩繁的大部头，又不乏普及大众的“小书”。

20 世纪末，鉴于粤语读音存在分歧影响使用的情况，詹伯慧用十年时间组织粤港澳学者开展审音工作，于 2002 年推出《广州话正音字典》。该书被认为是历史上第一本为方言正音的辞书，其中仅为每个字制作卡片就花了三年时间。

为传播、普及语言文字知识，2010 年，他组织一批语言学界知名学者编写“大家小书”系列丛书。作为主编，他率先汇集了一批自己的通俗性、应用性的文章，编成《语文杂记》作为首册出版。詹伯慧还为粤语区的学生编纂了《粤港澳学生用普通话常用词手册》，从对比的角度帮助粤语区学生学好普通话。

随着社会发展，摆在老先生面前的新问题也越来越多。很多人向他请教，如何看待五花八门的网络语言？这位 60 岁学电脑、80 岁学发微信的老先生呵呵一笑：这是语言发展的新生事物，应持宽容态度，充分尊重网民选择语言交际手段的自由。

这也是詹伯慧“少当语言的警察，多做语言的导游”的一贯坚持。他认为，语言的规范是动态的、发展的，不是静止的、一成不变的，语言学者要把人们带进绚丽多彩的语言乐园，而不是忙于评头论足，急于判断是非，乱挥“警棍”。他甚至提出，“从语言研究、语汇研究的角度出发，只要是人们用来交际的语言，哪怕是脏话、黑话，都可以汇集起来，写成专著，编成辞书”。

究其原因，或许是他心中始终铭记三个“结合”：坚定不移地把方言研究和语言应用紧密结合起来，和贯彻实施我国的语文政策结合起来，和亿万人民的社会语言生活紧密结合起来。这来自王力先生的耳提面命，也是詹伯慧的方言研究摆脱“冷门”困境、焕发勃勃生机的不二法门。

对话詹伯慧：学术是我的生命

《南方》杂志：现在您是否还关注学术方面的内容？

詹伯慧：当然还关注，学术是我的生命。“汉语方言学大型辞书编纂的理论研究与数字化建设”项目还没有结项，《汉语方言学大词典》现在转入做数字化平台阶段，我还是项目负责人，具体由年轻人来做，准备今年做完，明年结项。

《南方》杂志：为什么想到要设立一个“暨南大学詹伯慧语言学奖”？

詹伯慧：现在我手上的项目快做完了，年纪这么大，新项目也不敢接了，所以想设立一个语言学奖，这个工作就可以永远搞下去。南方到现在还没有这种奖，我们是第一个。语言学奖两年一届，明年第一次颁奖，就在我生日那一天。90 岁的人还有什么奢求呢？能亲自颁发两三届就满足了。

《南方》杂志：您一天工作多久？

詹伯慧：很难说。现在年纪大了，能干一点就干一点。自从有了这个办公室，我天天都来，甚至大家觉得我比年轻人还勤快。我现在身体不算好，但幸运的是脑子没坏。不过一只眼睛坏掉了，“一目了然”，靠这一只还能用电脑。

《南方》杂志：研究汉语方言学这么多年，您追求的目标是什么？

詹伯慧：繁荣语言学研究，促进语言学发展。

《南方》杂志：您的治学方法主要是什么？

詹伯慧：方言活在人的嘴里，不一定写在纸上。汉语方言工作和少数民族语言工作要做好，第一步就是要迈开双腿，做好田野调查。调查来的东西，要拿来整理、分析、研究，这就是语料，包括语音、语法、语汇等。

《南方》杂志：王力、袁家骅等语言学大家给您带来怎样的影响？

詹伯慧：一个是学问本身，一个是做学问的精神。我经常给学生强调应用，语言研究是为语言应用服务的，否则语言就没有活力，这种精神就来源于王力先生。先生是大师，但他眼界向下，花了很多时间和精力向大众普及学术，无论是中学请他去演讲，还是工人向他请教，他都非常乐意。我编词典、编教材、编通俗的小册子，都是为了应用。这种精神要一代一代传下去。

《南方》杂志：很多人反映下一代不会说方言了，您怎么看待这个问题？

詹伯慧：推广普通话是国家政策，是大势所趋，十几亿人没有共同语言怎么行？但推广普通话，是要原来只讲方言的人，从单一的语言生活过渡到双语语言生活，这是1+1=2，不是1+1=1，绝对不是把方言扫地出门。这个观点我经常说，语言是一种资源，每个人从开始学说话的时候就开始掌握这个资源。

《南方》杂志：如何保护好方言这个宝贵资源？

詹伯慧：最近十多年来，我们逐渐认识到语言是一种资源，普通话是资源，方言也是资源。既然是资源，就要开发、利用。2015年起，国家发起语言保护工程，对很少人说的语言抓紧调查，记录下来。所有地域文化都要依靠方言来承载，广东要建设文化强省，发扬岭南文化，就要重视方言这个岭南文化的载体。做好岭南文化大文章，一定要把岭南方言搞清楚。

《南方》杂志："少当语言的警察，多做语言的导游"，您这个导游当得怎么样？

詹伯慧：这两句话常常被人引用，我现在依然是这两句话。语言是很有趣的，搞语言的要把人家引导到语言的乐园中来，享受语言的快乐。不要动辄看不顺眼，评头论足。不过我不是一个人做导游，广州要有广州的导游，西安要有西安的导游，研究语言的人都要做语言的导游。

《南方》杂志：从研究的角度来看，汉语方言学还有哪些学术空间？

詹伯慧：还有很大空间。把语言当作资源之后，可以研究的就多了，仅是方言就研究不完，大大小小、各种各样的。暨南大学汉语方言研究中心才几十人，但在全国来说，是研究方言比较集中的地方。最好每个大学、每个方言地区的学校，都有这样的方言中心，更好地继往开来，后浪推前浪。我希望这块"暨南大学汉语方言研究中心"的牌子越擦越亮，只要我还活着，就不忘初心，支持这个团队继续研究。

后辈眼中的先生：不捐细流，方成大海

大家之“大”，大在格局和眼界，大在胸怀和心态。从这个角度来看，詹伯慧很早就已成为业内公认的大家。

他从高处立意、大处着眼，几十年如一日推动方言学科的研究和发展，同时又是有学有乐、有乐有学的人，跟他交往过的人都能从中汲取为学和做人的智慧。正如一位学界后辈所评价的一样：先生不捐细流，方成大海。方其为大海，也才能众流归之。

大家气象

“老师的格局很大。他既坐得住冷板凳把学问做深，又善于组织学术团体和学术活动形成影响力。他在暨大执教30多年，也是南方语言学搭建框架、迅速发展的30多年。”暨南大学汉语方言研究中心主任、博士生导师甘于恩教授说。

20世纪80年代，詹伯慧从武汉大学调到暨南大学任教，甘于恩考上他的第一批硕士研究生，参与的第一个重大项目就是与香港中文大学合作的“珠江三角洲方言调查”。

“岭南被誉为汉语方言的宝库，还有很多方言如同珍宝一样未被发现和发掘。”甘于恩至今犹忆，刚刚起步的珠三角，交通还不是很方便，从广州到各地市的道路，多是起尘扬灰的老式公路，再下到村镇，大多是泥泞的土路。

当时，50多岁的先生也和学生一起，坐在“三脚鸡”里“嘟嘟嘟”地到乡里去。“三脚鸡”指的是拉着拖斗的三轮摩托车，师生挤在狭窄的空间里，一路颠簸。在这样艰苦的条件下，詹伯慧还不忘苦中作乐，和学生说着笑着唱着歌走进乡野田间。

“詹老爷子在暨大这30多年，通过自己的研究成果和影响力，建立起了南方方言研究的架构。首先是搭架子，20世纪80—90年代通过几个大部头，搭起了粤方言研究的骨架。然后是上台阶，为粤方言研究设置了不同的学科分支。最后是主持国家社科基金重大项目《汉语方言学大词典》的编撰，构建起了方言研究的大厦。”暨南大学中文系教授、博士生导师、汉语方言研究中心副主任刘新中说。

参与编撰这部《汉语方言学大词典》的学者都知道，酝酿这本书时，詹伯慧已到耄耋之年，项目历经各种曲折，曾经三起三落，他克服重重困难，最终把项目做了下来，给汉语方言学科留下这部大百科全书。业界形容：“这是一部可传百世的作品。”

根据学生回忆，先生从来没有午休的习惯。编撰大词典期间，他常常工作到凌晨，为了方便交流，他还学会了使用微信。后来他有一只眼睛的视力下降得厉害，就托人从日本买了一个探照灯那么大的放大镜，每天把脸贴到镜头上，用另一只眼睛阅读各种材料，亲自起草厚厚的项目申请书。

“我们都说他这是‘独具慧眼’，他自己说这是‘一目了然’。”甘于恩说，先生为了这个项目倾尽心血，不仅在大处着眼，细处也严格把关，“每每遇到重大学术探讨，需要邀请重要人物参加时，先生都要亲拟邀请函，一丝不苟”。

有学有乐

詹伯慧不仅是方言学家，也是“生活家”。

世界著名语言学家平山久雄是当今日本最有影响力的汉学家之一，他撰文回忆1980年詹伯慧先生赴东京大学任教时说，先生虽为书香门第，生活能力却很强，为人又十分积极乐观。

“他很快就学会了简单的日语会话，可以自己买东西，也掌握了东京复杂的地铁线路，在广阔的东京市内，到什么角落都很自在。詹先生喜欢听音乐，每晚10点电视台播送的10分钟的《世界名歌》，是他最爱看的节目。他随身带来了一套精巧的工夫茶用具，时常让客人们一边听组合音响的音乐，一边品尝佳茗的清香。”平山久雄这样描述笔下的中国学者。

对学界后辈，詹伯慧也很看重。2004年，北大名家袁家骅的学生刘勋宁在香港讲学时，73岁的詹伯慧还专程渡江跨海去听这位学界后辈的讲座，不放过任何一次获取知识的机会，这让刘勋宁很感动。

后来，詹伯慧邀请刘勋宁到广州参加粤方言研讨会，会后同游珠江。看着詹伯慧几代学生同行，欢笑而来，簇拥而去，刘勋宁明白了：“詹先生不是独对我好。不捐细流，方成大海。方其为大海，也才能众流归之。”

詹伯慧在暨大执教期间，学生经常去他家借书、蹭饭。暨南大学汉语方言研究中心副主任侯兴泉教授，曾师从詹伯慧的学生彭小川，按辈分算来是徒孙了。他后来在北大中文系攻读博士学位，毕业抉择之时，听取詹伯慧建议来暨大执教。

当时侯兴泉家在东莞，上课则要在广州、珠海两校区往返。詹伯慧听说他的实际困难后，还把自己在广州的一间办公室腾出来，供侯兴泉办公休息。

“师爷是知名的大家，还为我一个刚出来工作的年轻人想得这么细，让我很感动。”侯兴泉还记得，有一次詹伯慧带队到武汉大学参加学术会议，会后他兴致勃勃地带着一众徒子徒孙去汉正街游逛，自告奋勇当起导游，走得比年轻人还快。后来入学的“九零后”“零零后”学生们，也时常会在暨大校园偶遇正在锻炼的詹老爷子。他常常一“逮”到文学院的孩子就聊起来：“你大（研）几啦？学哪个方向的？”

詹伯慧腿脚不好，为了方便上班、上课，多年来在校园里以自行车代步，堪称暨南一景。最近好一阵子徒子徒孙们没见老爷子骑自行车了，后来才了解到原来他前段时间摔了一跤。老爷子现在虽然坐在轮椅上，却依然精神矍铄，摊手一笑："这回好了，我的自行车被没收了。"

乐见不同

在詹伯慧的规划和推动下，暨大的汉语方言研究平台的影响力日益扩大，"詹家军"兵强马壮，他的许多学生都已自成一派，使得南方方言学的研究枝繁叶茂。

"詹家军在各自的专业领域和而不同，詹老爷子心胸开阔、乐见不同。他特别高兴学生能在老师的基础上有新的建树。"刘新中说，詹伯慧常常借助国内外学术会议的机会，带学生见世面、开视野。

在外界看来，"詹家军"有一个突出的特点——研究与应用并重。

汉语方言学是冷门的学问，但是詹伯慧常常跟学生说："学问要做得深，也要接地气。不要板起面孔，要为群众做好服务。少当语言的警察，多做语言的导游。"

他的门生除了在专业领域著书，也发表了很多关于广府方言、粤语儿歌方面的大众读本；不仅活跃在学术论坛，也通过开设全国性的微信公众号"语言资源通讯"、与企事业单位开展合作等多种形式向全社会展示方言的价值和魅力。有时詹伯慧也亲自上阵展现方言魅力，拿出自己当年的"童子功"，录制方言吟诵古诗词的视频，这些视频在网上流传甚广。

《汉语方言学大词典》这个重大项目完成之后，詹伯慧年事已高，有的人以为老人家也该"马放南山"了，老伴儿也劝他该好好享受一下生活了。可詹伯慧还想继续为中国语言学研究贡献力量。他在虚岁90岁生日这天，捐赠出50万元个人积蓄，发起设立"暨南大学詹伯慧语言学奖"，以奖掖后进。

暨南大学文学院院长程国赋教授在启动仪式发言中表示，文学院的学科发展与詹教授领头建立的暨南大学中文系第一个博士点——现代汉语博士点有着密不可分的关系，"暨南大学詹伯慧语言学奖"的设立对语言学科的发展将是个很大的推动，并衷心祝愿奖项越办越好。学界普遍认为，这个奖项将给学科发展起到把脉和引领的作用。

而半个世纪里，"詹伯慧"这三个字早已成为许多后辈学习和投身方言学的指路明灯；先生为人为学的智慧和精神，也将滋养汉语方言学科的发展和学人的成长。

詹伯慧：语言学大师的“文士情怀”

《紫荆》杂志　高　峰

“谈笑有鸿儒”的少年家境

1931年詹伯慧出生于潮州古城胶柏街，他所出生的家庭给了他“双语教育”的环境，他的父亲詹安泰是饶平县新丰镇人，讲饶平客家话；母亲柯娥仙则是一位讲纯正潮州话的枫溪人。因此，自童年起，詹伯慧就用客家话与父亲交流，用潮州话与母亲交流。

1938年，日军入侵广州，潮州城动荡不安。七岁的詹伯慧跟随家人搬迁回老家饶平县避难，回到祖居地读书的詹伯慧开始系统地接触客家方言。等父亲稍为安定下来后，詹伯慧又从饶平老家被接到了抗战期间父亲执教的中山大学所在地粤北坪石，就读于由坪石广同会馆主办、用粤语教学的汉德小学，直至小学毕业。这是詹伯慧第一次系统学习、了解粤语的时期。因此，到了小学毕业时，詹伯慧就已经能同时掌握运用汉语七大方言中的三种——潮州话（属闽语）、客家话和广州话（粤语）了。

父亲詹安泰人称“岭南词宗”，家中客厅常常是“谈笑有鸿儒”，詹伯慧自小在旁聆听，深受熏陶。他在家中常客王力、岑麒祥等语言学教授跟父亲的交谈中，逐步对语言学研究有所认识，并产生了浓厚兴趣。当他得知中山大学有个语言学系，是当时全国大学中唯一的一个语言学系，由时任中大文学院院长王力教授于1945年创办后，就立志投身语言学的研究。1949年，于中大附中毕业的詹伯慧毅然选择报考中大语言学系，并以第一名的成绩被该系录取，于广州解放后的11月被通知进入中大注册就读，成为中华人民共和国培养的第一批专攻语言学的大学生。

在语言学领域不断“拓荒”

进入中山大学后，詹伯慧“如鱼得水”，畅游于语言学的海洋中。虽然在全班7名学生中，詹伯慧的年纪最小，但他在语言学特别是方言学方面的天赋引起了王力等教授的关注。

1953 年，詹伯慧在中大语言学系毕业后，分配至武汉大学，开始了语言学的教学研究工作。年轻的詹伯慧到武汉大学登上讲台后，学习的脚步并没有停止。1954 年中山大学语言学系并入北京大学。其时北京大学已集合了北大、清华、燕京等三所大学著名的语言学名师，加上中大语言学系的并入，在北大中文系中独立设置了汉语专业，成为国内语言学领域中最具权威的一个专业。由于中华人民共和国成立初期语言学研究队伍力量还很单薄，北大语言学系各项研究任务繁重，方言学研究人才尤其匮乏，王力教授此时想到了詹伯慧。

1955 年，北京大学第一次开设汉语方言学课程，王力教授马上推荐已在武汉大学的詹伯慧，让他到北京大学来师从著名方言学家袁家骅教授，进修汉语方言学。詹伯慧到北大后，深得袁家骅教授的赏识，在进修过程中担任了他的助手。袁教授还推荐他参加了当年在全国范围内开展的少数民族语言调查工作，到海南岛调查黎语。半年后回京，袁教授又要詹伯慧参加他主持编写的《汉语方言概要》。此时詹伯慧开始展现他在方言学方面的过人之处，他负责编写此书中分量最重的“粤方言”和“闽南方言”两章，约占全书 50 万字中的三分之一。《汉语方言概要》是中国历史上第一部全面论述汉语方言的著作，出版后在海内外学术界产生了很大影响，迄今一直是方言学的经典之作。

詹伯慧在语言学研究上注重社会实践与深入调查。“军话”的发现就是他 1956 年到海南岛调查黎语时取得的意外成果。根据调查，他写成《海南岛“军话”语音概述》一文，揭示了海南岛南端崖城镇中残存于几千居民口中的“北方方言岛”的语音面貌。这种方言现象引起了语言工作者的重视。关于海南岛“军话”的这份记录，此后常常被语言学界用来作为“方言岛”的实例。

在詹伯慧的学术生涯中，另一件不得不提到的事就是他作为骨干成员之一参与编纂国家“重典”——《汉语大字典》。1975 年，在周恩来总理的主持召集下，作为国家重点科研项目的《汉语大字典》筹备上马，詹伯慧作为编委会成员，一开始就参与编写规划的制订，此后多年一直负责该字典的收字审音工作。《汉语大字典》分上古、中古、现代三段注音，是我国历来辞书中音读最为完备的一部大字典，其中凝集了参加注音、审音工作的众多工作者的心血。

詹伯慧在语言学研究上毫不止息地进行着“拓荒”工作，迄今已刊语言学著作逾 40 部，发表论文逾 400 篇。如今，已至耄耋之年的詹伯慧，仍在他喜欢的学术领域耕耘不息。2013 年，他以 82 岁的高龄主持国家社科基金重大项目“汉语方言学大型辞书编纂的理论研究与数字化建设”，以首席专家身份负责主编《汉语方言学大词典》，这部词典上下两卷总计 465 万字，是我国第一部全面反映汉语方言和方言学面貌的百科性辞书，历经多年努力，于 2017 年 5 月正式出版。

培养出一支语言学的“詹家军”

詹伯慧对语言学的贡献，不止于他的个人研究，他一生诲人不倦，桃李芬芳，誉满天下。

暨南大学复办后，1980 年，中央组织部发文从全国抽调 300 名骨干教师支持暨南大学办学，詹伯慧名列湖北首批支援名单。但当时适逢日本东京大学中文系一名讲授汉语的教授退休，由于日本当时已经与中华人民共和国建立外交关系，校方想不如此后就从中国聘请相关专家。经东京大学教授会讨论研究，首先就看中了詹伯慧。经日方向我国教育部提出，詹伯慧在 1980 年春接受邀聘，作为中华人民共和国第一位到日本担任客座教授的汉语学者前往东京大学任教。其间他为东京大学开设汉语方言学、现代汉语等五门课程，为中日两国语言学界的学术交流开了先河。

1982 年詹伯慧从日本回国后，重返武汉大学，于翌年调到暨南大学任教授。1985 年，詹伯慧被任命为暨南大学复办后第一任文学院院长，当时香港《文汇报》就以“年纪最轻的教授院长”报道此事。詹伯慧到暨大后，首先想到的是建立方言研究机构，建立培养汉语方言学人才的硕士点、博士点。他从 1984 年就创建了暨南大学汉语方言研究室，自己兼任研究室主任，并在当年开始招收方言学硕士研究生。1990 年他又被国务院学位办评为博士研究生导师，在暨南大学中文系建立第一个博士点——现代汉语博士点，1991 年开始招收汉语方言学博士研究生。迄今詹伯慧已培养毕业博士研究生 29 人。1994 年我国首批 5 名攻读汉语方言学的博士研究生毕业，获授博士学位，其中出自詹伯慧教授门下的就有 4 名。

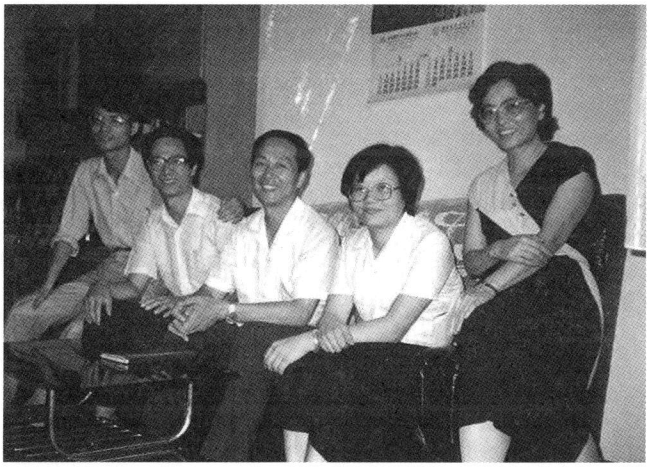

与第一届硕士研究生（1987 年毕业）合影

如今詹伯慧的许多学生已成为汉语方言学界的骨干力量，语言学界把这个富有活力的汉语方言研究团队称为“詹家军”，而他当年在日本所教的学生，如今也大都成为日本汉学界的知名学者。

自20世纪90年代起，詹伯慧还先后在法国高等社会科学院、新加坡国立大学、美国加州（伯克利）大学、香港大学、香港中文大学、香港科技大学、台湾“中央研究院”等著名学术机构担任客座教授或开设讲座，他在汉语语言学研究中积累的丰厚果实传播海内外，成为世界共享的学术财富。

与饶宗颐教授的两代因缘

詹伯慧父亲詹安泰自20世纪20年代于广东高师及国立广东大学（中山大学前身）毕业后，就回到潮州，进入广东省立第二师范学校执教诗、词、曲以及文学史等课程，跟饶宗颐父子时有酬唱过从，那时的饶宗颐先生，是詹家的常客。

饶家的“天啸楼”是著名的藏书楼，詹安泰每上天啸楼去看书论学，也常把当时四五岁的詹伯慧带在身边，那时候他就对“潮州才子”饶宗颐有了较深的印象。詹安泰对年轻多才的饶宗颐多有赞赏。饶宗颐进入韩山师范学校①给学生讲课，就是他推荐的。当时，詹安泰因为生病，需要休养一段时间，校长要他找位代课教师，詹安泰就推荐了这位二十岁左右的潮州才子，而年纪轻轻的饶宗颐不负所托，出色地承担了詹安泰所授的课程，一鸣惊人。

20世纪70年代末，詹伯慧在武汉大学任教。饶宗颐应邀访问湖北博物馆鉴赏出土文物，一到武汉就和詹伯慧取得联系，专程到武大去看他，两人见面之后，亲如家人。

这时詹安泰已去世多年，两人见面后，一同追忆先人往事。饶宗颐最终把话题落到如何搜集、整理詹安泰诗词遗稿遗墨，设法梓印刊行这一“慎终追远”的大事上，并强调说：“祝南先生的遗稿是他一生心血的结晶，是文坛宝贵的财富，一定要想尽办法刊行问世。”

1980年春天，詹伯慧应聘出任日本东京大学客座教席两年。而这年初夏，饶宗颐也恰好到日本访问讲学四个月。按照饶宗颐的主意，詹伯慧出国时把父亲手写的诗词遗稿带到东京，再送到京都给饶宗颐，由他负责张罗梓印。

饶宗颐将詹安泰的遗墨带回香港后，不出两年，就得到热心刊行岭南文献的何耀光先生的鼎力支持，作为何氏“至乐楼丛书”第25种，以典雅的线装影印形式将《鹪鹩巢诗》和《无庵词》合刊印行。

此后，詹伯慧常有机会见到饶宗颐，并从他那里得到很多关心与支持。2002年，

① 1935年，广东省立第二师范学校改名为“广东省立韩山师范学校”。

詹安泰一百周年诞辰，中山大学筹划举行纪念活动，饶宗颐闻讯欣喜万分，亲自约同香港潮州乡亲总会会长、詹安泰早年的门生陈伟南先生前来参加。詹伯慧 2011 年第一次举办个人书法展时，饶宗颐闻讯后写了题字“文士情怀——詹伯慧书法展”，令詹伯慧感动不已。饶詹两家两代人的因缘，在时代变迁中历久弥坚，令人感动。

（载《紫荆》2019 年 1 月号总第 339 期）

詹伯慧：一世情缘予方言

新华网　黄　玫　王厚启　邓　晓

早上九点半，暨南大学文学院的一间办公室里，詹伯慧又开始了一天的工作。通常，这间办公室的灯要亮到深夜一两点才会熄灭。每天沉浸在汉语方言学的世界里，为成千上万个四处飘零的汉语方言词汇书写专业的解释，这样一件听起来艰难而又枯燥的事情，詹伯慧却已经坚持了63年。

从教63年来，著作约40部，发表论文逾400篇，培养出中国汉语方言学界的骨干力量——“詹家军”，研究成果辐射至日本、美国、新加坡、法国等地，詹伯慧是名副其实的语言学大家。如今，他还以首席专家身份负责主编400多万字的，堪称我国历年来最大型的方言及方言学大词典——《汉语方言学大词典》，85岁的他还在续写与汉语方言一辈子都解不开的情缘。

詹伯慧用放大镜研究汉语方言词汇（伍嘉炜摄）

一个家庭说三种方言：结缘方言“似天注定”

詹伯慧觉得，自己研究汉语方言，就像是上天注定的。

詹伯慧出生在潮州的一个大家庭，其父亲詹安泰是饶平县新丰镇人，讲饶平客家话；母亲柯娥仙则是一位讲纯正潮州话的枫溪人。

战火纷飞的年代里，潮州城动荡不安。1938 年，七岁的詹伯慧跟随家人搬迁回老家饶平县避难，一个潮汕话和客家话都有讲的“双语区”。七岁前，詹伯慧一直跟着母亲，多讲潮州话，到了饶平以后，他的客家话也开始讲得越来越流利，“双语生活”逐渐变得顺理成章。

以地域大致划分的全国七大方言中，詹家就占了三个，“我在家充当我父母和女儿语言沟通的‘枢纽’，所以我对这三种语言‘手到擒来’。”詹伯慧笑言，丰富多彩的语言环境培养了他区分辨析各地方言的能力。

与此同时，结缘方言也让他具有浓厚的家园情怀和历史使命感。一直以来，詹伯慧呼吁社会要正确对待方言与共同语的关系，他也很关注各地方言在地域文化建设中的作用。

“方言独特的历史地位随着社会发展将继续显现，研究方言和推广普通话两者并不相悖，我都将尽心尽力做好。”詹伯慧说。

詹伯慧讲述与汉语方言的情缘（伍嘉炜摄）

投身专业显才干，颠沛流离护“灯芯”

1949 年，詹伯慧参加高考，他第一志愿填报的就是中山大学的语言学系。9 月放榜时，詹伯慧挤到密密麻麻的人群中看榜，发现语言学系第一名那一栏赫然写着他的名字。自此，詹伯慧成为中华人民共和国培养的第一批专攻语言学的大学生，开始投身专业的汉语方言学研究。

毕业后，詹伯慧到武汉大学中文系担任语言学助教。在职期间，詹伯慧受邀到北京大学师从著名方言学家袁家骅教授进修汉语方言学。北京大学广阔的平台为詹伯慧研究汉语方言提供了更为广阔的发展空间。

“我很庆幸自己去了北大，我们班上，来自五湖四海的学生都有，全国各地的方言都聚齐了，老师上课的时候，讲到哪里的方言，就会叫哪个地方的学生站起来给大家做示范。我在那里更加全面地认识了汉语方言。”詹伯慧说。

在袁家骅教授的带领下，詹伯慧参与起草了我国第一部全面系统地论述汉语方言的重要著作——《汉语方言概要》。他充分发挥自己熟谙粤方言和闽南方言的优势，完成了书中分量最重的两章：粤方言和闽南方言。时至今日，《汉语方言概要》依然是汉语方言学的开山力作。

20 世纪 60—70 年代，正值壮年的詹伯慧被下放到农村进行体力劳动，当起了泥瓦匠。

“我觉得自己是幸运的，有的老师以为自己回不到大学教书了，就赶紧学了一门手艺，诸如剃头之类的，准备回去有一技之长谋生。那时候虽然环境艰苦，但是我始终觉得自己还有那么多书没读完，不能放弃。”坚守着这样的理念，只要劳动有休息间隙，詹伯慧就走街串巷，趁机收集民间的方言词汇，

85 岁的詹伯慧依旧精神矍铄（伍嘉炜摄）

默默地守护汉语方言学的微弱“灯芯”。

20世纪80年代初期，詹伯慧利用多年积累的方言资料和实地调研素材，吸收全国各地方言普查的成果，参阅多本汉语方言相关的论著，撰写出《现代汉语方言》一书。该书简明扼要、深入浅出地介绍了现代汉语方言，成为《汉语方言概要》的重要补充版本。

只争朝夕：“85岁年纪向58岁的心态看齐”

“现在生活好了，物质上什么都不缺，我每天唯一感到最欠缺、最遗憾的，就是时间不够。我不奢求更多，只希望能够活到90岁，让我有足够的时间把手中大的项目完成。”詹伯慧说，如今很多研究方言的学者都去世了，研究方言又很会讲方言的人，少之又少。

詹伯慧平生主导参与过许多重大语言学建设项目，这些项目耗时长，费工夫，往往需要好几年才能攻克完成。但是詹伯慧耐得住寂寞。

如今，他正以85岁高龄主持国家社科基金重大项目“汉语方言学大型辞书编纂的理论研究与数字化建设”。每当有人问他：“您这么大年纪，何苦还坚持做这么多事?”他总是回答：“我还剩多少年，你还剩多少年？时不我待啊！”

他回忆着父辈们在十四年抗战中颠沛流离的生活。那时，十四年很长；而现在的十四年，如白驹过隙，一晃而过。

他坚持着自己“活到老、学到老、干到老”的理念，本该安享晚年的他，仍旧坚持每天工作到深夜一两点。“人的年龄不能自己定，但是心态可以自己定。我85岁向58岁的心态看齐。现在都在谈匠人精神，对于一个学者来说，像个工匠一样去干活，将自己的知识付诸实践，在我看来就是匠人精神。”詹伯慧说。

（载新华网，2016年12月14日）

詹伯慧：我们要少做语言的警察　多做语言的导游

新华网　王厚启　邓　晓　王雅铄

詹伯慧说：“我的教龄63年，车龄已经70年了。”这车，指的是一辆老旧的自行车。每天早上，他都会骑自行车上班，在暨大校园中穿梭。

“这是我来暨大以后的第14辆座驾。”詹伯慧拍拍坐垫笑着说。自行车从中学时期走进詹伯慧的生活开始，自此再也没有离开，陪伴他经历了人生许多重要的阶段。

20 世纪 50 年代，他刚到武汉工作的时候，物资匮乏。每个周末，他都会带着一箱蜂窝煤，骑着自行车，给住在二十公里外的妻儿送去。那段时光，贫苦而令人难忘。后来生活条件改善了，詹伯慧也没有抛弃他的爱车。他说他最爱的三大运动就是爬楼梯、跑步和骑自行车。

85 岁的詹伯慧依然骑自行车穿梭在校园（伍嘉炜摄）

詹伯慧日常生活离不开的，除了自行车，还有电脑和一个蓝色的背包。

每天来到办公室，坐定案前，他都会先打开电脑，然后有条不紊地从包里拿出资料、放大镜、U 盘和一个装着多种保健药的小药盒。

詹伯慧的电脑文件夹整理得有条不紊。因为眼睛老花得厉害，他看资料要依靠一个放大镜，缓慢地挨个搜索。“现在记东西都不用笔，材料都在我的 U 盘里，如果 U 盘丢了，我肯定是要哭的。”

詹伯慧在办公室伏案研究（伍嘉炜摄）

从1998年到新加坡国立大学教学开始，詹老师就学会了使用电脑。不过十几年来，他也只用电脑做三件事：写稿、收发E-mail、看新闻。

詹伯慧虽然年纪大了，但是他的探索范围紧扣着时代的步伐。

“我从网上看到一些网络用语，也会去留意。新的东西出来，即便理解不了，我们也不应该去抗拒。语言是发展的，语言适应了科技的进步，我们应该正确对待网络语言。”

他提及“粉丝”这个词，从语言学界的不承认，到慢慢地就变成了两个意思。“其中有一个意思是不能吃的。”他笑言。

“我们要少做语言的警察，多做语言的导游。”詹伯慧说。

（载新华网，2016年12月14日，记者采访手记）

詹伯慧：默默耕耘七十载　一生执着语言学

《中国社会科学报》　李永杰

他出身文学之家，其父有着“岭南词宗”的美誉；他师从语言大家王力教授、袁家骅教授，成为新中国成立后培养起来的第一批语言学研究者；他坚信语言学研究要重实践重调查，常年走访在田野调查的第一线，撰写了一部部分量十足的语言学著作；2013 年，他以 82 岁的高龄作为国家社科基金重大项目的首席专家，组织全国老中青三代百余位方言学者，历时三年多，编纂出版了被誉为“汉语方言学史上一座丰碑”的《汉语方言学大词典》；在自己即将进入 90 岁之时，他又捐出毕生积蓄 50 万元成立南方第一个语言学奖，希望后辈学人能继往开来、青出于蓝。如今，已近 90 岁的他虽身体已不如从前，但依然坚信做学问就是要活到老、学到老、工作到老。他就是我国著名语言学家、广东省优秀社会科学家、暨南大学文学院教授詹伯慧。

生于文学之家，立志语言研究

1931 年，詹伯慧出生在潮州古城，他自幼便接受“双语教育”——父亲詹安泰是讲客家话的饶平人，其母柯娥仙是说潮州话的枫溪人。詹伯慧告诉记者，他自小用客家话与父亲交流，用潮州话与母亲交流。“在这种语言环境下成长，我很早就对语言产生了浓厚的兴趣。”

詹家的祖居在饶平润丰楼，是典型的客家土楼。潮州地区普遍尊师重教，据了解，仅润丰楼就出过几位进士，而詹伯慧的家“学文堂”也走出了三个大学生，他的父亲詹安泰先生早年毕业于广东高等师范学校及国立广东大学（中山大学前身）国文系，二叔天泰先生毕业于上海暨南大学经济系，三叔力泰先生毕业于国立中山大学历史系。幼年的詹伯慧就是在这样的环境下成长，可谓书香门第，薪火传承。

1938 年，日军入侵广州，中山大学被迫西迁云南澄江。中山大学文学院院长吴康急聘詹安泰赴滇任教，詹安泰接函请后，匆匆赶赴云南。此时，潮州城同样动荡不安，日军持续轰炸。年幼的詹伯慧跟随家人回老家饶平县避难，回到祖居地读书的詹伯慧开始系统地接触客家方言。此后，由于中山大学回迁至韶关坪石，詹伯慧父亲詹安泰又回老家接他到坪石，就读于坪石广同会馆主办的汉德小学，直至小学毕业。“这个学校的老师和学生都是从广州迁过来的，他们都是说白话（粤语）。”也就是在这个时期，詹伯慧第一次系统地学习和了解了粤语。因此，到了小学毕业时，詹伯慧就已经能同时掌握运用汉语七大方言中的三种——潮州话（属闽语）、客家话和广州话（粤语）三大方言了。

詹安泰是著名的古典文学家，精于词学，与夏承焘、唐圭璋、龙榆生并称“现代中国词学四大家”。在詹伯慧的记忆中，自小家中常有一些文学名家与父亲探讨学问，自己也深受熏陶，一直很喜欢古典诗词。抗战胜利后，中山大学重回广州，詹伯慧就读于广州的中大附中。当时中山大学文科领域名家荟萃，语言学家王力教授、岑麒祥教授就经常到詹家做客，在他们与父亲的交谈中，詹伯慧逐步对语言学研究有所认识，并产生了浓厚兴趣。“我自小就生活在多种方言的环境里，听王力教授他们谈语言学研究那么有趣，被深深地吸引了。”在了解到当时的中山大学语言学系是全国大学中唯一的一个语言学系，而且由时任中大文学院院长王力教授于1945年创办时，詹伯慧就暗暗下定决心要投身语言学的研究。1949年，高中毕业的詹伯慧以第一名的成绩被中大语言学系录取，成为新中国培养的第一批专攻语言学的大学生。

注重实践，勤于调查

在中山大学求学期间，凭借着从小掌握多种方言的优势，詹伯慧在语言学尤其是在方言方面的天赋逐渐显现出来。在王力等教授的悉心教导下，他在语言学的海洋里“如鱼得水”。当时全班仅有的7位学生中，詹伯慧年纪最小，但学习成绩却非常优异。

大学毕业后，詹伯慧被分配至武汉大学中文系工作，正式开启了语言学教学和科研工作，这一干就是60多年。1954年，全国高校院系调整，中山大学语言学系举系并入北京大学。而此时的北京大学已集合北大、清华、燕京等三所大学著名的语言学名师，加上中大语言学系的并入，在北大中文系中独立设置了汉语专业，成为国内语言学领域中最具权威的一个专业。由于新中国成立初期，语言学研究队伍还很单薄，北大汉语专业的各项研究任务繁重，方言学研究的人才尤其匮乏，王力教授此时想到了詹伯慧。

1955年，北京大学开设汉语方言学课程，王力教授马上推荐已在武汉大学的詹伯慧，让他到北京大学来师从著名方言学家袁家骅教授进修汉语方言学。詹伯慧到北大后，深得袁家骅教授的赏识，在进修过程中担任了他的助手。袁教授还推荐他参加了当年在全国范围内开展的少数民族语言调查工作，到海南岛调查黎语。半年后回京，袁教授又要詹伯慧参加他主持编写的《汉语方言概要》，此时詹伯慧开始展现了他在方言学方面的过人之处，他负责编写此书中分量最重的“粤方言”和“闽南方言”两章，约占全书50万字中的三分之一。《汉语方言概要》是中国历史上第一部全面论述汉语方言的著作，出版后在海内外学术界产生了很大影响，迄今一直是方言学的经典之作。

“语言学研究，尤其是方言研究必须要深入田野进行调查，不能只是‘坐而论道’。”在詹伯慧看来，注重社会实践与深入调查是自己进行语言学研究的重要法宝之一。他于 1959 发表的《海南岛“军话”语音概述》在学界引起较大关注，是其早期学术研究的代表作之一，这一重要成果离不开前文所提到的“法宝”。“军话”是詹伯慧 1956 年到海南岛调查黎语时发现的。《海南岛“军话”语音概述》揭示了海南岛南端崖城镇中残存于几千居民口中“北方方言岛”的语音面貌。这种方言现象引起了语言工作者的重视。关于海南岛“军话”的这份记录，此后常常被语言学界用来作为“方言岛”的实例。

作为骨干成员之一参与编纂国家“重典”——《汉语大字典》，是詹伯慧学术生涯上浓墨重彩的一笔。1975 年，在周恩来总理的主持召集下，作为国家重点科研项目的《汉语大字典》筹备上马，詹伯慧作为编委会成员，一开始就参与编写规划的制订，此后多年一直负责该字典的收字审音工作。《汉语大字典》分上古、中古、现代三段注音，是我国历来辞书中音读最为完备的一部大字典，其中凝集了参加注音、审音工作的众多工作者的心血。

活到老、学到老、工作到老

1983 年，詹伯慧调入暨南大学工作。1985 年，他被任命为暨南大学复办后第一任文学院院长。詹伯慧到暨大后，首先想到的是建立方言研究机构，建立培养汉语方言学人才的硕士点、博士点。他从 1984 年就创建了暨南大学汉语方言研究室，自己兼任研究室主任，并在当年开始招收方言学的硕士生。1990 年他又被国务院学位办评为博士研究生导师，在暨南大学中文系建立第一个博士点——现代汉语博士点，1991 年开始招收攻读汉语方言学博士研究生。迄今詹伯慧已培养毕业博士研究生 29 人。1994 年我国首批 5 名攻读汉语方言学的博士研究生毕业，获授博士学位，其中出自詹伯慧教授门下的就有 4 名。

在汉语方言研究方面，詹伯慧的理念是：首先，要有一个“大汉语”或“整体汉语”的观念，要对汉语方言有总体上的认识，才能有的放矢地对各地方言进行深入、全面的研究。其次，要以语言事实为根本，辅之以人文背景，构建方言研究的基础和理论，并在理论的指导下进行有组织、有计划的方言调查和研究。最后，还得注意处理好共同语和方言的关系。如今，他已刊语言学著作逾 40 部，发表论文逾 400 篇。

2013 年，詹伯慧以 82 岁的高龄主持国家社科基金重大项目“汉语方言学大型辞书编纂的理论研究与数字化建设”，并以首席专家身份负责主编《汉语方言学大词典》。为此，他让课题组专门在暨大文科楼留了一个办公位。每天早上 8 点准时到达自己的办公室。一位白发苍苍的老教授骑着一辆老旧的自行车，早晚穿行在暨大校园内，一时间传为美谈，被暨大师生誉为学校一道美丽的风景。如今，回忆这段往事，詹伯慧笑谈："现在我还想骑自行车去办公室工作，但是他们都不让了。"2019 年经过一次大病之后，他的身体已不如从前，但是对科研工作的热情没有丝毫减弱。

回顾自己近七十年的治学经历，詹伯慧表示，"执着"二字浓缩了自己对学问的态度，"活到老、学到老、工作到老，是我这一辈的追求"。他的很多研究项目一干就是十年八年。在研究过程中他有信心，坚信好事多磨，有志者事竟成，最后一定能够成功。他平生参加过许多需要花大力气、长时间的学术"工程"，如编写《汉语大字典》《汉语方言学大词典》，对广东粤语进行长时间、有计划的全面调查，20 世纪 90 年代后组织粤港澳一批粤语专家，主持粤语审音、编纂粤语正音字典等一系列工作。

刚刚卸任暨南大学汉语方言研究中心主任的甘于恩教授是詹伯慧较早的一批学生，回想起几十年来跟随詹老师求学治学的经历，感慨万千。"詹老师年轻时就头顶行李箱、赤脚蹚水在海南做田野调查，写出不少经典论文，年过花甲还与我们一起奔波在粤北、粤西沿江流域，堪称广东方言学界调查面最广的前辈，给我们树立了如何做好学问的优秀榜样。"

甘于恩告诉记者，詹老师经常把"活到老、学到老、工作到老"挂在嘴边，实际上他老人家也是这么实践的，这为我们后辈学人树立了学习的标杆。"目前我们都身兼一些职务，科研任务也很重，但一想到詹老师的教导，一想起詹老师过了八旬的高龄，还在不断地工作，推动方言研究事业，我们就异常感动。"他表示，为了国家的语言事业，广大方言研究者还要继续走在田野调查的路上。

谈起治学经验，詹伯慧特别强调"与时俱进"这个词语。他自豪地告诉记者，自从 1998 年学会用电脑以后，他再也没有过手稿了，都是电脑写作。事实上，在记者接触过的老教授中，詹伯慧可谓是最能"与时俱进"的，记得在 2015 年初次接触他时，见面第一句话就是"来扫一扫，加上微信"，"上网查询资料，手机微信方便学术团队联络，信息化时代这些你都得跟上，做学问也是如此，对新事物要包容"。所以，汉语方言学辞书的数字化建设是他主持的重大项目中重要的组成内容之一。

盛世修典，意义非凡

2017 年 5 月，经过国内外近百位专业语言学者、方言学学者的艰辛努力，历时三年多，由詹伯慧和中国社会科学院语言研究所张振兴研究员领衔主编的《汉语方言学大词典》正式出版。该辞典分为上下卷，465 万字，堪称鸿篇巨著。轰动了中国语言学界，尤其是全国汉语方言学界。在当年 10 月广州举行的《汉语方言学大词典》首发式上，中国社会科学院语言研究所所长刘丹青研究员盛赞这部词典是"丰碑中的丰碑"。

而此时，詹伯慧已经86岁高龄了。

其实，编纂这样一部大词典的想法，詹伯慧在20世纪末就已经开始酝酿了，并且于十几年前已经和一批资深语言学者开始着手进行了。“但是后来由于种种原因，事情最终搁置了，直到2013年国家社科基金重大项目立项，我们的大词典重回正轨，直至2017年正式出版。”谈到这里，詹伯慧动情表示，大词典的编纂过程一波三折，其中的艰辛和不易自己铭记在心，如今这一愿景真正实现了，喜悦之情自不待言。

我国语言资源十分丰富，而汉语方言的多样化和复杂性，更是世界闻名。“从事汉语方言工作的人都明白，汉语方言的调查研究源远流长，从汉代扬雄的《輶轩使者绝代语释别国方言》（简称《方言》）算起，已有两千多年的历史。”詹伯慧告诉记者，改革开放以后，随着学术振兴大潮的兴起，汉语方言学界调查研究工作蓬勃发展，一些大型的汉语方言研究工程相继上马，随后从80年代后期起就陆续出现一些具有标志性意义的大型成果。

在汉语方言工作蓬勃发展的形势下，国家语文政策也引导人们不断加深对语言是国家重要资源、方言同样也是重要资源的认识。詹伯慧认为，为适应方言学科的发展和方言应用的需求，着手编纂一部能够涵盖汉语方言学科方方面面知识，反映汉语方言研究发展情况，展示汉语方言研究成果的百科性汉语方言学大词典，就显得很有迫切性，很有现实意义了。他曾参加过三十年前编纂《中国大百科全书·语言文字卷》的工作，汉语方言虽然也是其中的一部分，但篇幅极其有限，整部“语言文字卷”中，汉语方言方面的条目只有寥寥几十条。此后詹伯慧常常在想，如果能组织起方言学界的力量，编纂一部信息量大、内涵丰富、体例完善的汉语方言学大词典来，就可以弥补相关辞书中方言及方言学内容的不足，为汉语方言学知识的普及和推广，扩大汉语方言的社会影响，推动汉语方言的社会应用，提供必要的条件，这对促进汉语方言研究工作的深入发展，提升汉语方言学科建设的学术水准，都有重大的现实意义。

《汉语方言学大词典》先后获评为广东省第八届哲学社会科学优秀成果奖一等奖（2019年）、第七届中华优秀出版物（图书）奖（2019年）、教育部第八届高等学校科学研究优秀成果奖（人文社会科学）一等奖（2020年）。它现在已经成为许多语言学家、方言学家最重要的必用参考书之一。谈起这部词典的学术价值和现实意义，张振兴研究员认为，《汉语方言学大词典》条目设置涵盖汉语方言调查研究古今的所有领域和相关部门，同时涵盖汉语十类主要方言的分布地域和地点，事实与理论并重。《汉语方言学大词典》全面地描写了汉语方言统一性、分歧性、复杂性的本质特征；多维地反映了汉语方言调查研究悠久的历史传统，以及所取得的巨大成就；立体地体现了汉语方言学与其他分支语言学科，以及其他人文社会学科的密切联系。“可以毫不夸张地说，《汉语方言学大词典》是一部汉语方言学科以及语言学科的百科全书，它从历史和现实两个方面，成为观察汉语、了解汉语的一个最重要窗口。”他说。

词典正式出版后，詹伯慧整个身心放松了下来，然而，以80多岁的高龄如此紧张强度的工作三年多，他的身体终究还是累到了。大病一场后，身体已大不如从前。但是在住院期间，他心中念念不忘的是自己执着了一辈子的语言学事业。虽年届九旬，但詹伯慧依然坚信自己还可以为祖国的语言学研究发光发热，哪怕是燃烧自己。

2020年11月，由詹伯慧捐资50万元的“暨南大学詹伯慧语言学奖”在广州正式启动，这是我国南方第一个语言学奖。“五十万元不算多，但也是我的所有积蓄了，我应该为语言学研究再做点什么。”詹伯慧告诉记者，做学术研究，自己有着近七十年的坚持与执着，设立这个奖项是希望鼓励有更多人延续这份坚持和执着。“希望他们继往开来，青出于蓝。”

（载《中国社会科学报》2021年6月2日第12版《学人剪影》）

大家风范

DAJIA FENGFAN

在庆祝詹伯慧教授八十华诞暨从教五十八周年大会上的讲话

尊敬的詹伯慧先生，各位来宾，老师们、同学们：

在这盛暑时节，我们欢聚一堂庆贺詹伯慧先生八秩华诞，我谨代表中国社会科学院语言研究所的同仁对詹先生和詹夫人表示热烈的祝贺！祝贺詹先生在语言学研究上所取得的卓越成绩，祝贺詹先生年届八旬依然能幸福地从事学术研究工作！祝贺詹先生弟子满园，桃李遍天下！

詹先生出身书香门第，家学渊源，又能厚植基础，博览专精，故而在汉语方言、汉语辞书、汉语应用和汉语规范等诸多领域都取得了令人瞩目的成就。詹先生能讲三种纯正的汉语方言，而且是三种最难懂、最难学的方言——潮州话、客家话和广州话，这为他成为一位优秀的语言学家奠定了他人难以相比的深厚基础。詹先生兼有良好的文学修养，书法也自成风格，颇见功底，在语言学家当中，像詹先生这样文学、书法修养深厚的学者实不多见。

詹先生的学术专长为汉语方言学，尤精于粤方言研究。改革开放以来，詹先生站在学术战略的高度，有计划、有步骤地组织学生调查珠江三角洲方言、粤北十县市粤方言、粤西十县市粤方言。一时间，当代輶轩使者的足迹踏遍南粤大地的青山绿水，一本本方言调查报告相继问世，一批批年轻学子迅速成长。他主编了《汉语方言及方言调查》（高校通用教材）、《广州话正音字典》、《广东粤方言概要》等一批重要的方言学专著，为推进汉语方言学的学科体系建设、为方言学研究的蓬勃发展、为方言学科队伍的日渐壮大作出了卓越的贡献。汉语方言学在祖国的南方得以兴盛繁荣，这其中詹先生贡献甚多，功不可没。

詹先生不同于一般只专注于自己做学问的学者，他很关心国家语文政策的制定与贯彻执行，关注社会的语文生活，敢于并善于直面现实的语言文字问题。当有政协委员连续两年提出“恢复繁体字”的提案的时候，当广州一些群众提出“保卫粤方言”的时候，他都或撰文，或接受访谈，深入浅出地阐释国家语文政策，面对媒体直抒己见。他认为，为汉语规范化服务是语言文字专业人士“责无旁贷的光荣任务”。他正是这样一位热爱祖国、热爱家乡，珍惜祖国和家乡语言资源的有着高度社会责任感的人文学者。

年初我读到詹先生的近作《语文杂记》，詹先生实事求是、科学辩证的语文规范观给我留下了很深的印象。

关于规范与应用的关系，詹先生认为规范应该“从应用中来，到应用中去”，体现“源自实践，服务实践”的精神。

关于规范化与多元化的关系，詹先生主张应该“既大力推广普通话，又充分发挥方言的作用”，“推广一种（普通话），保留多种（方言）；要并存并用，有主有从，各司其职”。在对待繁简字的问题上，他的态度是：在遵守规范、继续使用简体字的前提下，又提倡让繁、简体字并存下去，在全球华人世界的汉字应用中形成一个和谐共处，繁简由之，或“识繁用简”，或“识简用繁”的语言环境。

关于语音规范的原则是从古还是从今、从众（约定俗成）的问题，詹先生明确表示：“在粤语正音中，既要把握语音发展的历史继承性，又不能对已在群众中广为流行的俗读熟视无睹，而必须采取两者兼顾的做法。如果现代普遍读音跟古代反切已失去联系，我们就只能以‘从今、从众’的态度来对待今音的厘定了。”前不久我参加了国家语委语信司召开的现代汉语审音工作准备会议，我认为詹先生的上述观点完全正确，应该成为今后审音工作遵循的重要原则。

关于如何处理、规范当今语言变异现象的关系，詹先生说：“既不要在多姿多彩的语言现象面前眼花缭乱，无所适从；更不要动辄看不顺眼，评头品足。”对“新潮语、网络语言”等新事物、新现象要“等一等，瞧一瞧，别忙下结论”，“一定要多做收集、分析工作而别忙于说三道四，指手画脚，拨乱反正”，“须知语言规范工作永远都只能滞后而不能超前”。他的“少当语言的警察，多做语言的导游”的经典名言，深得同行们的认同，引用率极高。

2010 年 6 月，针对广州有些人提出“保卫粤语”的口号，詹先生接受了《羊城晚报》记者的采访，从多角度阐述了国家“推普”政策的精神和“推普”与保留方言的关系，有些话很有震撼力。例如：“应该明白，广州不仅仅是广州人的广州，它还是中国中心城市之一的广州，也是国际化的广州。”怎么能不推行全国通行的普通话？“有人说‘要保护粤语’，我不赞成。所谓保护，意思是敌人来了，被侵略了，可普通话真的是你的敌人吗？不是，它是方便全国人民相互交流的工具。”他一语中的地指出：“我们绝不能有要以粤语来抵制普通话在广东推广的思想，那样想是绝对错误的。”这些掷地有声的话语出自温文尔雅的詹先生之口，使我很感意外。原来，在原则问题上，詹先生的态度是如此鲜明，眼光和胸怀又是如此宽广！可以想见，作为权威的语言学家，詹先生的正确观点对纠正一部分人的误解会起到多么有效的作用。回想当时，我在北京也接受了某报记者的采访，我的观点虽然基本跟詹先生相同，但在表述上远没有詹先生那么全面、深刻，那么有穿透力。“姜还是老的辣”，我不得不由衷地佩服詹先生。

詹先生经常用“年龄可以老，学问却不能老化”来砥砺自己，他有一个永远不老的心态和永不满足的追求，因而他的学问总是能回应现实，做到与时俱进。詹先生的一副书法条幅写着："莫放春秋佳日过，最难风雨故人来。"这正是詹先生一生爱读书、重友情的文士心怀的写照。因为不放过春夏秋冬的每一天，他因此著作等身，事业有成；因为把友情、乡情和师生之情看得很重，他因此赢得了朋友、乡亲们的真情和门生弟子们的爱戴。值此詹先生八十华诞之际，我再次向詹先生表示祝贺、表示敬意。祝詹先生生命之树常青，学术之树常青。

中国社会科学院　江蓝生
2011 年 6 月 28 日
（中国社会科学院研究员，原副院长）

庆祝詹伯慧教授八十华诞暨从教五十八周年贺词

詹伯慧先生即将迎来八十诞辰及从教五十八年，在此之际，我谨代表东京大学、在日的许多友人和学生，表示由衷的祝贺与敬意，并祝愿詹伯慧先生健康长寿。我们相信，詹伯慧先生将来一定会撰写一部《百年自述》，深入描述中华人民共和国成立以后中国方言学八十年的发展历史。

詹伯慧先生曾于1980年作为首任中国大陆教授到东京大学执教，两年期间跟日本的许多汉学家和汉语学家结下了深厚的友谊，通过多次学术活动，介绍中国语言学和方言学的研究状况、取得的成就及主要人物，给当时的日本汉语学界带来了很多新鲜宝贵的信息，奠定了双方学界交流的基础。日本学者的脑子里还非常清楚地记着他许许多多的音容笑貌。1999年詹伯慧先生又偕夫人来东京短期讲学，再次给大家留下了深刻的印象。先生所著的《现代汉语方言》曾被翻译成日文，大大地促进了日本对汉语方言的认识。

2019年5月重返东京与当年老友欢聚

我记得有一次，詹伯慧先生在东京的寓所里给我看了他带来的尊翁詹安泰先生的大量的手稿，使我深受感动，因为在那“文革”十年的风暴里把它完整地保存下来该经历过多艰巨的困难啊。

詹伯慧先生曾在日本度过他的五十岁生日，那时我们中文专业的教员一同在东京涉谷的一家台湾菜馆聚餐，向他表示祝贺。而后又过了三十年的茫茫岁月，世界的变化实在太大了。这三十年间，由詹伯慧先生牵头的中国南方方言学不断发展壮大，在量和质方面都取得了惊人的成果。这当然是詹伯慧先生培养出了一大批新秀，并很好地组织他们，让他们各尽所能的结果。

我常常佩服詹伯慧先生，他精力一点也不减当年，东奔西走，席不暇暖，参加各地的学术会议，教导后学，孜孜不倦。我则身体愈加羸弱，难以参加此次盛典，深以为憾，特委托大西克也先生代为致贺。让我再次祝愿詹伯慧先生健康长寿，阖府康乐。

日本东京大学名誉教授　平山久雄　谨志

2011 年 6 月 20 日

《田野春秋——庆祝詹伯慧教授八十华诞暨从教五十八周年纪念文集》序言

唐作藩

光阴似箭，日月如梭，一个花甲前我们班里最小的同学阿詹亦已进入八十华诞了。1948 年秋，我考入中山大学语言学系时同班同学有 20 人，1949 年夏由于解放战争，我的许多同学离校或休学了。1950 年秋，我和饶秉才、许绍早三人复学时就与 1949 年入学的欧阳觉亚、詹伯慧同年级了。这时同班七人中还有 1947 年入学而休学了两年的麦梅翘大姐和 1950 年自香港插班进来的王豫远。我们同在石牌本校生活、学习了两年，共同选修了岑麒祥先生的“语言学引论”、商承祚先生的“文字学”、严学宭先生的“读书指导”、张为刚先生的“国语与方言”和陈必恒先生的“现代中国语法”等课，但由于革命运动一个接一个，所有的课程都未修完。记得 1950 年复学不久，我们就投入修建白云机场的劳动中；接着参加抗美援朝战争，许多同学都报了名，最后我们语言学系 1947 级的林穗芳同学被批准入伍，全校相继举行了欢送会。1951 年春夏，我们被调去参加以李德全部长为总团长的少数民族慰问团，奔赴粤北瑶族地区进行慰问活动。我们的分工不一样，伯慧、欧阳与系主任岑先生等参加少数民族语言调查组，我则被指派参加秘书组，具体负责一路押送慰问品。完成任务之后，我们回到广州还参加了在省委礼堂举行的庆祝晚会，华南局第一书记兼省委书记叶剑英同志和李德全部长与民同乐，和大家一起跳舞。是年秋，我们又被派参加广东省土改工作团，赴粤中清远县山区农村参加土地改革运动。我被分配在副点，担任一个乡的工作队副队长，而伯慧则被派在面上，独自一人掌握一个乡，受到了很大的考验和锻炼。1952 年春，我们又提前被调回中山大学，参加“三反”运动，实际是要我们参与老师们的思想改造运动，听取老师们的思想检查。后来又让我们投入忠诚老实运动。回想起来，这些都是当时对待知识分子的一种极“左”的做法，而我们都经历了。

1952 年暑期后，全国高校进行院系大调整，中山大学的文、理科迁入岭南大学所在的康乐村，和岭南大学文、理科合并，成立新的综合性的中山大学，取消院一级行政，文科设有独立的中文、语言学、历史、政治、外语等系。原岭南大学文学院院长王力先生担任我们语言学系系主任兼汉语教研室主任，并为我们大四班开设了“语法理论”课；岑麒祥先生任语言学教研室主任，给我们讲授“斯大林的马克思主义语言学”

课；严学窘先生调去武汉中南民族学院担任少数民族语言研究所所长，后又兼任副院长；张为刚先生则调入新成立的华南师范学院。原岭南大学高华年教授和钱淞生讲师留在中山大学，钱先生给我们讲授“音韵学”课；高先生为我们班开设了“少数民族语言调查研究”课。上课之余，我们还常在一起参加一些课外活动，比如学习拉丁化新文字。

1953 年 6 月底各门课程基本结束后，高华年先生让我们自己到武汉中南民族学院去实习。我们班一行七人到武汉后即去看望严学窘先生，他非常支持我们，把我们分成三个组，分别调查三种少数民族语言，为我们选派了发音人。我与伯慧兄分在一组，调查广西仫佬族语言，经过两周的实习，我们合作写了一个调查报告作为实习成绩，复写三份，交给严先生一份，我们各自留一份。回到广州后，即去华南理工学院报到，参加全广州市各大学应届毕业生的集中学习，听了陶铸同志的政治报告。主题是：坚决服从分派，到祖国最需要的地方去建设社会主义。约一个星期的毕业学习结束后，每个同学就收到一份工作分派通知书。伯慧兄被分派到武汉大学中文系任教，而我则留校做语言学系助教兼系秘书。

但一年之后，我们中大语言学系全体师生均被调往北京大学，并入其中文系。真是有缘分，不久，伯慧兄也被武汉大学派来北大进修，我们又在一起聆听王力先生的“汉语史”、岑麒祥先生的“语言学史”和袁家骅先生的“汉语方言学”等课。伯慧进修的主攻课程就是方言学。他自小就随着父母熟悉了饶平的客家话和潮州的闽南话，后来又生活在广州，掌握了标准的粤语，富有学习方言学的天赋，所以袁家骅先生很赏识他。这时，许绍早也被所在的东北人民大学（今吉林大学）派来北大向王力先生进修“汉语史”。1957 年 7 月，我与绍早兄作为王力先生的助手，而伯慧兄作为袁家骅先生的助手又一起到青岛海滨分别参加编写《汉语史》和《汉语方言学》教材，朝夕相处，共同生活了一个月。此后，汉语方言学就成为伯慧兄一生教学与研究的专业。

伯慧兄才思敏捷，勤于笔耕，著述等身。在上大学四年级时，他非常钦佩那些拥护世界和平运动的使者，于是写了一本歌颂世界和平运动的倡导者的书，即《在反动统治下英勇斗争的和平战士》（1951 年）。20 世纪 50—60 年代在武汉工作期间，为了响应与配合全国方言普查和推广普通话，他很快就编写出《武汉人怎样学习普通话》（1956 年）和《湖北方言概况》（集体编著，1960 年）。在武汉大学除了开设汉语方言学课，他还参加现代汉语的教学，编著了《现代汉语方言》（1981 年）和《现代汉语》（集体编著，1979 年）。20 世纪 60 年代“文化大革命”开始后，他成为被冲击的对象，教学与研究被迫停止，我们也暂时失去了联系。70 年代末我去武汉探视在城市建设学院工作的二妹夫妇及在咸宁湖北变压厂工作的大孩子时，曾到珞珈山上去看望伯慧兄。他们一家三口挤在一个平房单间里，他谈到在“文革”中受凌辱的情况，居然被污蔑为特务，胡说他的手表是用来向国民党发报的发报机，真是太可笑了。“文革”结束，雨过天晴以后，我们才又恢复经常的联系。1980 年秋，他被教育部派往日本东京大学担任客座教授，负责语言学课程的教学，直至 1982 年春才回国，其间我们一直书信不断。据我所知，他在东京曾为促成王了一先生 1981 年访问日本做了许多准备工作，了一师抵日时，是他陪同平山久雄教授到成田机场接机的，其间他又曾在东京客居寓所，亲自下厨弄几道“中华料理”，约请几位渴望见到了一先生的日本朋友来他家和了一先生伉俪畅叙友情。伯慧兄在日期间，出版了《浠水方言纪要》（1981 年）和《汉语方言文集》（1982 年），业余还写点日本见闻，在香港《文汇报》上连载，后来出版了单行本《东瀛杂记》（1982 年武汉大学出版社初版，1989 年人民文学出版社出版增订本，并改名为《日本面面观》）。他的《现代汉语方言》一书，也由在东京大学听他讲课的筑波大学讲师樋口靖译成日文在东京光生馆出版（1983 年）。

暨南大学饶秉才兄欲在暨大建立语言学系，通过组织向武汉大学、吉林大学和北京大学发出商调函，要求将伯慧、绍早和本人调去暨大。我们虽然都支持秉才兄，但结果只有伯慧如愿以偿。1982 年他回国后，经过一番努力，终于在 1983 年秋调入暨大任教授。我于 1982 年曾应聘来暨大讲学三个月，为研究生与高年级同学开设音韵学和汉语史两门课程。那时伯慧兄尚在东瀛，我们虽未能共聚暨南园，但他的夫人陈雅仙大夫已先期调入暨大，我和夫人也常常到他家去，从嫂夫人那里得知伯慧兄在国外的一些情况。

伯慧兄于 1983 年 10 月正式调入暨大，1985 年就出任刚恢复的暨大文学院首任院长，对暨大的文科建设和发展作出了重要的贡献。他还主持建立了暨大汉语方言研究室，开始招收研究生。1990 年他成功申请在暨大中文系建立第一个博士点，开始招收以方言研究为专业方向的博士生，此后他连续 15 年培养了 29 位博士生，在暨大逐步建立起一个高水平的汉语方言研究梯队，被学术界戏称为“詹家军”。这支汉语方言研究队伍在伯慧兄的组织领导下，对广东境内的方言（包括粤语、客家话、闽南语以及各种土话）逐步进行普遍、深入的调查和研究，并逐渐扩展到广西、海南岛及香港、澳门地区的方言，为我国南方的方言研究作出了突出的贡献。20 世纪 80 年代末之后，我不断收到他邮寄来的著作。例如，《汉语方言及方言调查》（1991 年）、《珠江三角洲方言调查报告》（三卷本，主编之一，1987—1990 年）、《粤北十县市粤方言调查报告》（主编之一,1994 年）、《语言与方言论集》（1993 年）、《方言・共同语・语文教学》（1995 年）、《汉语方言论集》（合著，1997 年）、《粤西十县市粤方言调查报告》（主编之一，1998 年）、《广东地区社会语言文字应用问题调查研究》（主编，2000 年）、《广东粤方言概要》（主编，2002 年）、《广州话正音字典》（主编，2002 年）、《漫步语坛的第三个脚印——汉语方言与语言应用论集》（2003 年）、《新时空粤语》（主编之一，上册，

2006 年；下册，2009 年）等 30 多部专著。他还发表了 300 多篇论文。伯慧的成就愈来愈大，他的学术影响愈来愈广。论资历年轮，他在当年方言学界的“九兄弟”中排行老三，但其著述成果却格外突出，所以党和政府也越来越重视他，不断赋予他重担，给予他荣誉。自 1988 年当选为第七届全国人民代表大会代表后，他又于 1993 年和 1998 年连任第八、九两届全国政协委员。他在 1987 年加入中国民主同盟之后，就连续两届被选为民盟中央委员和广东省委会副主委。每年春、冬两季都要来京开会，每次动身前他都要打电话或发电子邮件见告他的行程，让我通知在京的中大语言学系的老朋友，约定相聚时间。有时在会议期间，有时在会议结束之后。如在会后，往往留宿在阮绍光学长府上，有时也到寒舍来歇脚一两个晚上。有一年春天，正逢清明节，伯慧还与我们一道到万安公墓为王力先生与岑麒祥先生扫墓，以怀念我们最尊敬的老师。

平时我和伯慧还在一些学术会议上见面。比如在中国语言学会上，在纪念王力先生、岑麒祥先生、吕叔湘先生等师辈的学术研讨会上，特别是近几年我们连续三次在广州、南宁、香港粤方言国际学术研讨会上相会。2008 年 12 月，他还约了麦梅翘、饶秉才、欧阳觉亚、王豫远等老友相聚在香港，同班七人中就缺许绍早，可叹他在 11 年前已永远离开了我们！

2007 年，我与杨耐思兄等人合作编写的《中国语言文字学大辞典》出版，是年 10 月出版社在重庆召开专家座谈会，伯慧兄等应邀出席。会上有人提议、大家附和并决定编写一部七卷本的《中国语言文字大词典》（包括“语言文字学卷”“现代汉语卷”“古代汉语卷”“汉语成语卷”“汉语方言卷”“汉语俗语卷”和“少数民族语言文字卷”）。大家还一致推举伯慧兄出任“汉语方言卷”的主编，他看在我们老同学的份上，推辞不掉，会后立即商定编写班子和编委成员，网罗了全国各大方言区的顶级学者，于 2007 年 4 月在暨南大学召开编委和顾问联席会议，商讨编辑方针、规模和完成时间，并在暨大文学院前举行揭牌仪式。后来由于经费未能及时到位，搁浅一段时间，一直拖延到今年秋天才重新上马，伯慧兄依然勇挑重担，下决心要在一两年内让这卷 350 万字的大词典杀青面世，他的雄心令我深感惭愧和抱歉！

今年 8 月在为纪念王力先生诞辰 110 周年举行的中国语言学的传承与创新国际学术研讨会上我们又见面了。本来 10 月下旬在湖南湘潭举行的第二届湘方言国际学术研讨会上又有一次见面的机会，不料他临行前一天眼底出血，医生要他住院治疗，非常遗憾！但有幸我们于本月中下旬又在广州、潮州相聚了，参加了潮州市人民政府和韩山师范学院联合主办的纪念我国著名词学家、教育家、诗人詹老伯安泰先生的国际学术研讨会。我本于文学是门外汉，但伯慧兄的盛意难却，抱着学习的愿望与怀念的心情欣然前往，与会之后收获不小，感受甚深。明年 6 月伯慧的弟子们和暨大文学院、中文系的领导与同事们将为他举办庆祝八十华诞的盛会，并编辑出版庆祝文集，约我写点儿东西，我当然很高兴，于是记叙了我们六十年来的交往与友情，以作为我对伯慧兄的祝寿词。谨祝伯慧兄健康长寿，为汉语方言学和中国语言学的大发展作出更多的成就和更大的贡献！

是为序。

2010 年 12 月 30 日
于北京蓝旗营寓所
（北京大学中文系教授）

风义平生友亦师

陈世铙

与伯慧兄交往已经整整五十个春秋了。伯慧兄1953年毕业于中山大学语言学系，比我早了七年，是我的校友和学长；从1960年到1983年，我们同在武汉大学中文系汉语教研室和《汉语大字典》编写组工作，是多年的同事；我曾经听过他的“汉语方言及方言调查”课，并在他的带领下参加过方言调查，所以，他又是我的老师。1983年他由武大调到暨大以后，二十多年来，我们一直保持联系，音讯不断。

“亦师亦友”这四个字似乎可以概括我们这五十年的交往。

我和伯慧兄相识于1960年9月，那时我刚从中山大学毕业，分配到武大中文系。当时武大的青年教师大都住在东湖之滨的湖边宿舍，中文系教工团支部书记就带领我们几个新教师拜访住在湖边的中文系同事。当时，伯慧兄未到三十，风度翩翩，与陈恩泉同住湖边三舍305室。团支书引见时说：“这位叫詹伯慧，是你们中大的校友，中大詹安泰教授的大公子。”伯慧兄点头微笑，未发一言，却给我一个“翩翩佳公子”的感觉。当时我做梦也没想到，我们以后会同在一个教学小组，一起共事数十年。

武大依山傍水，自然风景和校舍建筑都很美，又是重点高校。我刚到武大，心里美滋滋的，对未来充满了美好的憧憬，但很快我就仿佛挨了当头一棒，经历了一段十分痛苦、迷惘而不知所措的时期，心情坏到极点。原因是系里分配我到汉语教研室教现代汉语，这跟我原来的兴趣、爱好、期望和业务准备完全背道而驰。

我在中大读书时，中文系是分了文学专门化和语言专门化的。我特别喜欢的是詹安泰、黄海章和王起这几位先生主讲的中国古代文学史，四年的学习、精力也多专注于此。我是班上的特困生（虽然当时尚无此说），大概也是全年级唯一一个四年没有离校回过一次家的学生，因为一次来回要花二十元钱。在中大的八个寒暑假，不论白天黑夜，我基本上就是泡在图书馆里一本又一本地埋头读文学方面的书籍，认真地做笔记、写心得。我读过的书，除了陈望道的《修辞学发凡》之外，竟没有一本跟语言学有关。如今要我改行，远离自己深爱的文学专业，去跟自己兴趣索然的主语、谓语、元音、辅音打一辈子交道，实在是痛苦至极。我越想越觉得自己不是搞这一行的料，思之再三，终于鼓起勇气谒见系主任李健章先生。我向他说明，我只在一年级学过“现代汉语”“古代汉语”和“语言学引论”这几门基础课，我只有一年级学生的水平，教不了“现代汉语”。没想到健章主任这么答复：“没学过？好，很好！毛主席说了，一张白纸，没有负担，好写最新最美的文字，画最新最美的图画。安排你教‘现代汉语’，最合适不过了。”我无法申辩，只好回去，把黎锦熙、朱德熙、刘世儒等诸位先生的著作翻出来，从头读起。每天只能读几页，读后回想，脑子竟然是一片空白，对他们诸多的不同说法，更是迷茫莫辨。自己曾经深爱的文学专业，更是痛煞煞地叫人舍不得。思来想去觉得自己去搞语言实在是挟泰山以超北海，于是向系领导请求到中文系资料室当资料员，不准；又请求到武大附中教语文，不准；请求到兄弟校院进修一两年后再上课，还是不准；再请求给我指定一位指导教师，回答是：“没有。我们系里教现代汉语的都是青年教师，你们一起集体成长吧！”

当时，武大中文系“现代汉语”教学小组除我之外还有三位老师，全是二十多岁的助教。伯慧兄是1953年中大语言学系毕业的，三人中资历最老，参加过《汉语方言概要》（袁家骅主编）和《湖北方言概况》的编写，出版过《武汉人怎样学习普通话》一书，还发表过二十多篇文章。按理说，如果是在别的院校，他早应升为讲师了。还有一位1957年北大毕业的陈恩泉和差不多同时从华中师院研究生毕业的钟隆林（他大约在1963年初调往湖南）。既然没有给我指定导师，我就很自然地把伯慧和陈恩泉当成了业务上的指导者，有问题就常向他们请教，他们也很耐心地给予解答。比如当时我对各家不同的语法系统感到茫然无措，难以辨析，他们就建议我参看张静编著的《语法比较》，说这本小书对解决我的疑难会有帮助。

我在中大时没有学过语言方面的选修课，到了武大只好从头“恶补”一番。于是跟刘赜先生学《说文》《广韵》，跟黄焯先生学《诗经》，每周登门两次。另外，还到中南民院听严学窘教授讲“古代汉语”。到1964年，就跟学生随堂听伯慧兄的“汉语方言及方言调查”。刘、黄两位老教授是黄侃先生的嫡传弟子，学问很深。但由于自己的语言学基础太差，许多地方听不懂，课后还要花许多时间去消化。严先生的“古代汉语”课是给中南民院中一级学生开的，讲得生动，但内容比较浅显，业务上所得不多，但从中学到了一些讲课技巧。伯慧兄的方言课，讲得深入浅出，明白易懂，还通过带学生到湖北襄樊市做实地调查，使我懂得了国际音标，初步掌握了方言材料的记录整理和分析研究的一整套方法，实际上这就是从事语言研究的基本功。从此，我对方言学有了点儿兴趣，又用《方言调查字表》对我的母语广西玉林方言做了记音，想不到又有意外的收获。原来听刘赜先生讲《广韵》有许多弄不懂的问题，通过《方言调查字表》的记音和整理，竟有了豁然开朗之感。这以后我就常对学生说，利用《方言调查字表》对自己的母语音系做一番记录和整理，是学好《汉语音韵学》的一条捷径。我听过好些语言方面的课，竟以伯慧兄所授的方言课所得为多。

我们教学小组的几个青年教师也经常在一起研讨一些教学和学术上的问题，比如汉语拼音的词儿分写问题、汉字改革问题、词汇规范问题和汉语词类的分类原则等。我还没有入门，讨论时无从置喙，基本上只是聆听。但这些讨论对自己逐步迈入现代汉语的大门很有帮助。到武大半年多之后，1961 年 4 月 6 日，我怀着惴惴不安的心情第一次正式登台讲课，给图书馆学系四年级学生讲“汉语拼音及其应用”。事前，伯慧兄和陈恩泉仔细看了我的讲稿，提出建议，又花了两个小时听完了我的第一次课，课后帮我总结，并且鼓励有加，对我这样一个毫无自信的新教师来说，真是莫大的鼓励。1961 年下半年，汉语教研室主任李格非先生从莫斯科大学讲学回来之后，听课才形成了制度。每个学期全教研室的教师都要集中听青年教师的课两三次。课后点评，肯定优点，指出不足，这办法对青年教师的成长确有帮助。记得有一次我给中文系学生讲“汉字改革”，登台之后才猛然发现伯慧兄跟学生坐在一起，神情专注地听完了两节课，课后，还给我积极的肯定和鼓励。五十年之后，此情此景，还恍然在目。刚毕业时我还买不起手表，讲课时就借伯慧兄的手表以掌握时间。而这一块海外亲友送的进口表，在“文革”时期却被诬为特务活动用的发报机！1961 年下半年，我们教学小组还合作编过一本《现代汉语》教材，铅印的，厚厚的 16 开本。陈恩泉写语音部分，伯慧兄写语法部分，我写文字和词汇部分。我每写完一章，就请詹、陈二位审订。我写的教材，说不上有自己的研究心得，只是做了些综合和梳理的功夫，其中以己昏昏使人昭昭的地方肯定不少，但毕竟是我生平所写的第一本教材，敝帚自珍，保留到现在。

伯慧兄曾为武大汉语教研室的建设出过大力，此事却罕为人知。1961 年底，李格非先生从莫斯科大学讲学归来，命我当教研室秘书，管一管教研室的杂务和仪器设备。当时教研室购置了大量留声片，有国际音标、作品朗读、相声等。最有特色的当数伯慧兄费尽心血四处搜购来的全国几十种方言戏曲、曲艺的留声片，还专门做了柜子，分成一个个的格子，按地域摆放，这都是方言研究和教学的好材料。正式出版的《方言调查字表》和记音卡片，当时书店里都买不到，伯慧兄又联系武大印刷厂翻印了一大批，作为教学和学生实习之用。1964 年我们带领学生到襄樊市调查方言，就用自己翻印的《方言调查字表》和记音卡片。“文化大革命”中，教研室被造反派学生的战斗队占据，中间占据者又几度易手。十年动乱之后，教研室的全部仪器、资料、教具、唱片、字表和记音卡片都已荡然无存，靡有孑遗，实在可惜！

到了 1963 年，“念念不忘阶级斗争”又被提到了“为纲”的高度，知识分子的日子就很不好过了。1964 年秋，武大中文系部分师生到孝感县农村参加“四清”运动，同时全校又下放了十七名教职工到武昌县郑店公社参加劳动锻炼，原定期限为一年。这十七人中有脱帽右派的，有被开除党籍的，有“作风”问题受了处分的，有被认为有修正主义言论的，有出身不好和社会关系复杂的，也有的说不上有什么问题，似乎只是领导“不待见”而已的。我和伯慧兄等五人同一个小组，不知何故，指定我为组长。我们五人住在一家农户的堂屋里，紧挤在用五块门板连成的通铺上，挨肩而卧。里边紧挨一口棺材，外边是天井，冷风微雨，都可以毫无遮拦地飘到脸上。日出而作，由队长派工，收割、挑土、基建等许多农活、杂活都干过；日入而息，大家挤在通铺上，或开会，或聊天。劳动和生活都很艰苦，幸而没有严厉的领导要求互相批评揭发或者写检讨和交代，我们五人也始终友好相处，还不至于每日愁眉苦脸地过日子。“世路当年遍蕀榛，劳其筋骨乏其身。荷锄学稼归来晚，一枕连肩话夜深。”我曾写过这样一首小诗，描写当年与伯慧兄相处的情景。半年以后，孝感的“四清”运动人手不够，我们这批人员又被调到孝感，当了“四清”工作队队员。到1965年夏天，“四清”结束后才回到了武大。“文革”后期，才得知校方原准备以劳动锻炼作为过渡期，然后把这批人当成处理品调离武大。

1966年3月，武大中文系迁往襄阳分校办学，校址就在当年诸葛亮曾躬耕陇亩的古隆中。不久，史无前例的“文化大革命”的浪潮就汹涌而至。6月3日，揪出了李达校长、朱劭天书记和何定华副校长，称为“武大三家村”。十多万份大字报布满校园，省市几十万人来校声援武大师生的“革命行动”。中文系师生又受命回到珞珈山参加“文化大革命”。接着，各个系或捕风捉影，或无限上纲，也揪出各系的“三家村”和一大批“黑帮分子”。全校被打成黑帮的教职工达数百人，按“罪行”轻重，分三部分组成“黑帮劳改队”，强制劳动改造。其中的“重犯”161人就由民兵押送到武昌县东升公社劳改。中文系副教授以上的教师和右派分子基本上都在“重犯”之列。伯慧兄既无“反动言论”，也无“反动文章”，更非“右派”，职称只是讲师，也还不够“反动权威”的资格，却还是被抄了家（他积攒多年的十多本集邮册也被抄去，从此不知下落），列为“重犯”，押送东升。伯慧兄何罪受此“严惩”，我至今不得其解。

“文革”开始不久，武大也和其他高校一样很快陷入一片混乱。批判工作组的资产阶级反动路线，造反派夺权，成立革委会。接着教工和学生的群众组织又分成“龙派”和“虎派”，互相攻击，争论不休，有时还发生武斗，大多数教师都曾一度身陷其中。伯慧兄则比较明智，两派都不参加。到1968年11月，工人解放军毛泽东思想宣传队进驻武大，领导“斗、批、改”，主持“清理阶级队伍”。当时，北京抓“六厂二校”为运动试点，“二校”是北大和清华；湖北抓“六厂一校”为试点，“一校”就是武大。武大被看作“庙老神灵大，池深王八多”的单位。军、工宣队一进校，就实行军事编制，严令教工和学生集中居住，每人都要写揭发、交代。一时检举揭发的大字报铺天盖地，捕风捉影者有之，乱攀乱咬者有之。认为有问题的人则编入“重点班”，被严格监督，不能随意行动。中文系刘绶松教授及其夫人，就是不堪忍受“清队”的重压而双双自杀的。当时有大字报说，詹伯慧1950年在广州石牌中山大学读书时，某日散步路过解放军高炮阵地，第二天美国飞机即来轰炸广州。两事相连，绝非偶然，而且指称海外亲属送给他的一块进口手表就是发报机。工宣队大概急于立功，竟深信不疑，派了工宣队员和揭发者一道到武钢医院（伯慧夫人陈雅仙医生的工作单位）索取这块手表。后来，我曾问过伯慧兄大学时的同班好友唐作藩先生。唐先生说，伯慧当时还是大一学生，十八九岁，好奇心重，看见高射炮就问："口径有多大，能打多高?"因此引起了警惕过甚的军人的怀疑，最后是由班长出面将手表领回学校的。想不到十多年后被人诬陷，并与美机轰炸挂起钩来，他的手表也变成了发报机。这件"文革"十年中的荒唐事，是可以写成《拍案惊奇》的续篇的。

到1975年，我和伯慧兄都参加了由湖北和四川两省共同承担的国家文化建设重点项目《汉语大字典》的编写工作，我们都是1979年由国家出版事业管理局和教育部任命的第一批28名编委之一（后来多次增补，到《汉语大字典》正式出版时编委增加到50多名)。我负责大字典"编写方案"和"编写细则"的拟订，伯慧兄则与西南师院的李运益先生（后来是《汉语大字典》副主编）等一起拟定大字典第一批资料建设的书目，并负责审音工作。此后，他经常奔走于川鄂两省之间，组织审音人员讨论和草拟大字典的审音条例，并结合初步的注音实践，在1979年第1期的《中国语文》上，发表了《汉语字典词典注音中的几个问题》。此文对《汉语大字典》注音条例的拟定多有启示作用。

1980年4月，伯慧兄经教育部推荐，被日本东京大学聘任为该校文学部第一位来自中国大陆的客座教授，任期两年。我很为他高兴。伯慧兄临别前对我说，他父亲詹安泰先生的遗稿《离骚笺疏》已送交湖北人民出版社，嘱托我代为处理出版前的一切未尽事宜，文字上若有违碍之处，也要我代为删改。詹安泰先生是我就读中大时最为尊崇也是受益最多的一位老师。他给我们中一级讲中国古代文学史，只讲完了《诗经》，就在1957年误陷"阳谋"，成了"右派"，被剥夺了讲课的权利。《楚辞》部分，无人接讲，只好又让他给当时的中一级讲《楚辞》。我抓住机会，跟一年级的同学一起听讲，受益匪浅。只是感到詹先生以前那种大开大合、天马行空式的讲课风格有了很大改变，似有无形的束缚，讲话变得小心谨慎。潇洒不羁的詹先生已不可复见，我不禁感到一阵悲凉。如今我能为先师遗著的出版尽点力，自然是责无旁贷。后来出版社的责任编辑找到我，说印刷厂的工人无法按原稿检字排版，要求重抄，把原稿的直行改成横行，繁体字改成简体字，注音字母改为汉语拼音，并说时间紧迫，不宜拖延。我就找了同窗好友钟木犇帮忙。老钟听说是为先师遗稿出版的事，欣然应允。结果我们两人总算不负伯慧兄嘱托，《离骚笺疏》得以顺利出版。

1982年春，伯慧兄从日本讲学归来，似乎仍打算留在武大认认真真地干点事。他曾对我说："我已经向系里提出，要求安排两三位教师跟我一块搞方言。你如果能来，暂时安排你一个也可以，我们一起搞。"当时我正负责大字典的审稿工作，无法脱身。他的调人要求，系里没有答应。另外，他夫人在武钢医院上班，每天来回奔波要花四五个小时，给他的家庭和工作都带来很大困难，他要求把夫人调来武大。从这两件事看，伯慧兄此时还没有坚决南调的想法，只是他的要求被一直拖着不办，才下定决心走出一步高招，让夫人先调暨大医院，这样武大就再无理由扣住不放。李格非先生爱才，也不同意伯慧调走。我告诉他雅仙夫人已先一步南调，他禁不住一声长叹：“大势去矣！”1983 年 10 月，伯慧兄终于实现了调往暨大的愿望。这时，我们几个跟他亲近的朋友，只有怀着难舍的心情，帮他捆扎行李、装车，然后送往车站，依依惜别。

伯慧兄在武大工作整整三十年，由于当时极左的政治大环境和武大复杂的人际关系，他是被人管而不是管人的人，连教学小组组长这样的最低职务也没有担任过。尽管他一直低调处世，可每次政治运动一来，必受到或大或小的冲击，他多方面的才干也不可能得到应有的发挥。而南归之后，立即进入“潮平两岸阔，风正一帆悬”的境界。他先后担任了暨大文学院院长、暨大汉语方言研究室主任、广东省中国语言学会会长、广东省人民政府文史研究馆副馆长、全国人大代表、全国政协委员、民盟中央委员、广东省委会副主委等许多重要的学术职务和社会职务，而且都干得恢恢然游刃有余。他在教学和科研两方面也进入“井喷”阶段，先后为暨大创建了汉语方言学的硕士点和博士点，培养了 29 名汉语方言学的博士；先后到中国香港、澳门、台湾和新加坡、法国、美国等许多地区和国家讲学；出版了 30 余部著作，发表了 300 多篇文章。其巨大的成就令人瞩目，其旺盛的精力也令人诧异。他主持的粤方言研究的学术活动，更是办得有声有色。由粤、港、澳三地（后来又加入广西）轮流做东的国际粤方言研讨会已经举办了十多届，论文集出版了十多本。我曾应邀参加过两次这样的研讨会，目睹耳闻，深感如今粤方言研究声势之壮，人数之多，成果之富，涉面之广，研究程度之深之细，是全国其他任何一种方言研究都望尘莫及的。作为广东省中国语言学会会长，伯慧兄功不可没。“莫道珞珈山水秀，岭南风物更宜君。”伯慧兄由武大南归，这条路确实走对了。

实至而名归。用一句粗俗的老话形容，如今伯慧兄是“阔”了。但他没有“一阔脸就变”，对当年的旧友一如既往，平易可亲。1982 年以来，先师詹安泰先生的诗词集以及学术著作出版或重印了十种左右，他都一本不漏地惠赠于我。他自己的新著，也大都及时地给我邮寄。他每来武汉，必到武大找我，然后邀约几位好友一起畅谈。我每到广州，也必登门造访，由他再邀约二三老友，于校内餐厅小酌，尽兴地胡聊海侃一番。广西大学的李衍年教授是我同窗学友，对先师詹安泰先生崇敬有加，十分渴望能得到一本《詹安泰诗词集》却久觅不得。去年，我曾当面代求于伯慧兄。伯慧兄当即签名惠赠，又加送一本精装的《詹安泰词学论集》，让衍年兄大喜过望。偶尔谈及书法，我说五十年前初识时，就觉得他的字颇具尊大人安泰先生书法的风范，钢笔字尤其酷似。伯慧兄说他们都是先临魏碑打下的根底，并随即捡出一纸条幅送我，还应允以后专门为我再写一幅，作为纪念，并邀我参加 2010 年底在潮州举行的纪念詹安泰先生的国际学术研讨会，告辞时一直送我到地铁入口处。《汉语大字典》出版之后，我已到武大古籍整理研究所，先后参与《汉语大字典（简编本）》《故训汇纂》和《古音汇纂》的编纂工作，从事的专业已经离方言学很远了。伯慧兄却想起当年我在闲聊中向他描述过的我的母语玉林方言的一些特点，嘱我写成文章，参加国际粤方言研讨会。我的方言知识是在四十多年前向他学的，荒疏已久，由此得以重新温习，两次参与盛会，认识了很多新的师友，开阔了视野，得益良多。

伯慧兄如今年届八旬，令名传天下，桃李遍神州，成就卓著，家庭美满，人生如此，夫复何求！喜逢华诞，谊为旧识，遥望南天，凑得一联。不计工拙，聊表贺忱：

齿德俱尊，杖履煦春风，有著述等身，椽笔昔曾干气象；
学行并著，门墙承化雨，看群流仰属，他年再共庆期颐。

（作于2010年，武汉大学古籍整理研究所教授、《汉语大字典》编委会委员）

贺伯慧兄八十寿辰

伯慧兄：

值此吾兄八十寿辰，特致函表示衷心的祝贺与敬意，敬祝您健康、快乐、幸福，学术之树常青！

数十年来，吾兄热爱事业，服务社会，高风亮节，笑对人生，努力工作，勤于耕耘，取得了杰出的成就。您的高尚品格和渊博学识，以及丰硕、厚实的成果，受到学界同仁和老友们的赞誉。我们是同辈同行又同心，相交50多年了，完全可以称得上是老友、至友。对兄的为人和治学，弟更深表敬佩，并时时以兄为楷模来激励自己，努力做好人做实事，这也是与兄相交得到的教益。

现在欣逢盛世，国家欣欣向荣，和谐社会正在构建，各项事业快速发展，前途光明美好。敬请吾兄多加保重，并祝老当益壮，为语言学和语文工作的繁荣与发展继续作出贡献！

即颂

大安！

弟章太谨上

2011年3月12日

（国家语言文字工作委员会原副主任）

岁月悠悠，情意绵长

——与伯慧先生交往琐忆

许宝华

我和伯慧先生是年轻时因方言工作而结缘的。半个世纪以来，汉语方言调查研究的种种工作和事情，仿佛一根不断的红线把我们联系了起来，在悠悠岁月中产生了情谊，并不断加深。

20 世纪 50 年代后半期，因开展全国汉语方言普查工作的需要，各省市从高校和教育部门中抽调部分青年教师和工作人员经培训后从事此项工作，普查工作结束后进入撰写调查报告阶段，各省市各地区之间的学术交流研讨活动多了起来，继续从事方言教学和研究工作的青年教师也就多了参加会议和结识同行朋友的机会。

1963 年 8 月，福建省方言普查工作指导组在厦门召开福建省汉语方言科学讨论会，重点讨论普查成果调查报告稿《福建省汉语方言概况》，邀请北京中国科学院语言研究所陈章太、张盛裕，北京大学王福堂，南京大学施文涛，武汉大学詹伯慧，中山大学黄家教和复旦大学的我共七人作为外省市的同行代表与会。会上对汉语方言的分区、福建方言的划分以及莆田、仙游话的归属等问题进行讨论，大家畅所欲言，十分热烈。会后，伯慧兄和家教、世民（厦大英语系教师）一起，把在会上的发言整理成一篇文稿《有关汉语方言分区的一些问题》联名发表在《厦门大学学报》（哲学社会科学版）1963 年第 4 期上，引起了全国方言学界的关注。

会后，厦大的陈世民和李如龙两位陪我们外地七位同志游览厦门南普陀，施文涛带来相机要合影留念，如何站立，一时哄哄然。当时倒是我建议：各人自报岁数，以年龄大小依次排列。果然一下子就井然有序，拍下了今天看来很有意义、弥足珍贵的一张就任合影：前排左起第一人是黄家教，接着是陈世民、詹伯慧、陈章太、许宝华；后排左起第一人为施文涛，接着是张盛裕、王福堂、李如龙。大家称家教为“老大”，依次数下去，伯慧为“老三”，我为“老五”，如龙列末位，当为“老九”。后来方言界朋友戏称的“九兄弟”该由此来。现在偶尔还有老朋友提起这个“雅号”，勾忆起近半个世纪前的往事，犹有些许温馨之感呢！

20 世纪 80 年代至 90 年代二十年左右的时间里，是我和伯慧先生联系、见面最多的一段时期。

记得1981年秋天，我应日本中国语学会邀请出席日本中国语学会第三十五届年会，会上见到了波多野太郎、桥本万太郎等好几位日本著名的中国语学专家。当时伯慧已在东京大学当客座教授，也去参加这届年会。会议结束的第二天，伯慧约我下午去他那里一叙。我按伯慧事先给我画的路线图前往，一路很顺利。到达时，已有一位年轻人在那里，伯慧介绍说，他是东京都立大学的中国语学研究生古屋昭弘先生，对苏州话、上海话很感兴趣，说是要来向我请教的。古屋看上去质朴平和、举止文雅、一介书生的样子，普通话说得相当流利，所问问题也很专业。此事至今差不多已隔三十个年头了，我犹印象清晰，而古屋先生如今已成为一位著名的中国语学者了。

当晚我回住地，走到离我所住旅馆不远的一条地道，发现之前走去时的那个通道口走不出去了，大概那个地道的通道口晚上到规定时间就封闭了，必须改从另外的几条通道走出去。我犹豫了一下，选了其中一条通道走去，结果发现路面情况跟我去时记忆中的颇不一样，走来走去，走不到我住的旅馆所在地的那条路了。此时已是晚上十二点多了，路上行人很少，我又不会日语，不免有些紧张。我回头换个方向朝另一条通道走去，看到一个穿花衬衫的中年男子站在那里，衣被等杂物铺放在身旁的地道边上。我用普通话向他问话，他连连摇头。后来有朋友告知，此类日本人大多是浪人。此时我再回头走出地道口，从另一条路往前走，走到一家店铺门前，见有店员在，我就用笔在纸上写了我所住旅馆的名字，他会意到我是迷路了，就走出店门引我走了一段路，再转个弯，指指不远处我所住旅馆外墙上方竖着的高高大大十分明亮的霓虹灯店名，此时我豁然开朗了，向他连声道谢后很快回到了旅馆。要是没有那位热心的日本人为我引路，真不知在路上还要徘徊多久呢！

因上述两件事，我于1981年第一次去日本访问期间，乘便对伯慧兄所做的那次访问也就印象特别深刻，成了一段永不忘怀的往事。

1982年8月，我赴北京出席由吕叔湘先生署名邀请的第十五届国际汉藏语言学会议，“九兄弟”中出席此次会议的还有伯慧兄、家教、章太、盛裕、福堂和如龙六位。会议期间，我们在住地北京友谊宾馆的庭院里拍了张七人合影；伯慧兄还抽暇与我和家教、如龙谈了拟合作编写一本《汉语方言及方言调查》教材之事。我很赞同此事，认为这是顺应很多高校中文系已开设“汉语方言”“方言调查”一类课程尚缺少合适教材的现实需要。

1983年5月，伯慧兄和我都去安徽合肥参加第二届全国汉语方言学会学术年会，“九兄弟”中出席会议的还有家教、章太和如龙三位。其间，伯慧约我和家教、如龙一起，讨论制定《汉语方言及方言调查》的编写大纲，确定分工编写计划，要求大家分头先把教材初稿编写出来。会后，我们四人还一起上黄山游览，由当时安徽师大青年教师伍巍陪同引路、导游。后来，伍巍考入暨大，成为伯慧先生门下的博士生，如今已是学有所成的佼佼者了。

1984 年，我和伯慧兄同时接受中国大百科全书编委会的聘请，担任《中国大百科全书·语言文字卷》方言分科的正、副主编，汤珍珠和颜逸明两位教授也受聘为方言分科的副主编。我们四人共同负责方言分科条目的撰写和审稿定稿工作。在近三年的工作过程中，我们互通音讯，交换意见，讨论问题，合作很是顺利、愉快。我和伯慧兄两人还合作编写了方言分科的一条长达两万余字的领头条目“汉语方言”。在此期间，伯慧兄和我等几位“兄弟”把大百科全书方言条目的编写工作跟《汉语方言及方言调查》教材的编写结合起来，修改了一部分已经写出来的教材初稿，使教材的立论尽可能与大百科方言分科的条目取得一致，以求较好、较准确地反映近年来汉语方言研究的新成果。

1985 年，我曾两次跟伯慧兄会面。一次是在 5 月，我接受香港中国语文学会主席姚德怀先生的邀请，出席香港普通话教学与测试研讨会。伯慧兄也参加了。我记得会议期间，《文汇报》记者还专访伯慧，发表了专访文章。另一次是同年 7 月，伯慧兄和我都去山西忻州出席第三届全国汉语方言学会学术年会。会议期间，我们两人交谈了正在进行编写工作的《汉语方言及方言调查》和《中国大百科全书·语言文字卷》中方言分科这两个项目的进展情况。

1988 年 1 月，我应云南师范大学校长、云南省中国语言学会会长吴积才教授邀请，去昆明参加由云南省地方志编纂委员会和云南省语言学会联合召开的《云南省志·汉语方言志》审订会，伯慧和家教也接受邀请去参加了。我们几位外省市的汉语方言学者与云南省多位参与方言调查和撰写《云南方言志》的同行一起认真审读了《云南省志·汉语方言志》一稿，认为这部文稿总体来说质量已相当不错，只是内容安排和行文表达方面还存在一些问题和不足，提出了一些修改意见。翌年，这部文稿修订后于国庆节正式出版，作为向中华人民共和国成立四十周年的一项献礼。这是自中华人民共和国成立以来全国第一部正式出版的省级汉语方言志，是云南省汉语方言工作者多年辛勤耕耘所获得的一项重要成果，实在可喜可贺！伯慧兄和我都曾分别撰写了评介文章。审稿会后，会议东道主还组织我们几位省外专家参观市容并游览了云南省的几处风景名胜。

1989 年，记得伯慧兄写过一篇题名为“四十年来汉语方言研究工作的回顾”的文章，我则在《语文建设》第 4 期上发表了一篇题为“方言研究 40 年”的文章。同年，我们两人还都入选河北教育出版社出版的《中国现代语言学家》一书的第四分册。

1991 年 8 月，我们四“兄弟”——詹伯慧、李如龙、黄家教和我集体合作编写的方言学教材《汉语方言及方言调查》由湖北教育出版社正式出版，这是体现“兄弟”间学术情谊的一项成果。教育部有一个规定：凡要申请列入“高等学校文科教材”的教材，必须设一位主编，我们就共推伯慧兄担任。此书从酝酿、组织到编写、出版的过程，伯慧兄出力最多。此书后经补充、修订，复于 2001 年印出了第二版，受到了方言学界的重视和关注。《方言》杂志于 2001 年第 2 期的《书讯》栏中专门作了以下报道：

“詹伯慧、李如龙、黄家教、许宝华四位教授合作编写，詹伯慧担任主编的《汉语方言及方言调查》，作为高等学校文科教材初版于 1991 年。1995 年荣获国家教委优秀教材二等奖。该书涵盖汉语方言学基础知识，比较详细地介绍了汉语方言调查的理论和方法。”

记得 1991 年 2 月，接到家教兄来信，建议“九兄弟”再次聚会厦门，讨论 1963 年首次聚会以来三十年间大家研究汉语方言的心得体会，会后争取出个论文集。这个建议很好，我马上回信表示欣然赞同。后来，我因接受日本京都外国语大学的聘请，1993 年要去讲学一年，还要顺访几所高校，1994 年春才能回国。1992 年章太兄已去日本讲学，1993 年如龙也要去香港访问，都要到 1994 年春才能回来。

1994 年春，伯慧和如龙二位已先后从武汉大学和福建师范大学调到暨南大学工作，大大加强了暨大方言学教学和科研的力量。伯慧兄要为所带的方言学博士生伍巍、邵宜等四位组织学位论文答辩，答辩会定于 1994 年 5 月在广州举行。暨南大学邀请家教、章太、福堂、盛裕和我五位教授参与答辩。家教兄正好乘此机会把拟议中的再次聚会改为 1994 年 5 月在广州举行。聚会期间，诸兄弟自是畅所欲言，十分高兴，并进一步商定每人选论文（或译著）两篇，以十八篇文章编一个文集，来纪念“九兄弟”相识三十周年。此事先前议过，再经过此次商量，也就落实下来。是年年底前，诸兄弟的文章大都先后汇寄到伯慧兄那里。伯慧很快把文章编订后前去看望“老大”，告知文集编辑情况，并请家教兄写个前言，家教兄当然是“义不容辞”。

1994 年 10 月，中国语文现代化学会在北京召开第一次学术会议，伯慧兄和我二人应邀前去参加，并且都当选为副会长。两年之后，即 1996 年 10 月，中国语文现代化学会在桂林召开第二次学术会议，我和伯慧再度在会上见面。

1997 年 6 月，北京语言文化大学出版社出版了我们“九兄弟”的合著《汉语方言论集》。编辑出版这本《汉语方言论集》的原委我是知道的，上文也作了大致的说明，但当我拿到这本刚出版的外封面主色调呈淡黄色、署名“黄家教等著”的新书《汉语方言论集》时，我还是眼前不禁为之一亮，心情很是激动。一是因为看到扉页后面、书的正文之前附有三张照片，以时间先后为序，第一张上端题“鹭江结识”，第二张上端题“京华欢聚”，第三张上端题“羊城再会”。照片下面则分别注明合影的时间、地点和人名，如第一张下面的注明文字是：“一九六三年八月，应邀参加福建方言讨论会而结识的九个道友，会后合摄于厦门大学南普陀风景区。前排左起黄家教，陈世民，詹伯慧，陈章太，许宝华；后排左起，施文涛，张盛裕，王福堂，李如龙。”第二张下面注明：“一九八二年八月，在第十五届国际汉藏语言学会议期间，合摄于北京友谊宾馆庭园。右起黄家教，詹伯慧，陈章太，许宝华，张盛裕，王福堂，李如龙。”第三张下面注明：“一九九四年五月，参加广州暨南大学现代汉语博士论文答辩会后，在中山大学校园合影。左起黄家教，詹伯慧，陈章太，许宝华，张盛裕，王福堂，李如龙。”我觉得照片上的题词颇有雅意，下面的说明清楚具体，照片也选得好，因而显得弥足珍贵，具有纪念意义。二是因为看到署名方式也似有“深意存焉”。外封面署“黄家教等著”，简洁明了，“九兄弟”中黄家教为“老大”，以他为代表，最为合情合理。扉页上则署“著者（按文章排列次序）黄家教　詹伯慧　陈世民　李如龙　陈章太　张盛裕　王福堂　施文涛　许宝华　［美］余霭芹”共十个人的姓名，“九兄弟”之外，增加了一位美国华裔语言学家的名字。这是因为该文集中收录了在厦大外文系工作的“老二”陈世民翻译余霭芹教授的一篇重要论文《语法演变中的词汇——汉语语法的词汇扩散》。这种将所有作者名字全部印在扉页上的署名方式，不仅“九兄弟”看到了都会感到高兴，也是合作项目中署名很得体、符合学术规范的一种方式。

1999 年 4 月，伯慧兄和我应邀出席中国社会科学语言研究所和江苏教育出版社在北京人民大会堂联合举行的《现代汉语方言大词典》分卷本出版座谈会。同年 6 月，为了庆贺我和日本宫田一郎教授主编的《汉语方言大词典》这一中日合作成果的出版，复旦大学、京都外国语大学和中华书局在上海美国研究中心联合举行出版首发庆贺会，伯慧兄虽未莅临会议，但对此书的出版仍十分关注，撰写了长篇评介文章《〈汉语方言大词典〉：取舍之间见功力》［载《复旦学报》（社会科学版）2000 年第 3 期］予以高度评价。

进入 21 世纪以来，我和伯慧兄又有过几次见面的机会。2005 年 9 月，伯慧兄出席在苏州举行的全国汉语方言学会第十三届学术年会暨汉语方言国际学术研讨会之后，偕夫人前来上海参访，我和内子陪他们夫妇俩游览了上海豫园，参观了城隍庙，并在著名饭店绿波廊品尝美食。2007 年 5 月，伯慧兄和我都出席了由天津师范大学和北京大学联合主办的“继往开来的语言学发展之路——2007 学术论坛”，两人在论坛上的发言，后来都收入由语文出版社出版的《继往开来的语言学发展之路——2007 学术论坛论文集》一书。同年 7 月，我出席了暨南大学召开的《中国语言文字大词典·汉语方言卷》顾问和编委联席会议。该书由伯慧先生任主编，乔全生教授担任副主编，我也忝列顾问。2008 年冬，香港中文大学中文系举办“历时演变与语言接触：中国东南方言国际研讨会”，伯慧和我都应邀出席。会上伯慧兄作了“从广东三大方言的相互影响看语言接触的走向”的专题发言，我则作了以纪念赵元任名著《现代吴语的研究》发表八十周年为主旨的发言。伯慧兄和夫人陈雅仙女士会议期间还抽暇来住所看望我，并馈赠营养品慰问我身患重病的老伴陆慧华。

上面我谈了近半个世纪以来跟伯慧先生的交往，乃举例性的，难免遗漏。我记性素来不好，又无记日记或要事本的习惯，所以写回忆性文章时，对往事的时间和地点常常记不清楚，当时生动感人的细节也大都给忘记了，写出来的东西也就干巴巴的，流水账式的，没有文采。然而，我还是把这篇回忆、纪念性文章“硬写”出来了，虽然我自己很不满意，但在数十年间平平淡淡的交往中，我们逐渐积下了深厚的情谊。古人云“君子之交淡如水”，平平淡淡才是真嘛，我和伯慧兄的交往就真是这样的。

2006 年，我在敝帚自珍的《许宝华汉语研究文集》的“后记”中曾说：“詹伯慧先生是我上海地区以外认识最久、交往最多的一位朋友。”现在“朋友”寿届耄耋，其门生正在筹备“庆祝詹伯慧教授八十华诞暨从教五十八周年学术研讨会”，并拟出版《田野春秋——庆祝詹伯慧教授八十华诞暨从教五十八周年纪念文集》，来信征求文稿。此稿我一定要写。遂以“琐忆”所及，傅成此篇，以作纪念，略表对伯慧先生的祝贺之意和钦敬之情。

末了，我不会作诗，还是要“硬凑”几句“七言”（不成七律）置于文末，附庸风雅，以为点缀，再表对伯慧兄八秩寿诞的庆贺之忱和祝愿他寿臻百岁的衷心之情。

人生七十古来稀，如今八十不足奇。
著作等身载史册，桃李结果压满枝。
老骥跃腾志千里，辉煌再铸犹可期。
平和大度心态好，寿臻期颐再吟诗。

（作于 2011 年，复旦大学中文系教授）

我和伯慧先生多年来的交往

王福堂

时光荏苒，转瞬间竟已过去半个多世纪。回想20世纪50年代以来我和伯慧先生的交往，还历历在目。而今他竟已八十高寿，从教已近六十年了。

我是在1956年北大毕业后留中文系工作时认识伯慧先生的。当时伯慧先生在中文系语言学教研室跟随袁家骅先生进修。正是“大跃进”时代，教研室开始吸收年轻人参加科研工作。我和伯慧先生都参加了《汉语方言概要》《汉语方音字汇》《汉语方言词汇》三部书初稿的编写。不过，伯慧先生主要联系的是袁家骅先生和石安石先生，跟我的接触并不多。我们真正交往还是在几年之后。

1963年夏天，厦门大学讨论《福建省汉语方言概况》，邀请袁家骅先生参加。袁先生因为有事，让我代替他去。我很高兴地同意了，于是先去买火车票。那年夏天，北京几乎天天下雷阵雨，坐公共汽车快到天安门了，暴雨才停了下来。天安门广场一片汪洋，一辆空空的无轨电车竖着辫子停在那里，一个人蹚着齐腰深的水吃力地推着自行车，自行车都只看得见车把和坐垫了，真是印象深刻。好不容易到前门车站买了票，但出发也不容易。雷雨天公共汽车特别少，一堆人挤在车站上一等就是半个小时。好不容易赶到建国门火车站上了车，竟然不到十分钟就开动了。不过年轻人不怕累，惦着开会，这些就不算什么了。

到了厦门，住在新建的鹭江大厦。又见到了伯慧先生，还有很多不认识的年轻同行。开会期间的吃住都在宾馆里。调查报告写得很好。讨论涉及莆仙话的归属和汉语方言的谱系，十分热烈。讨论中，一位50来岁的从建瓯来的中学老师说：“感谢各位把我们闽北方言从闽东方言的压迫下解放了出来。”说完，他深深鞠了一躬，弄得我们都目瞪口呆，由此也认识到闽方言内部的分歧有多大。开会以外的日子也是有趣的。乍到南国，一切都很新鲜。不免要参观厦大的校园，见识许多新奇的树木花草。宾馆里打开窗户就吹进来呼呼的海风，海湾里白帆点点，有时还能见到两条白色的海豚远远游过，据说它们会驱赶鲨鱼，会救人，是海湾的守护神。夏天的晚上，市民们都喜欢到海边散步纳凉，在楼上能听到大街上木屐声劈劈啪啪响成一片。那年我们这些外地人还正好碰上龙眼上市的季节，五分钱一斤，真让人大快朵颐。我们这些年轻人聚在一起，从工作到生活，很快变得无话不谈。但我印象最深的，还要数长兄似的家教和伯慧、温文尔雅的宝华、精力充沛的如龙。记得后来游览南普陀寺，摄影时大家不知道怎样排队，于是有人提议按年龄顺序排列。从此以后，几个人称兄道弟，结下了深深的友谊。

多年来，我们不但是同行，还是好朋友。我们一直在业务上互相切磋、互相帮助。比如，“文革”后如龙先生在福建建瓯举办方言调查学习班，九兄弟中就有不少人参加。这里我准备修订《汉语方音字汇》和《汉语方言词汇》这两本书，伯慧、宝华、如龙几位先生都伸出援手。宝华先生还特意到苏州做了调查。伯慧和宝华寄给我的字音词语材料都是尽量详备，抄写得又工整，我至今还珍藏着，唯恐丢失损坏。可以说，这两本书现在修订得能够使用，与包括九兄弟在内的众多好友的帮助是分不开的。而伯慧先生因为要赶去日本讲学需要有人帮忙校对《现代汉语方言》，宝华先生准备在重印《汉语方言大词典》之前稍加修订，我也曾尽力给予支持。

工作以外，我们的交往也很密切，不仅经常有书信、电话联系，有机会时还总要在一起聚一聚。1994 年伯慧先生的第一届方言博士生毕业，章太、盛裕、宝华等先生和我都曾前往暨南大学参加论文答辩会，趁便聚了一次。那年我还和王洪君、徐通锵先生去台湾参加学术讨论会，在广州也是在伯慧先生这里“中转”的。有很长一段时间，伯慧先生在人大和政协工作，有机会经常来北京，我们见面的机会也就更多了。1994 年大家还商议出版一本方言论文集，每人提供两篇文章，作为兄弟们结识三十周年的纪念，出书的费用则大部分由伯慧先生提供。九兄弟这样的友谊，我以为是值得称道的。

伯慧先生发表的第一篇著名论文是《海南岛“军话”语音概述》，多年来大家都从中得益。海南的方言伯慧先生是很熟悉的。不过他原来在武汉大学工作，不得不以湖北的官话方言作为主要的研究对象。“文革”以后，为了照顾家庭的需要，伯慧先生调回广州，在暨南大学工作。就方言研究来说，伯慧先生的这次调动等于是回到了老家。此后，他就在熟悉而钟爱的闽粤方言的园地里积极耕耘，不断有所贡献。他不仅发表了许多重要的单篇学术论文，还组织力量编写了许多地区性的大部头著作，如三卷本的《珠江三角洲方言调查报告》《粤北十县市粤方言调查报告》《粤西十县市粤方言调查报告》《广东粤方言概要》《广州话正音字典》等，推动了广东方言研究工作的发展。一个人竟然能这样有力地推动一个地区的工作，实在是让人吃惊。如今广东已经成为汉语方言研究——特别是闽粤方言研究的重镇，这和伯慧先生个人的业务能力固然有关，和他的组织领导也是分不开的。

伯慧先生在待人接物方面还有一个特点，那就是善意。他对周围人，不拘是朋友、同行、学生，都能善意相待，鼓励他们在业务上不断进步，取得成绩。可以说，正是因为有伯慧先生参与其中，近三十年来广东的语言研究工作才能如此欣欣向荣。这当然是伯慧先生的组织能力起了作用，但组织能力得以发挥，也应该是基于内心的善意。

伯慧先生在对待父亲的态度上也给人以很深的印象。作为长子，对曾经受到不公正对待的父亲，只是影印出版了《詹安泰诗词集》一书作为纪念。对父亲、对社会，这也是可以用善意来解释的。

人总是要衰老，要退出历史舞台的。这是自然规律。九兄弟中已经有几位逝去了。伯慧先生也年事已高，目前为目疾所累，一不小心就会摔跤，精力也和过去不能相比。但老骥伏枥，还能有一时奋起的能力。作为老友，我愿他在八十大寿的今天，长寿、健康，在可能的情况下继续发挥作用。

（作于 2011 年，北京大学中文系、北京大学汉语语言学研究中心教授）

一位可以不设防的朋友

邢福义

1998年3月，在参加全国政协九届一次会议和列席全国人大九届一次会议时，每次去人民大会堂，我都要习惯性地走到《江山多娇》的前边转一转、站一站。

这个“习惯性”，刻记了一个友朋会见的故事。五年前，即1993年3月，上届全国人大和上届全国政协会议在京举行。当时，语言学界的几位朋友，一有机会便约好在人民大会堂的巨幅国画《江山多娇》的前面见见面，说说话，照个相。年年如此。其中，有全国政协民盟组的伯慧兄，教育组的王均先生和我，社科组的林茂灿兄，全国人大的刘焕辉兄、张永言兄和徐思益兄。有几次，现在已经当了全国人大常委会副委员长的许嘉璐兄也来了。见面时间虽短，却留下了“约会”的一串串美好记忆。而“约会”的主要积极分子首推伯慧，其他各位也都十分热心。至于我和伯慧两人的见面和交谈，那就更多了。起码有两次一起到剧院看节目，他的住处离剧院较远，我的住处离剧院近些，我还为他“占位子”，为的是两人好坐在一起，边看节目，边东一句西一句地闲聊。

新一届的全国政协，由于年龄关系，王均先生不参加了，他已经连任两届政协委员；全国人大那边，刘焕辉兄和张永言兄也不参加了，他们也已连任过两届人大代表。伯慧兄仍然是全国政协委员，可他这个关键性人物，两个月前已飞到新加坡讲学去了。友情醇厚，“约会”不再，不禁有点“怅怅”。我脑子中自然地涌现了两句诗：“嘤其鸣矣，求其友声。”我没去考究意思是否切当，这诗句就那么涌现出来了。

伯慧兄是一位优秀的语言学家。由于他成果丰硕，著作等身，特别是在方言研究上能开疆拓土，有突出贡献，因而遐迩驰名，这已为学术界所公认。现在，我特别想要说的是：在我的心底里，伯慧兄是一位可以不设防的真正朋友。

伯慧兄为人随和。跟他第一次见面，是在20世纪50年代末期。那时，他在武汉大学工作，我在华中师范学院（现为华中师范大学）工作。有一天，我应邀到湖北人民出版社编辑部，商谈编辑部组织编写几本通俗读物的事。我到出版社时，他已在那里了。在报过名去、通过名来之后，我才知道这位中等身材、帅气洒脱的秀才就是詹伯慧。他的一些文章和书，如发表在《中国语文》1954年第3期上的《对争论语法理论问题的意见》、由湖北人民出版社出版的《武汉人怎样学习普通话》，我早已拜读。我正想说两句“仰慕”意思的话，他已十分平实地开了口：“我猜想，你们学校是你来。”从此，我们开始了40年的交往。“文革”结束之后，学术活动频繁，见面的机会就越来越多。我不爱动，不习惯串门，尽管有几次到过他家里，更多的时候却是他到我家。他并不计较“对等原则”。一到我家，他就说想法、讲消息，谈学术活动怎么开展，提出如何组织出版论文集的意见。有一次，他到我家时已近中午12点，我太太上班去了，只有我一人在家。我说：“怎么办？我家就只有面条！”他连声说：“好，好，盐水煮面条，多放点白菜！”20世纪80年代初期，伯慧调往暨南大学，他人虽去了广州，可我总觉得我们之间什么时候都心有灵犀。1995年4月上旬，第四届国际闽方言研讨会在海口市海南大学举行，他是会议的第一召集人。会后，我们到海南各地去参观，一天下午，车子开到了南部的一个小镇。傍晚，大家吃过饭后在街上游看，我买了一串小香蕉，分给大家吃。伯慧剥开咬了一口，颇感意外地说：“呵，别看它其貌不扬，还真很甜！”我马上说：“就像你一样，别看是这个样子，实际上满腹经纶，肚子里全是学问。”这时，新加坡南洋理工大学的云惟利博士夫妇在场，年轻的云太太很认真地审视了伯慧好一会儿，然后又很认真地反对我说：“其实詹教授很好看！”随和的伯慧，立即“随”口“和”之：“我哪有他好看！”大家哈哈大笑，特别是为云太太认真地打抱不平的神情而笑得特别开心。

伯慧兄容易合作。我们的学术合作，属于“长时间”的有两次。一次是我们两人和中山大学傅雨贤兄、香港大学缪绵安兄等一起支持陈恩泉兄创建深港语言研究所，在深圳举行双语双方言系列性国际研讨会。从1986年到现在，研讨会举行了5次，会议论文集出版了5部，在学术界引起了广泛的重视，在国内外产生了良好的影响，使得深圳成了我国双语双方言研究最引人瞩目的南方基地。为了开展好活动，在会议召集人小组讨论有关“决策性”问题时，伯慧总是畅所欲言，多方面提出建议，但从不固执己见，大家“有商有量”。在各届研讨会上，召集人小组或者安排他致闭幕词，或者安排他在某个时段作重要发言，或者安排他写点什么，他总是“革命战士一块砖，哪里需要哪里搬”，硬是像个“普通战士”一样尽心尽力地干事。我常想，大凡表现得很普通的人，其气质和度量往往是很不普通的。另一次合作从1991年开始，范围更小，只有我们两人。1990年，国务院学位办批准他为现代汉语专业博士生导师，他所在的暨南大学设现代汉语博士点；我也被批准为该专业的博士生导师，和他是同一批的，但当时华中师范大学未被批准设点。按国务院学位办文件的规定，我可以在华中师范大学招博士生，但要挂靠到有博士点的单位。我的第一选择当然是他那里。于是，经过他的架桥铺路，我兼任了暨南大学博士生导师，我和他都从1991年开始招收了各自的第一届博士生。此后，我经常去暨南大学，他也经常来华中师范大学。我每次去暨南大学，他为了“提高规格”，都要敲校领导的竹杠，饶芃子、赖江基两位副校长都多次请我吃饭。想起暨南大学，我就有一股亲切的感觉涌上心头。几年下来，伯慧的博士生都跟我关系特别好，而我的博士生，则像对我一样把伯慧视为导师。应该说，这是我们之间最有意义又配合得十分默契的合作，而这合作就像一面镜子，照出了伯慧的一张标准像。后来，华中师范大学有了自己的博士点，但是，我们之间、我们两个学校之间的合作，将会青山不改，绿水长流。

伯慧兄有大学者的涵养。什么是大学者的涵养？我的标准是：第一，本人有大学问，同时善于和乐于带领一班人去做学问；第二，本人有独创性，同时能涵容不同学说，特别是能充分看到别人的长处和优点。我不想一一举例说明，说多了有吹捧之嫌，只说一件小事。1994 年底，伯慧写信告诉我，第四届国际闽方言研讨会将于 1995 年 4 月在海口市举行，要我写篇文章，参加这次会议。我对方言没什么研究，他要我写文章，是因为我是海南人，我可以借这个机会顺便回家乡看看，因公而及私。于是，我写了《从海南黄流话的“一、二、三”看现代汉语数词系统》提交了上去，并在会上宣读了。这篇文章，后来发表在《方言》1995 年第 3 期。伯慧在他执笔撰写的《第四届国际闽方言研讨会述评》中，用相当长的一段话肯定这篇文章，特别强调“触及了当前语言学界非常关注的理论、方法问题”，并指出“现代汉语语法中的许多难以解决的问题，一旦和方言的语法现象结合起来考察，就会有可能迎刃而解”。提到这件小事，不是因为伯慧说了我的好话，而是因为透过这件小事可以看到伯慧的涵养。作为一个方言学家，他心中装着我国方言研究的全局，脑子里考虑着我国方言研究发展的方方面面。正因如此，不管看到别人的文章有什么样的长处，他都会由衷地高兴，充分地肯定。并非所有大学者都有大气量，大学者而有大气量，这便高人一筹了。

40 年了，我一直把伯慧当成一个可以不设防的真正朋友。“不设防”和“真正”，二者之间互为条件，互成因果。我们这个年纪的人，“文革”结束以前经历过一场接一场的运动，接受过一次又一次“白专”批判的洗礼，深知嘴巴设防的重要性。而这种设防，是最令人难受的。写到这里，我想起一部电视连续剧《篱笆·女人和狗》中的“篱笆和狗”四字。朋友们之间相互交谈，嘴巴门口要安一道篱笆，要蹲一只看嘴狗，难道不是特别难受的事吗？我和伯慧，可以无拘无束地相处，可以无拘束地东拉西扯，谁也不必防着谁。我想，我们能够长相交，这是根本原因之所在。

郭遐叔《赠嵇康五首》有句：“君子交有义，不必常相从。”心意的相从，也许是更有意义的。在伯慧兄执教 45 周年之际，我在长江之边桂子山之上，遥祝他永远那么英姿勃发，那么“潇洒没商量”！我希望，再过 55 年，在他的弟子们为他庆祝执教 100 周年的时候，我再用动情的笔触，写一篇《一位可以不设防的朋友（之二）》。

1998 年 6 月 2 日于武昌桂子山

（华中师范大学教授）

文士情怀，传世书香

庄福伍

我与詹伯慧教授可算是忘年之交。詹教授于1990年至2000年任广东省人民政府文史研究馆副馆长达10年，是我的老领导，我向他请教过出版《张竞生文集》事宜，与他一起到过兰州、敦煌、嘉峪关、新疆等地参观考察。他思路清晰、学识渊博、风趣健谈，一直给我留下了一位谦逊长辈学者风范的深刻印象。

记得2006年我到中央人民政府驻港联络办公室工作，詹教授第一时间就来看我，这让我感动不已。说来也十分巧合，我到香港后住西环青莲台，毗邻香港大学。那时詹教授正在港大为研究生授课，每周半天。那些年港大邀请了三位校外著名教授，詹教授讲授语言方言，白先勇讲授戏曲，还有一位美籍华人讲授诗词。每逢詹教授来港大讲课，我便到港大著名的地标大钟楼陆佑堂门口等着詹教授下课，与他一起到我寓所喝工夫茶、吃潮州粥和卤水鹅头，有时还加上些花生米，这是詹教授最喜爱的。詹教授还十分风趣地说，要靠这三碗潮州粥才能登上我寓所后面那超过45度的180多级台阶。饭后喝几杯工夫茶，神清气爽，我即备好笔墨铺开宣纸，请詹教授挥毫写字，最后盖印章就由我来完成。詹教授常说，他小时候是负责给其尊翁磨墨拉纸的，并且做得很“专业”，这活儿并不是任何人一下子就可以胜任的，要有一定的经验，尤其是盖印章也有它的“学问”。

说起挥毫写字，起初詹教授对此还是“深藏不露”的，只因詹教授对我厚爱有加，我也“蓄谋已久”，请詹教授挥毫写字一事，可谓“万事俱备，只欠东风”。一切准备就绪，只是没有印章，原来詹教授的印章一直没能找到。于是我请著名篆刻家王文钧先生刻了几枚印章，其中的一枚是“传世书香”，我想这作为詹教授的闲章是最合适不过了。詹教授祖居的饶平润丰楼出过几位进士，他家“学文堂”也走出了3位读书人，他的尊翁安泰先生早年毕业于广东高师及国立广东大学（中山大学前身）国文系，二叔天泰先生毕业于上海暨南大学经济系，三叔力泰先生毕业于国立中山大学历史系。尤其是安泰先生于20世纪40年代以名士身份受聘于中山大学，接替岭南著名词人陈洵讲授词学，声誉日隆，成为一代词学家和书法家，可谓书香门第，薪火相传。

一般人都知道詹教授是著名的语言学家，学富五车，称誉“语坛泰斗”，但他能写一手好字却鲜为人知。早期他偶尔为人题写书名或题词，有时也写一些赠送学生及亲友留念。从他早期的书法作品看，足见其深厚的书法天分和家学渊源。他小时候临过不少碑帖，如《张猛龙碑》《爨宝子碑》等，并在其尊翁的指导下练习书法，打下了扎实的“童子功”。而后詹教授一直潜心于学问，可以说已无暇顾及这雅兴余事了。这些年来，在我的“怂恿”下，詹教授挥毫写了不少书法作品，结集出版了个人书法集并举办书法展览，上门求字的人也与日俱增。10 年前詹教授筹办书法展，国学大师饶宗颐先生闻知，欣然写下了“文士情怀”四字，并题“詹伯慧书法展”，可见其世交之深，交情之契。饶、詹两家交契已成为文坛佳话。

当我细心地品味着詹教授的书法的时候，我更加感悟了苏东坡那句“腹有诗书气自华”的名言。詹教授读万卷书，行万里路，著作等身，是一个满腹诗书、满腹经纶的大学者，他涵养出来的气质、胸襟、情怀和学识，足以见其字外功夫。他的书法亦碑亦帖，在雄强峻劲、自然爽快中蕴藏着冲淡闲远，富有“书卷气”。信手拈来，不失为学者之情趣。典雅秀逸跃然于纸，卓然成大家。

去年（2020 年），詹教授在他虚龄 90 岁生日那天，捐赠 50 万元设立“暨南大学詹伯慧语言学奖”，以奖掖后进，不愧为暨南大先生。其大家气象，文士情怀，依然如故。

最近，跃城兄拟为詹教授书法集付梓，嘱余作序，教授也数次催促，谨以小文忝为记之。

2021 年春于广州麓湖畔红树斋

（广东省人民政府参事室副主任、广东省人民政府文史研究馆副馆长）

独具慧眼的方言研究专家

——专访詹伯慧教授

夏 杨 孙 璇

詹伯慧妙言

广东有些人不重视教育，“二世祖”不少，有钱人没文化，文化人没有钱，太悲哀，必须改！

其实我根本不会当“官”，也没想过要当什么“官”。

我住的还是三十多年前盖的老房子，两个人住，够了。古人说：“君子食无求饱，居无求安。”我们现在既安且饱，又能从事自己喜欢的事业，还要求什么呢？人的思想境界很要紧，境界不同，考虑问题就不同。这会影响人生的质量！

有的老师又招博士生又招硕士生，学生太多，怎么带得过来？怎么可能尽心尽力关心他们？学生论文不认真写，又怎么可以容忍？我真是很“佩服”他们！

晚来之志

我虽然78岁了，但学术上还要“从头越”。我希望《中国语言文字大词典·汉语方言卷》在我80岁时可以搞出来。这个任务摆在面前，我可以“退”，但不能“休”！

细数生平

• 在中山大学

得遇王力定人生基调　七位同窗个个是好汉

《羊城晚报》：您是当今汉语方言学界的领军者，听说您走上这条路跟著名语言学家王力先生有很大关联？

詹伯慧：我是王力先生带入门的。中山大学原来没有语言学专业，1946年抗日战争结束，王力先生从西南联大回北方，路过广州。当时的中大校长王星拱有个习惯，只要有人才从广东路过，他就会成为“拦路虎”。他极力挽留王力先生，游说他当中大文学院院长。王力也不是吃素的，跟他讨价还价：“留我可以，但我要办个语言学系。”王星拱欣然应允，于是，这个系从1946年办到1954年，后来并入北大，前后共八届。当时我们班上有7人。

《羊城晚报》：听说你们班个个都是“英雄好汉”？

詹伯慧：其中三个分到了高校，我到武大，三十年后又调到暨大；唐作藩到北大，现在还在那里；许绍早去了东北人民大学（现吉林大学）；欧阳觉亚、饶秉才和麦梅翘去了中国科学院语言研究所（其中饶秉才后来也到暨大，退休后定居美国）；王豫远去了中南民族学院。我的同班同学就这么几个，不多，但确实都颇有出息。

• 在北京大学

又遇袁家骅钟情方言　会客潮粤诸语有优势

《羊城晚报》：您现在是中国方言学的领军人物，但听说您从中大毕业时，我国还没有专门的方言学研究，您也没去研究方言？

詹伯慧：我主攻方言，还是和王力先生有关。王先生回北京后，对我们这几个学生念念不忘。1954年，北大首次在全国开设方言课程，就是我后来的恩师袁家骅教授开的。王先生对他说，我有个学生，现在在武大，方言基础不错，你是否可以接收他？因此，我就有幸在1955年从武大到了北大进修。这为我以后搞方言学奠定了基础。我在方言学这一块有较好的基础，因为我在家里同父亲讲客家话，同母亲讲潮州话，又在广州粤语环境里生活，天生有优势嘛！

• 在东京大学

贪玩学者玩转日本国　《东瀛杂记》证逸兴

《羊城晚报》：我们一直以为像您这样的大教授肯定很严肃，但翻看您的履历，却发现您很爱“玩”。您当东京大学的客座教授期间，去过日本很多地方？

詹伯慧：去日本是教育部推荐的：1980年，日本东京大学有个中文教师的位子，原来由一个台湾人担任，那个人退休了。田中角荣访华后，中日建交，东京大学决定不再找台湾人，想请中国教育部推荐专家过来。教育部于是选到了我。

在日本，我工作任务越重，越要抽时间玩。当时我一个人在东京大学，教五门课，只要礼拜天没事，我就出去玩玩。后来香港《文汇报》的曾敏之先生约我写专栏《东瀛杂记》，我连续写了40多篇，后来武汉大学出版社抢着出版了，首印过万册，1989年转到人民文学出版社出版，书名改为《日本面面观》。

• 在暨南大学

当“官”本来便勉为其难　不当一身轻松不失落

《羊城晚报》：1983年您调到暨大后，马上就当了“官”？

詹伯慧：到暨大的第二年，学校要与世界接轨，新成立文学院与理工学院。那时不像现在，有20多个学院。中文、新闻、历史、外语、社科等都在文学院，数学、物理、化学、生物等都在理工学院。当时文学院院长相当于副校长的级别。其实我根本不会当“官”，也没想过要当什么“官”，但当时我是最年轻的教授，又到日本东京大学做过客座教授，学校领导好说歹说，要我担任文学院院长，我只好勉为其难。

《羊城晚报》：退休了，不当“官”了之后有没有感到失落？

詹伯慧：我本来就没想当“官”嘛，哪会有什么失落？

师生情分

从不忍放学生“鸽子”　看不惯研究生批量“生产”

《羊城晚报》：在您的从教55周年研讨会上，看到您的很多学生、朋友从海内外赶来给您道贺，让人感动。您和学生的关系真融洽，在现在大学里，这样的师生关系好像不多见了。

詹伯慧：我2005年才从暨大退休，之前一直在带研究生。但1998年我不在国内，停招了一年。为什么要停招？因为我人都不在国内，不能放学生“鸽子”，我要负责任啊！

我对现在研究生批量“生产”很看不惯。我从1990年设博士点，1991年开始招生，到2005年，整整15年，一共只带了29个博士生，平均一年不到两个。在带博士生期间，我也基本上不再招硕士生。我带的研究生不多，但每个学生我都真心对待。我太太常说，你花在学生身上的精力远比自己女儿多。我始终认为我必须尽心尽力把学生带出来，能看到他们在学术上成长，是我晚年最愉快的事情！

但现在有些高校存在这样的情况：研究生批量“生产”。有的老师又招博士生又招硕士生，学生太多，怎么带得过来？怎么可能尽心尽力关心他们？学生论文不认真写，又怎么可以容忍？我真是很“佩服”他们！

《羊城晚报》：这样批量“生产”，研究生的质量能不能得到保证？您对这个怎么看？

詹伯慧：不好说。我总是感到一种危机，担心我们的研究生质量像鲁迅说的“一代不如一代”。和我们老师那一代相比，我们已经深感自己差得太远了，后面的是不是每况愈下，我不敢说。但我们的教育，问题确实不少。

谈“詹家军”

这支队伍确实最强大　戏称中有厚望有鞭策

《羊城晚报》：学术圈里，有人称你们是“詹家军”，您怎么看？

詹伯慧：呵呵，这是外界叫起来的，可能是因体育界有个“马家军”吧。这是语言的附会。也确实，我这支队伍在方言学界是公认的，是全国最强的一支。

《羊城晚报》：不仅体育界有“马家军”，岳飞的军队也叫“岳家军”，称你们为“詹家军”，是对您的一种肯定。

詹伯慧：无非说这支队伍有一定能量呗！不过我常常提醒学生，人家这样叫，是对你们寄予厚望，同时也是一种鞭策，不能辜负社会的期望！

《羊城晚报》：最近《中国语言文字大词典·汉语方言卷》上马，由您来统筹，全国六七十岁的方言学家都被请来当顾问，50 岁左右的请来当骨干、当编委。开大会时，包括中国语言学界四大学会会长都来参加，这样的规格很高啊。

詹伯慧：这是有史以来最大的一部方言词典，300 多万字，集合了全国方言学界两代人的功力。我虽然 78 岁了，但现在还要“从头越”。我希望在我 80 岁时可以搞出来。这个任务摆在面前，我可以“退”，但不能“休”！

家学渊源

靠家学不如靠自己　“二世祖”太多没希望

《羊城晚报》：我们常说“家学渊源”，比如您的乡人饶芃子等学者都是有家学的。您的父亲詹安泰先生，是岭南第一词人。您怎么看家学渊源？

詹伯慧：我老家的祖屋就叫“学文堂”，是我祖父一代留下来的。我们老家饶平县新丰镇的润丰楼前几年被认定为广东省文物保护单位，理由之一就因为它的人文传统，这座土楼清代出了四位进士，近代也产生一些名人学者。尽管我们家有“学文”传统，但我认为，做学问不一定非得有家学才行。我父亲是精于诗词创作和研究的，我也喜欢诗词，但我最终没有跟着父亲学诗词。我小时就想，我要学一门在家里学不到、需要下苦功夫的学问。

《羊城晚报》：您的意思是，“家学”固然重要，自己的选择与努力更不可缺少？

詹伯慧：对。我学语言学，父亲给我的影响其实并不大，但他认真做学问的文人气息对我有很深的影响。我觉得现在不能对学生要求这个（家学渊源），学生学不好也不应该怪自己没有家学渊源。没有家学也可以出人才，主要是靠自己。

这些年来，我参政议政，差不多广东每个县都跑遍了。有个问题很触动我：历年高考，在山区较艰苦条件下成长起来的孩子往往考得很优秀。条件越艰苦越发愤图强找出路。但珠三角的企业家很多，其中有不少暴发户，他们的儿女往往不能成才。

《羊城晚报》：就像一些社会学者说的：“二世祖”太多了？

詹伯慧：对，这个问题很严重。据我所知，江浙一带，那边的想法和我们就不太一样。那边不少企业家现在发达了，就想到自己读书少想要再发展很难，于是千方百计地培养儿女，让他们充实提高后再来继承自己的家业。我们这里不是的，家里有钱就对孩子娇生惯养，给他们好的物质享受。孩子们也觉得，家长他们没读多少书就有钱了，没有必要读那么多书。这是中国最悲哀的事，有钱的人没文化，有文化的人却没有钱！

有钱而又没有文化只能走向愚昧，钱多了做什么用？拿来分给子女，助长了不求上进的“二世祖”作风。现在这个问题比较严重，要扭转。太多“二世祖”，国家没有希望。

人生境界

既安且饱又有事业　人生足矣夫复何求

《羊城晚报》： 您今年78岁，身体真好！感觉您身上有股“牛”劲儿，听学生说，您的活力比他们还足！

詹伯慧： 有人问我，为什么精力这么充沛？我说，世上不公平、不如意的事太多，任何一个社会都有，不要没事总想这些，满肚子牢骚。我常说一句话，“天塌下来当被子盖”，要相信这个时代。去年那么大的地震、那么大的灾难，我们国家都坚强地顶过来了。现在，我住的还是三十多年前盖的老房子，我的学生都住进了新房，有的人想不通：“哎呀，你怎么不住新房子？”我说：“我就两个人住，够了。”古人说：“君子食无求饱，居无求安。”我们现在既安且饱，又能从事自己喜欢的事业，还要求什么呢？人的思想境界很要紧，境界不同，考虑问题就不同。这会影响人生的质量！

生活方式

一点儿不恐惧现代科技　使用电脑已超十年

《羊城晚报》： 您做的是传统学问，生活方式和观念也很传统，您怎么看待现代科技呢？听说有的老教授挺恐惧现代科技的。

詹伯慧： 哈哈，我学会用电脑已经大概十年了。我现在每个礼拜六给香港大学上一次课，礼拜四以前，我就把我的讲义用电脑写好，发E-mail给港大，让他们在我上课前先印发给学生。

《羊城晚报》： 也就是说，您是67岁的时候开始学电脑的？

詹伯慧： 1998年我在新加坡国立大学当了一年客座教授，在那里，人家要求很严格，坐班制，我和北大来的客座教授袁行霈也不例外。我们每个教师一个房间，每个房间都有电脑，学校里的任何通知，包括学生向老师提问题，也包括图书馆借书催还的信息，都通过电脑发过来。如果不懂电脑，借书超期被图书馆罚了款都不知道，那该多糟！我一到校就请教别的老师，先把电脑基本用法学会。很自然，在那样的环境中，不学习电脑不行，此后我就一直用电脑来写作和发信了。

善待方言

方言体现地域之“俗”　粤语生命力强绝不消亡

《羊城晚报》：您是方言专家，研究方言，保护方言，但您同时又在积极推广普通话，这两方面的工作有没有矛盾？

詹伯慧：不矛盾，研究方言的人都是推广普通话的积极分子。其实，只有研究方言的人才最懂怎样“推普”啊！“推普”也是要对症下药的，研究方言才知道方言与普通话的差别，才能一把钥匙开一把锁。举个例子，你向潮州人推广普通话和向广州人推广普通话，方法内容就应该有所不同，向讲湖南话的人推广普通话，又应该有所不同。

《羊城晚报》：我们做过调查，广州有些新客家，父母都不讲粤语，孩子也不会讲；还有的夫妻都是广州人，但孩子只讲普通话，粤语很弱。这样发展下去，很多年后，粤语会不会弱化？也有专家提出“粤语消亡论”，您怎么看？

詹伯慧：粤语绝不会消失，广东人日常生活中都在用，它还是很有生命力的！比如你到菜市场去，你听听四周都在讲粤语。很多外地人来广州，也多少学了些粤语，就是因为它实用。入乡随俗，方言正体现了不同地方的“俗”。

语言是社会沟通的工具，推广普通话会为我们增加一种沟通工具，是要让原来只说方言的人学会一种全国通用的社会通用语，是从单语生活过渡到双语生活，1+1=2，而不是等于1，这是不会动摇方言的存在基础的。我们建议父母应当有意识地让孩子学讲方言，父辈的方言不能丢，这对孩子的发展有好处。方言是地域文化的载体，学习方言，可以帮你了解一个地方的文化、风情习俗，使你更快地融入这个社会。

（载《羊城晚报》2009年2月1日A2版《名人会》）

泽被四海

ZEPI SIHAI

詹伯慧教授与《汉语方言学大词典》

张振兴

2013 年 11 月，国家社科基金重大项目“汉语方言学大型辞书编纂的理论研究与数字化建设”正式立项（批准号为 13&ZD135），其重点就是编纂一部大型的《汉语方言学大词典》（以下简称“《大词典》”）。与此同时，南方出版传媒集团旗下全国百强图书出版单位广东教育出版社获批出版《大词典》，并为此申请到了国家重点图书出版基金。至此，《大词典》成为一个名副其实的“国家双重大项目”。经过国内外百位专业语言学者、方言学者的艰苦努力，历经三年多的时日，《大词典》终于 2017 年 5 月正式出版。《大词典》分为上下卷，全书 465 万字。浩浩乎巨著，堪称鸿篇！《大词典》受到国内外学术界，尤其是中国语言学界、汉语方言学界的广泛赞誉，被盛赞为汉语方言学史上“丰碑中的丰碑”！《大词典》由此先后获得广东省第八届哲学社会科学优秀成果奖一等奖、第七届中华优秀出版物（图书）奖、教育部第八届高等学校科学研究优秀成果奖（人文社会科学）一等奖、国家出版基金办 2018 年绩效考评“特别优秀”项目奖等各种奖项。

《大词典》成于众人之手，成败得失任由评说。但以上所获得的国家级和省部级荣誉奖项是可以说明问题的。所有这些荣誉都跟一个名字紧密地联系在一起，他就是我国著名语言学家、暨南大学著名导师、《大词典》的主编詹伯慧教授！2013 年 11 月《大词典》立项，詹伯慧教授已届 82 岁高龄，2017 年 5 月《大词典》正式出版时，他已 86 岁了。真正的耄耋之年，却双肩勇挑重担，詹伯慧教授于《大词典》首功，令人肃然起敬！

其实，说起编纂《大词典》的事情，可以追溯到 2007 年或更早一些的时间。詹伯慧教授调查研究汉语方言数十年，于此情意缅怀，不能释手。他还曾担任《汉语大字典》编委、《中国大百科全书 · 语言文字卷》方言分科副主编。记得 2000 年时，在一次会议期间，他曾跟我说起很希望有机会把汉语方言学的研究成果汇集起来，编写一部百科全书式的“汉语方言全书”。可是那个时候，我们手头都有很急迫的研究工作，说过之后好像谁也没有行动起来。到了 2007 年，落地北京的中华辞书出版社（香港）对语言学的研究怀有很大兴趣，首先出版了由唐作藩教授主编的《中国语言文字学大辞典》（中国大百科全书出版社），继而邀约了一些业内人士讨论编纂一部多卷本的，涵盖中国语言文字各个学科的分卷本专科词典，其中包括邀约詹伯慧教授为主编，乔全生教授为副主编编纂的“汉语方言卷”。

机会来了！大约是2008年夏天的一个早上，我家里的电话铃声急促地响了起来，是詹老师从广州家里打来的。他在电话那头高兴地说，我们几年前说过的事情有点着落了，然后把中华辞书出版社邀约他主编大词典“汉语方言卷”的事情详详细细地跟我说了一遍。最后他说：“张振兴，这个事你跑不了，你得帮我！我过几天就去北京，一起去见刘先生（中华辞书出版社的总经理）。”詹老师是我的学长，也是兄长和师长，我们已经交往有年，他跟我说话经常直呼我姓名，前后都不带“老”“小”或“先生”“老师”之类，总是透着一种随意和亲切，也让我非常受用。大概过了不到一个星期，我去机场接了他，然后我们直奔东南三环一座大厦里刘先生的办公室。可以看出，詹老师和刘先生是老熟人了。他们首先再次确认《中国语言文字大词典·汉语方言卷》的主编是詹老师，副主编是山西大学的乔全生教授，编纂委员会设在暨南大学文学院；同时确认由中华辞书出版社为“汉语方言卷”的编纂和出版提供全资支持，至于跟编纂有关的其他专业事务由主编詹伯慧全权负责，公司不予干预。也是在这次见面的时候，詹老师把我介绍给了刘先生，并说以后北京的所有事务由我跟刘先生直接联系。我于是正式成了“汉语方言卷”和主编詹老师的“驻京办主任”。

别看其时詹老师已经年近80了，但他雷厉风行的办事风格仍然不减以往。北京见面之后，他就着手具体筹划，逐一联系各方学者，动员编纂力量。他完全明白肩上压着多大的重担。大概是2009年三四月份的时候，詹老师在暨南大学文学院主持召开了“汉语方言卷”的启动会议。记得出席会议的除了詹老师、乔全生，以及暨南大学汉语方言研究中心主任甘于恩教授和刘新中教授、侯兴泉教授等人之外，还有鲍厚星教授、陈晖教授（以上湖南师范大学），刘村汉教授（广西师范大学），周长楫教授（厦门大学），汤志祥教授（深圳大学），刘伦鑫教授（南昌大学），汪国胜教授（华中师范大学），张惠英教授（海南师范大学），张双庆教授（香港中文大学），董忠司教授（台湾新竹教育大学）等二十多人，都是汉语方言学界的著名学者，并具有一定的区域代表性。此外，他还联络了日本的平山久雄先生、美国的史皓元先生。在这次会议上成立了编纂委员会，同时讨论了“汉语方言卷”的大体结构和基本框架。一切看起来都十分完美。

紧接着问题就来了。出版社开始时分两次支付了总数只有几万元的启动经费，启动会议开完以后就所剩无几了。接下来的正式开工，有许多绝对必要的支出并无着落。我或电话或亲自上门交涉，对方口头都答应得很好，可是最后都无法落实。我把情况如实报告给詹老师，他还亲自给出版社打电话。一次刘先生亲自到广州请我们相聚，讨论大词典的事情，说得也甚为融洽，但始终未见实际结果。出版社的资金链不容乐观。我们编委会只能隔空祈盼，无法进入实际工作状态，詹老师十分着急。如是者大概持续了两三年。到了2012年初夏时节，詹老师和我都出席了在广东韶关召开的第六届土话平话国际学术研讨会。一天晚上詹老师邀请了同时出席会议的鲍厚星、刘村汉、张惠英，还有甘于恩和我，几个人在我的房间里讨论“汉语方言卷”的事情。记得讨论时大家都有一个共识，编纂“汉语方言卷”是我们的一件大事，不能半途而废，但也不能把希望放在原来的出版社上面，要理解他们的实际困难。于是我提出，唯一的出路是申请国家社科基金重大课题，并且必须争取立项成功。詹老师第一个拍手赞同，其他几位老师也都表示支持。于是当时就决定，以暨南大学汉语方言研究中心的名义申请重大课题，请甘于恩教授回广州后立即起草申请报告，办理相关手续；詹老师德高望重，请他坐镇广州进行相关的后援支持。那天晚上的讨论会一直持续到深夜才结束。有一次开“汉语方言卷”的会议，我特别说到韶关的这次小会，各位老师是心中无数、失落茫然地走进我的房间；深夜离开房间的时候，看着满天的星星，心里重新燃起了满怀的希望。

果然，大约在2013年春夏的时候，詹老师打电话告诉我有关该课题以“汉语方言学大型辞书编纂的理论研究与数字化建设”为题进入国家社科基金重大课题的招标名录。当年11月下旬的一天，我家的电话铃声再次响起，詹老师在电话那头兴奋地告诉我，重大课题已经正式立项了，重点是要编纂一部大型的《汉语方言学大词典》。他将这个好消息迅速传达给了原来“汉语方言卷”编委会的各位老师，大家都十分高兴。我知道，在这将近一年的时间里，詹老师和甘于恩教授做了很多实际的工作，他们都辛苦了。我还知道，国家社科基金通过这个重大课题的立项，传递了一个重大的信息，编纂一部《汉语方言学大词典》是学界的共同愿望。我们必须努力！

这时候的詹老师已82岁高龄了，但他仍然全力以赴，完全不顾年老体弱的身体。暨南大学的校园里每天再次出现一位老教授骑行着一辆老旧自行车，穿行校园早出晚归的美丽风景。他必须按照新的标准重新规划、设计《大词典》；他必须制定一套行之有效的编纂大纲和编纂方案；他还必须拿起电话跟四方的有关学者进行各种交流、磋商和沟通。于是《大词典》的编纂工作很快地走上了快车道。

2014年3月14—16日，詹老师在暨南大学主持召开国家社科基金重大项目开题会，同时举行《大词典》学术委员会暨子课题负责人首次会议。负责《大词典》出版工作的广东教育出版社的三位编辑周伟励、黄倩、唐娓娓也出席了会议。我经常爱说这是2009年成立《中国语言文字大词典·汉语方言卷》编委会以后的第二次正式编委扩大会。詹老师在这次会上对编纂《大词典》作了详细的说明，大家对他亲手制定的编纂大纲和编纂方案进行了仔细的讨论。我记得这次会议达成了两个非常重要的共识。一是《大词典》的条目分为大、中、小三种类型，特别明确大条只涉及方言学科的重要分支、重大事件，以及关系学科发展全局的个别重要人物和重要著作，其他均归入中条或小条。大条等于一篇学术论文，字数都在数千以上，必要时可以超万字。中条也是比较重要的条目，等于一篇小文章，字数可达两三千。小条一般控制在500字上下。二是实行主编总体负责制，编委会成员或子课题负责人实行分地区或分区域负责制。例如大条由主编负责组稿、审稿、定稿；编委会成员或子课题负责人负责所在省区或区域内中小条的组稿、审稿、定稿。记得乔全生教授当时“叫屈”，因为他要负责整个北方地区的工作，范围太大，确实有点管不过来。我于是答应全生，由我联系北京师范大学的周一民教授，专门负责京津和东北地区的条目工作，以减轻他的负担。后来周一民教授也满口答应。由此可见，这次重要的会议确定了《大词典》的整体框架和工作机制。并且在暨南大学文学院大楼门前正式挂出《汉语方言学大词典》编委会的牌子，是詹老师的书法作品。《大词典》的整个编纂工作终于走上了正轨。

2014年8月27日—9月3日，詹老师在广州东方夏湾拿酒店主持召开《大词典》工作交流及首次审稿工作会议。夏湾拿酒店位于从化的一个别墅温泉区，这里风光秀丽，清静无尘，非常适合进行学术讨论。会前，詹老师要求各个子课题和各个地区的编委成员分别拿出一批比较典型的、有代表性的各种类型条目，印发参会人员，并在会上逐条讨论评议。同时也讨论一年多来编纂工作中遇到的问题和困难。讨论的时候，出版社的同志从编辑出版的角度也提出了很多很好的建议。这次会议有的放矢，基本上统一了各种条目的内容要求，以及行文格式和体例。记得也是在这次会议上，我提出以李荣先生主编的《现代汉语方言大词典》的42个方言点为基础，增加汉语方言概况、部分字音和词汇对照表的内容，作为《大词典》下卷的内容。詹老师和参会的其他人员都非常赞同，让我会后尽快做好字音和词汇对照表的“条目”。后来詹老师又增加了一些新的方言点，成为54个汉语方言点概说。增加了这部分内容以后，《大词典》既全面表现了中国汉语方言学的发展历程和所取得的巨大成就，还全面呈现了汉语方言统一性和分歧性的重要语言事实。两者互相补充、互相烘托，相得益彰！

2015年3月7—11日，在佛山高明富湾湖酒店举行《大词典》第二次工作会议。过了大约半年时间，8月30—31日，在肇庆高要碧桂园又举行了第三次工作会议。这两次会议相继讨论并落实各个地区条目编写过程中碰到的问题，同时加强与出版社方面的对接。第三次的工作会议还重点讨论了下卷53个汉语方言点概说（北京点概说从略）与54个汉语方言点字音和词汇对照表的工作进展。

2016年5月17—19日，在暨南大学举行《大词典》第一次专家审稿会议，请了一些学者和出版社编辑，集中在一起分头审读上卷的各类条目，有问题随时集体讨论作出处理决定。我记得当时是白天和晚上连续工作，非常紧张，吃饭都是叫外卖。会议结束后，还有一部分稿子没有审读，刘伦鑫老师当时自告奋勇继续留下来审读，好像又待了三四天。紧接着，2016年6月21—27日，又在暨南大学举行《大词典》第二次专家审稿会议，集中审读下卷的53个汉语方言点概说与54个汉语方言点字音和词汇对照表。关于下卷的这次审稿会，我在《鸿篇巨著，助力汉语方言学科的蓬勃发展——〈汉语方言学大词典〉编纂后记》一文中有一段记叙，可以迻录于此：

记得下卷补校完成以后，大家才发现无论是字音对照表还是词汇对照表的排列次序都有严重缺陷。简单的办法是在本卷适当地方写个详细说明，也许可以遮盖过去，这样可以省却很大的麻烦；最好的办法是完全推倒原来的排序，按照规矩重来，这样就必须重排两个对照表，也就是说要重排下卷全部页面。这就要给编审人员和出版社编辑排版人员增加巨大的额外工作量。讨论这个事情的时候，刘新中教授一席话说得震人心魄，记得他说："如果把错误遮盖过去，我们一辈子的良心都不安！坚决返工，没有讨论的余地！"当确定返工重排以后，远在湖北随州田野工作的著名方言学家刘村汉教授，他精于电脑排版，迅速应召赶到广州，直奔出版社跟编辑排版人员共同攻关，在很短的时间里重新排定两个对照表，避免了一次重大失误。

我在这里不厌其烦地重现《大词典》编纂过程中几次会议的实况，是为了说明全体编纂人员和出版社的编辑人员紧张的工作情况与高度的负责精神。其实，在几次讨论会和审稿会前后，编委会和出版社的编辑人员是做了很多准备工作的。例如詹老师和我都分头通读通改了所有大条的条目，詹老师还指定我逐一审读修改下卷 53 个汉语方言点概说。到了 2016 年两次审稿会之前，詹老师和出版社又指定我通读《大词典》全稿，为此我整整花了三个多月的时间。我知道这个时候詹老师也在通读全稿，因为我们在这几个月的时间里，经常通过电话、微信和邮件讨论各种问题。可以看出，詹老师对整个工作进程是紧抓不放的。在《大词典》编纂的三年多时间里，詹老师坐镇暨南大学，联络四方，运筹帷幄，统管全局，这对于一个 80 多岁的老人来说，是非常不容易的！

2017 年 5 月，《汉语方言学大词典》正式出版。2017 年 9 月 26 日，在广州珠岛宾馆举行《大词典》首发座谈会。看到两本厚重的《大词典》，参与《大词典》编纂工作的全体编纂人员和编辑人员自然喜气洋洋。记得首发会上詹老师首先致辞，其中有一句话是脱稿说的："《大词典》编成，算是功德圆满，此生无悔！"詹老师话音激昂，显然非常动情。我在会上也有发言，说编了几年大词典，把我多年手抖的毛病治好了，可是我的好朋友刘伦鑫教授不抖的手却抖起来了。说完我心里一阵震颤，眼角都潮湿了。这些话印在脑子里，一辈子都不会忘记。

詹老师的话含义很深，《大词典》也许是他学术生涯中最后的一个顶峰。多年相随，尤其是编纂《大词典》过程中的交往，我知道他是一位意志力非常坚定的人。有人说凡是他认定要做的事情，就没有做不成功的。他以耄耋之年，主持编纂《大词典》，数年如一日，方言学界能上数的真没有多少人。2014 年 8 月在广州东方夏湾拿酒店举行工作交流和首次审稿会议的时候，詹老师正经受一件意外事情的沉重打击，要是一般人也许会一蹶不振，可是他在面上仍然沉静如常，主持讨论，发表高见，滴水不漏。有詹老师如此定力，是《大词典》圆满成功的最主要原因。

但他还是真的累到了。《汉语方言学大词典》功成，可以松一口气了，身体上的毛病就出来了。2018 年春末，詹老师从医院里给我打电话，说医生要他住院检查前列腺。过了没几天我给他打电话询问结果，他说前列腺真有大问题。我说不要紧的，这种问题现在靠定时打针就没有事儿了。果然过了一个多月，他就告诉我前列腺检查指标正常，让我放心。到了 2019 年好像也是春夏之交的时候，詹老师又给我打电话，声音很微弱："振兴，我前些时候脑出血，已经在医院住了一段时间了。"这下我真的着急了，放下电话就给他身边的学生甘于恩、刘新中他们打电话，打听细节，求证严重的程度。他们都说现在没有危险了，正在治疗中。我又给其他几位朋友打电话，请他们经常去医院看看詹老师。又过了没多久，暨南大学为詹老师举办他从教 60 周年的庆祝会，邀我参加。我准时飞赴广州，一到宾馆放下行李，就直奔学校的医院。詹老师看到我来了，眼里放着光，显然非常高兴。我拉着他的手，仔细端详着，脸上比往常更加清癯，略显苍白，其他的都还好。第二天下午，我又去看他，还给他一个小红包。他也显得有点儿激动，一边说着你又来看我了，一边不停地抚摸着小红包，活脱脱一个老小孩儿。这次见面，我们互相都说了很多"无用的废话"，其中渗透了《大词典》前后十年的甜酸苦辣！离开的时候，我对他说："詹老师，好好养病，您一定会好起来的！"说完我松开他的手起身了，可是我还是不放心，到了房间门口又两次回身看了看他，然后快速通过走廊，走向电梯……

转眼就到了 2020 年，詹老师先是在电话里告诉我准备出院了，正在让人设法换个有电梯的房子。然后就给我发来一张在医院走廊里练习走路的照片。我好高兴！可是过了没多久，他在电话里说师母也病了，接着又给我发送了一张他推着师母轮椅的照片，两人都穿着医院的病号服。二老相伴，相依为命，眼前的照片让人泪目！再后来他来电话说，学校为他换了校内有电梯的房子了，从话音里可以感觉到他身体好多了。就这样过了有半年左右的时间，我突然接到电子邮件，邀我参加"暨南大学詹伯慧语言学奖"启动大会。到广州的当天晚上，我跟詹老师和师母同桌吃饭，我又偷偷给他塞了一个小红包，他会意地冲我笑笑，没说什么。情谊无言中，说话是多余的！开会那天詹老师和师母都坐在轮椅上，詹老师精神矍铄，已看不出多少病态的样子。我在会上发言说，詹老师编完《汉语方言学大词典》后就大病一场，病刚好转就倾尽积蓄设立语言学奖，他为了语言学事业奋斗一生，其心可表！当天晚间便宴，我按照惯例坐在他旁边，他指着有肉的菜，要我替他挑几块大点的肉，他还像往常一样咀嚼有味。这下我真的放心了！我于是想起了有朋友对詹老师的赞词："这老头，意志力和生命力顽强着呢！"

（作于2021 年，中国社会科学院语言研究所研究员、《方言》原主编）

詹伯慧教授与《中国大百科全书》

李鸿简

我是在武汉东湖边风景秀丽的珞珈山上认识詹伯慧教授的。那是20世纪70年代"文革"后，我们都任教于武汉大学，他在中文系，我在外文系，往来不多。1979年，我奉调北京编辑《中国大百科全书》（以下简称《全书》），他则作为新中国教委委派的学者赴日本讲学。归国不久，他离开了武汉大学（1983年），回到广州，在暨南大学中文系任教，1985年任文学院院长。从1988年起，他相继当选为第七届全国人大代表及第八届、第九届全国政协委员。每年"两会"期间，他来京开会，无论住在东郊或西郊的宾馆，他都会找我相聚、聊天。

说起来，我们两家还有特殊的渊源。1948年，我的二哥李鸿栋是中山大学的学生，结婚时请了伯慧的父亲詹安泰教授做自己的证婚人。至于他与詹安泰教授有无其他的交往，因年代已久，两人都已作古，就无法了解了。

伯慧教授对我所从事的《全书》事业是热情支持和积极参与的。1988年4月，他第一次来北京参加全国人民代表大会时，我陪他参观了刚落成不久的中国大百科全书出版社的15层办公楼，他赞叹说"这是东南亚最大的出版大楼"。作为蜚声中外的汉语方言专家，应《全书》总编委委员王力先生的邀请，从1984年4月起，他参加了《全书》"语言文字卷"的编写工作，任方言分科的副主编。他撰写的条目包括汉语方言（30 000多字，与许宝华先生合写）、官话方言、闽方言、湘方言及《粤音韵汇》等，共55 000多字，占方言分科总字数（95 000多字）的1/2多。他写的内容和文体均符合《全书》的编写方针与体例，而且交稿时间也比较快。"语言文字卷"有10个分支学科，列条900多个，共150万字，经204位语文学界专家、学者的努力，从1984年开始撰稿至1988年出版仅用了4年的时间，这在《全书》（74卷）中是少有的。这中间伯慧教授也付出了辛勤的劳动。

为了适应广大中等文化程度（起点为初中）读者的需要，自1991年7月起，我们在《全书》的基础上启动了《中国百科大辞典》的编辑工作。这是我国首部以百科词语为主体的综合性、普及性、强调实用性的百科辞典，经新闻出版署批准为国家"九五"规划的重点图书，由700多位专家、学者撰写，历时8年完成。此书共分10卷，收条目6万，计1 870万字。1999年第一版、2005年第二版问世，第一版在当年即获得第十二届中国图书奖。詹伯慧教授是1992年3月应邀参加《中国百科大辞典》编写工作的。他一人承担了“汉语方言”全部条目的撰写，共38条，13 000多字。他在《全书》“语言文字卷”的基础上根据实用的原则，增加了新条目、新内容，这方面的条目有广东方言研究、上海市区方言志、云南省志·汉语方言志、中国语言地图集等，这是詹教授对中国百科事业的又一贡献。我从在工作中与他的接触看出，伯慧教授有很多可贵的品德，如尊师爱友，待人热情、诚恳、周到。他每次来北京都要去拜见王力老师和语言学界的长辈吕叔湘、周有光、王均，以及好友陈章太、唐作藩各位先生。王力先生去世后，他照样去看望王师母，并前往王先生的墓地凭吊。而我们每次出差去广州，他都亲自去火车站接待。有一次，京广线火车误点，车站方面没有向旅客通报情况，以致接站的人被困在车站，欲走不能，左右为难。詹教授尽管有研究生的文字材料急着批改，但仍然苦守在车站里，整整等了四个小时，火车终于到达。

1985年6月，《全书》“语言文字卷”方言分科编写组在暨南大学召开审稿会，连日工作，大家十分疲劳。有一个休息日，他带领我们去珠海、中山、孙中山故居翠亨村等地游玩，算是放假吧，对我们的照顾无微不至。

詹教授本人的生活是十分俭朴的，给我印象最深的是他的住房。他在武大应该算是资深教师了，可是“文革”后，他在武大只住一间狭小的砖瓦房，连带一个简陋的小厨房。1978年，他的好友人民出版社编辑林穗芳先生出差到武汉，詹教授请他吃饭，约我作陪。我们就在他的小厨房里，围着小桌子，坐在小矮凳上品尝他亲手烹饪的湖北特色菜——莲藕炖排骨。他在暨南大学，虽然后来当了文学院院长，又是博导，但住房并不宽敞，屋里到处堆着书籍，他也不甚在意。

我和伯慧教授交往四十余年，从他身上感受到朋友之间的温暖和高尚的品德。在庆祝他八十华诞之际，我衷心祝愿他永远健康！幸福！

（2010年11月作于北京，中国大百科全书出版社编审）

詹伯慧教授与广东省中国语言学会

姜　波

近十几年来，有三个人对广东省中国语言的研究事业起着举足轻重的推进作用，广东语言学界把他们称为广东省中国语言学会的“三驾马车”，他们就是学会的三位正副会长——暨南大学中文系的詹伯慧教授、中山大学中文系的李新魁教授和华南师范大学中文系的唐启运教授，特别是詹伯慧教授，他长期担任会长，更是为学会的发展立下了汗马功劳。

1986 年 5 月，我会在华南师范大学召开学术年会，并选出新一届的常务理事会。时任暨南大学文学院院长的詹伯慧教授被选为会长，接过中山大学中文系高华年教授传来的接力棒。学会每四年换届选举一次，詹先生每次都要推让，要让其他同志来担任会长一职，但大家都认为，学会在他的领导下，活动搞得有声有色，事业蒸蒸日上，其他人难以代替他的位置。这样，虽经过三次改选，大家还是一致推他当会长，至今已有十二个年头了。

十二年来，在詹先生的领导下，我会不断克服经费匮乏等种种困难，勇于开拓，积极组织开展形式多样的学术活动，有力地推动了我省语言学事业向前发展，在学术界产生了良好的影响，多次受到上级主管单位广东省社会科学界联合会（下文简称“社联”）领导的肯定与表彰，成绩有目共睹。这十二年来，学会在詹先生的率领下，主要做了以下几项工作：

（1）积极吸收会员，壮大学会队伍。1986 年学会只有 140 多人，会员主要集中在广州，外地的较少，成分也单一，主要分布在高校。现在地域扩大了，会员遍布全省各个地区的高等院校。另外是结构更优化了。现在有的会员是从事大众传媒工作的，如广东电视台的著名主持人王泰兴先生等，也有在语言艺术团体工作的，如广东话剧院的著名话剧演员姚锡娟女士、简肇强先生等，这几类会员人数虽然不多，但他们的确给学会注入了新鲜的血液，增强了学会的活力。迄今为止，学会已有会员近 300 人，而且要求入会的人员源源不断，这正是我们学会不断成长壮大、凝聚力不断增强的一个表现。

（2）努力组织办好两年一度的学术年会，活跃我省的学术气氛。以前限于经费、人手等因素，学会的年会都走不出广州，每次都变成“广州年会”。这样在会议期间，绝大多数的广州会员白天开会，晚上回家，来去匆匆，大家缺少交流切磋的机会，还有就是对广州以外的高校影响不大，起不到应有的“辐射”作用。为此詹先生想出两个对策：一是扩大发展外地会员，为年会召开做好准备；二是由近及远，从易到难，先把佛山作为突破点。1990年下半年，詹先生和省社联领导专程赴佛山找了时任佛山市市长卢瑞华同志和时任佛山大学校长谢颂凯教授，卢市长当即表示大力支持。这样，1990年12月我会在佛山大学成功地举行了1989—1990学术年会，这是迈出广州的第一步。此后我会于1993年、1995年、1997年先后在惠州大学、韶关大学和中山学院顺利召开了年会，每一次会员都踊跃报名，与会者均有80人以上，多时达110多人，声势很浩大。这对增进会员之间的学术交流和情谊、活跃我省的学术气氛起到了极大的促进作用。

（3）主办、协办重大学术会议。1997年我会在詹会长主持下承办了中国语言学会学术年会，这次年会出席者超过200人，被认为是中国语言学会历届学术年会中最盛大的一次。广东省是一个语言资源十分丰富的省份，全国有七大方言，广东就占了三个，即粤方言、闽方言和客家方言，提高这三大方言的研究水平是我会的主要目的之一。在粤方言方面，1987年香港中文大学、香港语言学学会组织筹办了首届国际粤方言研讨会，这是由粤港澳三地轮流主办的两年一度的大型国际学术研讨会，它给散居在海内外各地的粤方言研究者提供了交流心得、展示成果、切磋学术的良好机会。1989年7月，由我会与暨南大学汉语方言研究室联合主办的第二届国际粤方言研讨会在广州市燕岭大厦隆重举行，来自海内外的50多位专家学者欢聚一堂，就粤方言的有关问题进行了广泛的交流和热烈的讨论。海内外媒体对此次会议进行了多方位的报道。1995年12月，我会与暨南大学汉语方言研究中心再次联手主办了第五届国际粤方言研讨会，来自海内外的近70名专家学者出席了此次盛会，其中来自境外的共约30人，接近总人数的一半，这是境外学者参加人数最多的一次。这两届研讨会的召集人均为詹先生。在闽方言方面，我会与香港中文大学中国文化研究所吴多泰中国语文研究中心、海南省中国语言学会于1995年4月在海口市联合主办了第四届国际闽方言研讨会，召集人是詹先生和李如龙教授、张双庆教授。此外，詹先生对1990年8月由汕头大学主办的第二届国际闽方言研讨会也给予了积极的支持与具体的指导。在客家方言方面，由华南师范大学等联合主办的第二届国际客家方言研讨会于1996年8月在广东增城市举行，我会作为协办单位对这次研讨会的顺利召开作出了很大的努力。此外，詹会长对历次在深圳举行的“双语双方言研讨会（国际）”也大力支持和积极参与，为双语双方言的研究发展作出了不小的贡献。

（4）请进来，走出去，进一步加强与海内外语言学界的联系与交流。为了更好地让我会会员了解海内外语言学界的研究动向，扩大视野，增进交流，我会充分发挥广州作为交通枢纽，毗邻港、澳、海外的优势，不失时机地邀请抵穗的海内外学者作学术讲演。据不完全统计，近十二年来我会先后邀请过20多位著名学者为会员作学术报告，如我国大陆的胡裕树、唐作藩、刘涌泉、陆俭明、陈章太、黄伯荣、赵世开、张惠英、于根元、邢福义，我国香港地区的饶宗颐、丁邦新，美国的薛凤生、杨福绵，法国的李嘉乐，日本的桥本万太郎、平山久雄，新加坡的卢绍昌、周清海、张楚浩等，他们的报告和座谈很受会员的欢迎。每次召开年会，我会都邀请港澳学者光临，这已成为我们年会的一个“固定节目”，如香港的常宗豪、张双庆、缪锦安、郑定欧和澳门的胡培周、邓景滨等都曾应邀出席年会。1990 年 1 月，应澳门中国语文学会的邀请，我会组成了以詹先生为首的 6 人学术访问团赴澳门进行学术交流，促进了粤澳语言学者之间的了解与友谊。

（5）发挥学会人才密集的优势，组织会员进行大型的科研合作。我会共有会员近 300 人，人才济济，而且分布在各个高校和语文机构及传媒单位，这种人才密集的特点是各个单位难以比拟的，由学会牵头组织实施的重大科研项目就更能显出这种优势。近年来，我会组织编纂《广州话正音字典》就是一个成功的典范。目前粤方言中存在语音不规范的现象，为了减少歧义，加强规范，使运用粤方言的人有所遵循，有必要对广州话进行深入细致的审音工作，确定其标准读音。1990 年由我会与广东省广播电视学会发起组织的广州话审音委员会正式成立，委员会由穗港澳三地的 20 多位粤语专家学者组成，詹先生是主要召集人。而编写组全部是我会会员，他们来自我省高校、省语言文字工作委员会（下文简称“语委”）、省广播电视厅等单位。编写《广州话正音字典》，工作千头万绪，再加上经费不足、人手有限等，这些困难的确令人望而生畏。詹先生总是想方设法争取经费，遇到大家气馁时总是给大家鼓劲，要是没有他的恒心与毅力，不知这部字典何年才能编就。在他的率领下，经过几个春秋的努力，这部字典终于在 1997 年全部完稿并交给广东人民出版社，并于 2002 年正式出版。这部字典在编纂的过程中，海内外媒体多次作过报道，受到社会的广泛关注。

（6）本着语言研究必须理论联系实际并为社会服务的精神，我会与省市语委紧密配合，为我省“推普”和汉字规范化工作多做实事。省市语委与我会关系密切，每当要制订语言文字工作规划时，都会邀请我会的专家学者参加和出谋献策。在詹会长的提议下，我会举行会议时也经常邀请省市语委的领导出席，传达有关精神，互通信息，并号召广大会员为我省的语言文字工作多做奉献。近十二年来，我会为我省的“推普”和汉字规范化工作作出很大的贡献。突出的如为省市电视台和广播电台举办有关讲座和编写教材，由詹会长等人撰写的《每日一句话》、李新魁教授等编写的《学讲普通话》等在广东电视台播出，获得观众的广泛好评，对我省的“推普”工作起到了很好的推动作用。1992 年 2 月，中共广东省委、广东省人民政府发出《关于大力推广普通话的决定》，我会也在会刊中转载了文件全文及有关文章，省语委、省教育厅举办推广普通话骨干培训班时邀请我会会员任教，我会会长与珠海有关领导在省语委的支持下联合邀请新加坡的华语学者来我省作关于新加坡推行华语运动的报告。1995 年 12 月，为纪念全国文字改革和现代汉语规范化 40 周年，我会与省语委联合主办了两场学术报告会，请詹会长、唐启运教授、陈炜湛教授和曾国忠主任给广东教育学院和华南师范大学的师生作学术演讲。正因为我会一直关心支持我省的语言文字工作，因此经常受到省语委领导的表扬，开展活动时也得到省语委的慷慨支持。詹先生两度被国家语委评为“全国语言文字先进工作者”。

（7）设立学会奖，编辑出版《广东省中国语言学会通讯》（下文简称“《通讯》”）。为了鼓励我会会员勤于著述，多出成果，促进我省语言研究水平的不断提高，我会在 1988 年设立了“广东省中国语言学会奖”，至今已评过两次，受到广大会员的欢迎。我会是个穷学会，要编辑出版会刊《通讯》实非易事，但詹会长决心很大。《通讯》不定期出版，从第三期起由詹会长主编，至今已出了七期。从第一期的二十几页到第七期的一百余页，从少到多，内容一期比一期丰富，越办越好。从第三期起，每期都包含有国内外重要的学术会议报道、学会活动、学术交流、来自高等院校和语文机构的综合报道、信息、书讯、获奖喜讯、人事动态、研究生信息、学会大事记、会员名单等内容，可以说对我省语言学界的队伍情况和研究动态作了全方位的反映，巨细无遗，深受广大会员与海内外语言学者的喜爱，还有不少海内外语言学者来函来电索取会刊。记得有一次，一位专治中国语言的日本学者，在东京看到《通讯》，因为价钱太贵没买，后来她到中山大学留学，一到广州就跑到学会办公室找我，说要购买这几期《通讯》，还想留下钱来订购以后每一期的《通讯》。我把几期《通讯》免费赠送给她，她如获至宝，连连鞠了好几个躬表示谢意。从中可见《通讯》在海外影响之一斑。《通讯》已成为反映我省语言学界的一个窗口，是我省与海内外语言学界进行交流的一条纽带，它对树立我会的形象、活跃我省的学术气氛有着不可忽视的作用。詹会长在这本会刊上花了不少心力，从整体策划、具体编写到校对，他都亲力亲为。为了编好学会的大事记，他总是劝我做个有心人，平时在与会员联系时留意收集各种信息。不过我有些偷懒，到动手编写时，经常还得向詹会长求援，因为他有一个本子像百宝箱，密密麻麻地记录着很多会员参加会议的情况和活动简要。我真是好生惭愧。

（8）扶掖后学，关心青年学者的成长。詹会长是蜚声海内外的学者，但他一点也没有大家名家的架子，总是和蔼可亲，有说有笑，与青年朋友打成一片，与他交谈的青年朋友都有如沐春风的感觉。广州青年语言学沙龙成立于 1986 年，其成员主要是中山大学、暨南大学、华南师范大学和广州师范学院的已毕业和在读的研究生。沙龙活动一般每年举办几次，詹会长等学会领导经常过问青年的活动，热情支持，并亲自参加沙龙的讨论，使大家深受鼓舞。学会每次举行学术年会或沙龙活动，詹先生总是忘不了在总结发言时让一两位青年朋友作代表发言。广东语言学界的青年朋友都称他为良师益友。

1988 年我大学毕业分配到省社联，担任广东省中国语言学会的秘书，詹先生从 1986 年开始任会长，因此我已在詹先生的领导下工作十年了。对于我来说，这十年的工作是非常愉快的，能在詹先生的手下工作，我感到庆幸。窃以为，作为会长，詹先生有以下一些特点：

（1）学问、人品、能力、热情四者齐备。我认为，要做好一个学术团体的领导人，上述四者缺一不可。学术团体当然首重学问，会长要不是在学术界中占有相当重要的地位，那么学会的旗帜就难以树起，学会就缺乏感召力；要是人品不佳，大家就会敬而远之，学会就会是一盘散沙，缺乏凝聚力；要是具有前两者而缺乏能力，就会心有余而力不足，学会工作难以拓展；若没有热情，就会三天打鱼、两天晒网，学会工作就难以搞活。而詹先生恰恰具备这四个特点：他著述丰硕，在方言学研究方面造诣很高，曾应邀赴日本、法国、新加坡及我国香港等地的著名学府讲学，在海内外语言学界享有盛誉，此其一；詹先生平易近人，胸怀坦荡，人品高洁，深受会员的爱戴，此其二；詹先生担任过暨南大学文学院院长、全国人大代表，现担任全国政协委员、省文史研究馆副馆长等职务，在学术界和社会上有广泛的影响，这使学会的工作容易获得社会各界的关心与支持，他还善于团结广大理事和会员，把大家拧成一股绳，此其三；当然我认为最重要的是他对学会工作有火一般的热情，这是促使学会正常运转的原动力和润滑剂，此其四。

（2）团结理事，关心会员。我会的领导班子是最为团结和谐的，从来没有因为什么事而争得脸红耳赤，更没有钩心斗角的现象存在。詹先生和两位副会长李新魁教授、唐启运教授被人们称作学会的“三驾马车”，其中一点指的就是他们这种友好、和谐的关系。为了搞好学会的工作，詹先生总是主动与理事会的其他同志联系、商议，从来不搞一言堂，理事对学会的工作各抒己见，充满着民主自由的气氛。记得有一次要召开会议，唐启运教授刚好病了，詹先生便叫上我一起去医院探望唐先生，并向他征求对学会工作安排的意见。前几年副会长李新魁教授患上膀胱癌，在他动手术的第二天，詹先生就叫上我一起去探望李先生；李先生不幸逝世后，詹先生又倡议，由学会与中山大学中文系联合举办“李新魁教授学术追思会”，缅怀李先生的学术业绩及对学会的贡献。对广大会员，他的关心总是无微不至的。1990 年我们在佛山大学召开年会，那时临近年底，天气较冷，而会议的房间又刚好没有热水，得自己到热水房去打水。在安排住房时，詹先生就对我说，陈慧英教授脚不太好，不方便打水，安排陈晓锦老师跟她住在一起，这样可以帮上忙，因为她们的关系很好。这虽是一件小事，却反映出詹先生对会员细致入微的关怀。他对好多会员都很了解，不管是在学术上还是在生活上。每次开会安排住房，詹先生总是提醒我，某个会员跟某个会员私交好，安排他们在一起住，他们可以趁此叙叙旧。

（3）为学会争取经费，四处云游“化缘”。语言学是基础学科，我会是个穷学会，广东省社联每年所拨的活动经费只不过几千元，但要开展学术活动就得有足够的经费，所以学会遇到的一个大问题就是资金不足。为了筹钱开会，詹先生总是千方百计向多个单位求助，不怕失败，锲而不舍。他笑哈哈地对学会的其他理事说：“我和小姜一老一小云游四方‘化缘’，我在前面讨钱，他在后面接钱。”这令我想起孙中山先生，他说过要打仗要革命，第一需要的是钱，第二是钱，第三还是钱，他为了革命到处奔波筹款，历尽艰辛。我想，在这一点上詹先生是颇有孙中山先生遗风的。有时经费有限，詹先生就要大家“看菜吃饭”，比如在编纂《广州话正音字典》的过程中，詹先生就和编写组的同志一起在暨南大学饭堂吃过不少顿盒饭。

（4）带病工作，无私奉献。詹先生为了学会的工作可谓呕心沥血，他总是把学会的工作放在第一位。1990 年他刚从法国讲学回来，在暨南大学校内不幸被自行车撞伤了腰，住进越秀区正骨医院，躺在床上不能动弹。我去看望他时，他要我把学会的资料带来给他处理，还布置学会近期的工作。又有一次，他因生病晚上十点多被送到华侨医院，当时中山年会临近，第二天一早他还打着吊针，就叫我去商量年会的筹备工作。詹先生就是这样，学会一有什么事，他总是不管自己的身体状况如何，一定要处理完才放心。詹先生一直勤勤恳恳地为学会工作，但从来没有从学会这里拿过一分钱的报酬。为了给学会尽可能地省一些钱，他出去做联系工作时，总是去挤公共汽车，怎么也不肯打的士。有时因学会工作要联系外地学者和港澳学者，詹先生总是用自己家中的电话，从不伸手向学会索取长途话费。

（5）身先士卒，与大家甘苦与共。詹先生作为会长，从来不发号施令，只要有时间，他总要与我这个秘书一起做很多琐事。有一次，我和他的几个弟子晚上在暨南大学中文系加班，为《广州话正音字典》编排卡片。他从家里过来时，守门人刚好锁了楼下的大门走开了。詹先生进不了，焦急地在楼下走来走去，寻了半天也找不到人，于是詹先生决定铤而走险，叫我们找梯子放下来，他爬上去。我们深知这太危险没照办。他又在下面转了半天，始终等不到看门人。最后他只好在楼下徘徊了一个钟头后才离去。我们觉得既好笑又感动，好笑的是他竟然想出爬梯子这样的主意，感动的是詹先生总是与大家同甘共苦，这么琐碎的事他也要跟大家一起做，令人对他的敬意油然而生。

詹先生就是这样的一位好会长！

（作于 1998 年，广东省社会科学界联合会社团联络部主任）

德业并重 “推普”先锋

——贺著名语言文字专家詹伯慧教授八秩华诞

张 毅

今年（2011 年）7 月系詹伯慧教授八十华诞暨从教五十八周年的喜庆日子，这是广东省语言学界的一大盛事。詹伯慧先生是国内外语言学界的著名教授、博士研究生导师、中国语言学会理事、广东省中国语言学会的老会长、广东省学位委员会委员、广东省语言文字工作委员会委员。詹先生一生从事方言研究，博学有识，立说传薪，扶掖后学，堪称一位卓越的学者。同时他又始终关注“推普”，对广东省的推广普及普通话工作和语言文字规范化工作贡献卓著。

詹伯慧教授是汉语方言学界的大师，从珞珈山到暨南园，博学精研，乐育桃李，驰名海外，著述丰硕，无须赘言。更可贵的是，詹伯慧先生在教学和科研之余，一直积极宣传国家语言文字方针、政策，热心推广民族共同语，本着语言应用于实际并为社会服务的精神，大力支持、积极配合广东省语言文字工作委员会的工作，为广东省的推广普及普通话工作和汉字规范化工作做了诸多实事，两度被国家语言文字工作委员会评为“全国语言文字先进工作者”。在暨南大学“庆祝詹伯慧教授从教 45 周年”纪念活动中，我曾撰写过《詹伯慧教授对语文现代化和广东省推广普通话工作的贡献》一文。文中记述了詹教授自 1986 年广东省成立语言文字工作委员会即任语委委员，在不同时期通过论文、著作、调研、会议发言、学术交流、考察访问、接受采访等方式，积极活跃于广东省“推普”战线，呼吁全社会关注语言文字规范化工作，并身体力行推进语言文字规范化工作。不论是废寝忘食为广东电视台主持编写《每日一句话》普通话系列节目，热情参与广东省语委和广州市语委举办的普通话培训班、普通话朗诵比赛等各种“推普”活动，还是在“七五”“八五”期间，亲自带队，多次深入广东省几十个县（市）进行实地调查，完成广东方言调查，基本摸清广东粤语面貌，詹伯慧教授都以一名语言学家的敬业精神和历史使命感，为广东省推广普通话工作付出了辛勤劳动和心血。此外，詹先生还利用讲学、学术交流等机会，在新加坡、日本、法国和我国港澳台等国家与地区积极宣传我国语言文字政策，介绍广东“推普”情况，并热心促进广东省与新加坡的语言文字交流，促成广东语言文字考察团赴新加坡进行以推广华语为主要内容的考察访问。

回顾往昔，詹伯慧教授辛勤耕耘，德业并重，在广东省语言文字工作的开展和进步历程中承担了举足轻重的角色。可以说，广东省语言文字工作的开展历程就是詹教授身体力行、无私奉献的过程。近年来由于年岁已高，詹教授逐渐退居二线，但是他依然以一名老语言学家的热忱胸怀和高度责任感，始终关心广东省的语言文字工作。有两件事让我记忆特别深刻，诚心感念。

2009 年，为庆祝中华人民共和国成立 60 周年，广东省语言文字工作委员会办公室筹备编写《广东语言文字工作 60 年纪事：1949—2009》，全面展示广东省 60 年语言文字工作取得的成果，以此向共和国六十华诞献礼。詹伯慧教授作为伴随广东省语言文字工作成长发展的良师益友，无疑是为《广东语言文字工作 60 年纪事：1949—2009》作序的不二人选。考虑到詹老年事已高，不便叨扰，然论及德高望重，师表才情，难出其右，终犹豫斟酌，开口邀稿，心中忐忑。不料詹老一如既往，欣然接受，没过几天便将洋洋洒洒几千字的序言发回。读了詹老的序言，一股历史厚重感扑面而来，为我们的《广东语言文字工作 60 年纪事：1949—2009》再增添了几许分量。在序言中，詹老以激情澎湃的笔触回顾了中华人民共和国语言文字工作的起步、发展和成就，以亲身经历见证了广东省语言文字工作领导率先垂范、善调资源、勇摘“推普”落后帽、先行一步加强对外交流的光辉历程。当看到詹老写到政府“从 20 世纪 50 年代开始，就在新中国成立伊始、百废待兴的情况下，狠抓了语言文字的工作，在中央建立了主管文字改革工作的专门机构，提出了包括推广普通话、推行简化汉字、制定和推行汉语拼音方案等三大任务”，“半个多世纪来，上述几项重大的语言文字工作，在中央统一的方针政策指引下，全国各地相继行动，因地制宜地结合本地区的实际组织起包括语文专业人士在内的语文工作队伍，开展了声势浩大而又各具特点的社会语文工作，取得了令人瞩目的非凡成绩。这些成绩集中反映在经过长时间的持续推广，如今作为全社会通用语言，已经取得了法律地位的民族共同语——普通话业已深入人心，广为普及了；由国务院正式公布使用的汉字简化方案和汉语拼音方案早已成为联合国认可的汉语言文字规范和汉语拼音标准，如今也已在我国家喻户晓了”，我深切感受到一名老语言学家对语言文字工作的热爱和欣喜。而当看到詹老提到 20 世纪 90 年代末，在新加坡国立大学任教时，他陪同以省教育厅主管语文工作的副厅长李小鲁为团长的访问团在新加坡进行交流；又或是此前他以广东省中国语言学会会长的名义，与时任珠海市副市长雷于蓝同志联名邀请几位新加坡从事华语推广运动的专家来粤交流，对广东的“推普”工作起到了积极的促进作用时，我仿佛看见在广东省语言文字工作的每一件“大事”的背后，都铭刻着詹老以及如詹老般的老一辈语文学家们忙碌的身影和挥洒的汗水，他们是广东省语言文字工作征程中最宝贵的财富，他们值得所有语言文字工作者永远尊敬和怀念。“继往开来，承传创新”，詹老在序言中点明了我们编写《广东语言文字工作 60 年纪事：1949—2009》的初衷，我们也将秉持光荣传统，使广东的语言文字工作在可持续发展的道路上不断登上新台阶。

另一件事是在2010年，针对广东社会流传的“普粤之争”问题，詹老在已入耄耋之年仍以高度的责任心和事业心走进公众视野，接受《羊城晚报》记者的采访。詹老说道：“我一直认为，推广普通话并不是要让方言消失，就算在20世纪50年代‘推普’最雷厉风行的年代，国家的语言政策也是这个立场，是要让方言区的人民从只说方言的单一语言生活过渡到‘普通话+方言’的双语生活，两种语言并存并用，各司其职”，“我是研究方言的，始终不断呼吁要一方面大力‘推普’，一方面大力发挥方言的作用”，“粤语不会萎缩，因为它是强势方言。从通行范围、社会使用率、文化背景以及粤语是岭南文化的主要载体、港澳两个特区始终都以粤语为主要社会通用语、海外华人社区中粤语仍是主要交际语之一等许多方面来看，粤语始终是充满活力的汉语方言”。詹老的这篇访问在2010年6月9日的《羊城晚报》上刊登出来后，引发了热议。詹老清楚地表明了“推普”并不是“废粤”，而是普通话和方言并存并用，各司其职，也澄清了社会上一些人的误解和模糊认识。作为语言文字工作者，我们知道，现行宪法明确规定“国家推广全国通用的普通话”。2000年，《国家通用语言文字法》颁布，确立了普通话是国家通用语言的法定地位，规定其为国家公务用语、教育教学用语和广播电视基本用语。对于所谓“普粤之争”的起因和对错，实已无须再辩，因为普通话和方言之间从来都不是非此即彼的关系。而我们在这里看到的是詹老以推广普通话为己任，时刻关心语言文字工作发展动态的高度责任感，以及为实现语言文字和谐生活目标的坚持不懈和尽心尽力，这值得我们所有语言文字工作者感念和学习，齐心协力推动广东省语言文字工作进入新的征程。

师表才情，翰墨华章，胸藏丘壑，夕阳华美。谨祝詹老身体康健，生命之树常青，学术之花常盛！

（作于2011年，广东省语言文字工作委员会办公室原主任）

詹伯慧教授与暨南大学汉语方言学发展

潘启亮

詹伯慧教授是我国著名的语言学家，也是暨南大学汉语方言研究的领军人物，在汉语方言、汉语辞书、汉语应用和汉语规范等领域做了大量的研究、教学工作。值此先生九秩华诞到来之际，我主要谈谈他在推动暨南大学汉语言文字学学科的长足发展，提升学校人文社会科学整体水平上所做的贡献。

一个人带出一支队伍

詹伯慧教授 1983 年调入暨南大学中国语言文学系，以支持学校在广州的复办。1985 年 2 月，学校设立文学院，下设中文、新闻、历史、外国语四个系及社会科学部，詹伯慧教授出任首任院长，兼任汉语方言研究室主任。1990 年，他在暨南大学中文系建立了第一个博士点——现代汉语博士点，在学校复办之初的学位点建设和语言学发展工作中做出了卓越的贡献。1991 年，詹伯慧教授开始招收汉语方言学博士研究生。1994 年，我国首批攻读汉语方言学的 5 名博士研究生毕业，其中 4 名出自詹伯慧教授门下。迄今为止，詹伯慧教授共培养了博士研究生 29 人、硕士研究生 9 人。他们大都成长为汉语方言学界的学术骨干，薪火相传，再育桃李，逐渐形成一支在语言学界负有盛名的“詹家军”。

暨南大学汉语方言研究中心是“詹家军”开展学术研究的根据地，该中心于 1994 年由詹伯慧教授创立，是全国第一个综合性的方言研究机构，2008 年该中心获批成为广东省普通高校人文社会科学重点研究基地。一直以来，詹伯慧教授都担任着基地的名誉主任，他昔日的学生甘于恩、伍巍、邵宜、彭小川、陈晓锦、孙玉卿、刘新中、钟奇、高然等人不仅是研究中心的骨干力量，还都成长为新一代学术带头人。这支涵盖老中青三代的“詹家军”，多年来坚持围绕岭南方言研究、地理语言学研究、海外汉语方言研究、发音语音学实验等特色方向，依托汉语方言研究中心，协同科研大兵团作战，获批 5 项国家社科基金重大项目、5 项国家社科基金重点项目以及一批省部级项目和横向课题，在研经费超过 800 万元，产出了一批丰硕的科研成果。暨南大学汉语方言研究中心既是语言学界公认的开展方言研究的学术重镇，也是暨南大学人文社会科学成绩最为突出的特色研究阵地之一。

粤方言保护第一人

詹伯慧教授从教68年，亲历了中华人民共和国成立以来几乎所有重大的语言文字工程，从推广普通话到方言保护，从汉字规范化到方言用字，既留下了一系列的研究成果，又实实在在地保护着语言资源，曾两度被语委授予“全国语言文字先进工作者”称号。

早年间，詹伯慧教授即参与编写《汉语方言概要》《汉语大字典》《中国大百科全书·语言文字卷》等重要的语言文字著作。到暨南大学工作后，他的关注点逐渐聚焦到他熟悉的“母语”研究上来。1987—1990年，詹伯慧教授连续主持广东省社会科学“七五”“八五”“九五”规划重点研究项目，产出三卷本成果《珠江三角洲方言调查报告》；1994年，撰写出版了《粤北十县市粤方言调查报告》；1998年，又形成了《粤西十县市粤方言调查报告》；2002年，由他主编的《广东粤方言概要》出版，并于2005年荣获广东省首届哲学社会科学优秀成果奖一等奖（政府奖）。这些调查报告和研究成果都是詹伯慧教授带领团队在深入实地中获得的，为广东方言研究积累了丰富的第一手资料，广东方言保护的地理谱系日渐完整。

作为一位热爱汉语方言的语言工作者，他始终不遗余力地倡导着语言的应用价值，坚持发掘语言的乐趣。其中，不得不提由詹伯慧教授牵头粤港澳三地粤语研究者，历时十年共同编纂了《广州话正音字典》，这是我国第一部方言正音字典。他让人们意识到，不只普通话需要正音，方言也需要正音。如今，这本字典已成为包括粤语电视台、粤语广播台等粤语工作者手边的参考书，也是粤语初学者有用的工具书。我认为，仅此一项贡献，詹伯慧教授即可实实在在算得上广东方言保护的第一人。

2011年，80岁的詹伯慧教授获评首届广东省优秀社会科学家，是当年全省获此殊荣的16位社会科学家中唯一一位中国语言学家。

以学术为生命

在本该颐养天年的年纪，詹伯慧教授却始终坚持在研究中耕耘不辍，收获着累累硕果。他曾在采访中说：“学术是我的生命，脱离了学术，我就没有了生命。”我想，这就是他在暨南园里坚持伏案工作三十八年的基本信念，也是耄耋之年仍旧活跃在学术研究里的实践真知。

2013年，82岁高龄的詹伯慧教授接受学校返聘，依托暨南大学汉语方言研究中心多年来的建设基础，以强大的方言研究实力向国家社科基金重大项目发起冲击。由詹伯慧教授担任项目首席专家，组织起以中国社科院张振兴、湖南师范大学鲍厚星、山西大学乔全生、广西师范大学刘村汉、厦门大学周长楫、南昌大学刘纶鑫，及暨南大学甘于恩、刘新中、侯兴泉为子课题负责人的研究团队，按不同方言、不同地域、不同业务范围撰写申报书。社会科学研究处作为学校的科研管理部门，也从方方面面全力支持服务项目的申报。

当时考虑到社科研究不能缺少数字化的内容，这一项目就以"汉语方言学大型辞书编纂的理论研究与数字化建设"为题，以编纂出版大型方言学辞书《汉语方言学大词典》为中心，并在此基础上进行数字化建设，以符合时代的技术演进。申报思路获得了国家社科基金评审专家及管理部门的认可，成为当年获批的唯一一项汉语方言学科方面的重大项目，充分彰显了暨南大学汉语方言学在学界的实力，也为学校国家社科基金项目申报工作增添了浓重的一笔成绩。

项目的成功立项，一方面与詹伯慧教授深厚的学术功底和强大的号召力密不可分，另一方面也极大地鼓舞了他做好编纂《汉语方言学大词典》的工作。2017 年，《汉语方言学大词典》出版问世。这是由詹伯慧教授担任主编，历时四年完成的一项巨大的汉语方言学建设工程！该词典是我国历史上首部大型百科性方言学辞书，分上下两卷，共计 465 万字，涵盖汉语方言学科的方方面面，描述了全国各地的主要汉语方言，系统展示了汉语方言学研究成果，产生了广泛的学术影响和社会影响，被誉为汉语方言学史上的一座丰碑。

修史编典是耗时久远的系统性工程，功在当代，利在千秋。先生自己谈起，亦心生感慨："我这辈子幸亏老天爷还让我多活几年。"为全面提升这一鸿篇巨制的知名度和影响力，我们也想方设法地酝酿转化，鼓励组织《汉语方言学大词典》参加哲学社会科学领域重量级的奖项评定。

所谓芳清如澈，久久为功。2019 年，《汉语方言学大词典》先后获评广东省第八届哲学社会科学优秀成果奖一等奖、第七届中华优秀出版物（图书）奖。2020 年获教育部第八届高等学校科学研究优秀成果奖（人文社会科学）一等奖，这是暨南大学在该奖项上的首次突破，历史又一次被创造了。

莫道桑榆晚，为霞尚满天。詹伯慧教授忘我投身学术的热忱、无私心系学界的胸怀，是我辈当之无愧的楷模。在此，衷心期盼"暨南大学詹伯慧语言学奖"评选届届传承，星火燎原，祝愿詹伯慧伉俪如常青松柏，健康平安。

（作于 2021 年，暨南大学社会科学研究处处长）

詹伯慧教授对汉语方言学的主要贡献①

张晓山

现代汉语方言学，经过几代学者的共同努力，已经建立起一座架构齐全、硕果累累的巍峨学术大厦。在这座大厦的建设者中，我们不能不提到詹伯慧的名字。

詹伯慧，1931 年生，广东省潮州市饶平县人，现为暨南大学汉语方言研究中心主任、中文系教授、博士研究生导师。今年（1998 年）是詹伯慧先生从事教学研究工作45 周年。45 年来，詹先生以其卓越的学识和仁爱之心教书育人、攻克科研难关，遍栽桃李满天下，著作等身富五车，至今已在国内外出版发表了 20 多本专著、200 多篇文章共 600 多万字，学术领域涉及汉语方言，少数民族语言，汉语语法，语言政策，汉字改革，字典、词典编纂，语言学年鉴、百科全书编审，语文教学、普通话教学、对外汉语教学等诸多方面。此外先生还有人物传记、文学散文等方面的著作。但先生的学术重点，所着力最勤、获取成绩最大的是汉语方言的调查研究，其学科建设工作和学术交流活动也大多围绕汉语方言学来开展，故本文就以汉语方言学为主线，讨论詹先生对汉语方言学的主要贡献。

一

汉语方言复杂丰富，待开发的处女地很多。彻底摸清汉语方言的分布及特点，揭示汉语方言的结构和规律，是几代汉语方言学工作者的共同愿望和奋斗目标。在长期的方言调查研究中，詹先生以他熟悉多种汉语方言、语言学科班出身且师承名门的优势，以及对方言所特有的敏锐的观察感受能力和扎实的调查研究基本功，先后对闽、粤、客、北方四大方言的上百个方言点作了调查，掌握了丰富的第一手资料，通过整理综合，为汉语方言学奉献了一大批材料新鲜、记录准确、分析精要的研究成果。

詹先生较早接触海南方言。早在 1957 年，他就发表了《海南方言中同义字的训读现象》，讨论了“训读”产生的原因，这是学界中较早注意到海南话中存在“训读”现

① 本文曾登载在《汉语方言论文集》（邓景滨主编，现代教育研究社，1997 年）一书上，这里略加修订予以重登。

象并为“训读”正式定名的文章。1958年，他又发表了《万宁方音概述》，着重叙述了万宁方音跟北京音的对应关系。在海南丰富的方言资源尚未得到充分开发、人们对“海南话”了解甚少的情况下，《万宁方音概述》的发表，使人们对海南闽语有了初步的了解。但詹先生研究海南方言最出名的是那篇发表于1959年的《海南岛“军话”语音概述》。这篇文章的素材是1956年詹先生参加中国科学院少数民族语言调查工作队奔赴海南岛调查黎语，路过岛上极南的崖县时获得的。詹先生在偶然中发现，崖城镇居民说着两种与属于闽南方言系统的海南话不同的方言，于是用极短的时间把这两种方言的一千来个单字记了下来，回北京后将其中的军话材料整理成文，在北京大学《语言学论丛》上发表。这篇文章揭示了在远离北方话地区的海南岛最南端，存在着与周边方言不同的近似北方话的“方言岛”，因而引起国内外同行的关注，被认为是不可多得的“北方方言岛”资料，常常被用来作为说明“方言岛”的实例。可惜的是，这次调查过的另外两个方言——海南迈话的材料以及海南文昌话的材料，由于没有及时整理，在十年动乱中散失了。不然，我们还可以看到更多与詹先生有关的论述，可以更多地了解到海南方言丰富多彩的面貌。

除了上北京进修和到日本讲学这四年多的时间之外，詹先生在武汉工作生活了近三十个年头。他经常带领学生深入湖北各地进行方言调查，并在此基础上主持编纂了《湖北方言概况》（初稿），同时撰写了大量专著或论文，发表研究成果，如《浠水方言纪要》《浠水话动词“体”的表现方式》《广济方音和北京语音的比较》《鄂南蒲圻话的语音特点》《鄂南蒲圻话的词汇语法特点》《郧县方音纪要》等。这些专著或论文研究了湖北方言中比较复杂、比较特殊的几种话，揭示了这几种话不少突出的特点，如：浠水话动词进行体的构成用“构形手段”的词头“发得”；广济话的去声多至三个；蒲圻话有［m］、［n］、［ŋ］、［ȵ］、［ɳ］等五个不同部位的鼻音声母，分别来自古明母、古泥母和来母洪音、古疑母洪音、古泥母和疑母细音、古泥母和疑母细音合口；郧县平声字偏多，除入声部分归平声外，还有一些古上、去两声的字也归到平声中来等。这些特点的揭示，对于当地人学好普通话，对于方言学界充分认识湖北这几种特殊方言的面貌特点，对于各种方言的比较研究，无疑起着促进的作用。詹先生还和他的学生李元授合作，揭示了蒲圻话中一种值得注意的现象，就是：在蒲圻话中除了存在大量的文白异读之外，在知识分子和机关企业干部中还存在一种跟一般人说话的口音有距离，而且跟一般传统的文读也有所不同的，突破了蒲圻音原有系统，在更大程度上向普通话靠拢的“蒲圻普通话”。这样，某些字在蒲圻知识分子和机关企业干部中就形成“说话口音—一般文读—蒲圻普通话”三读的现象。这种现象“还没有成为具有广泛群众基础的东西，一般人未必都能掌握”，但詹先生注意到了，并且在研究之后指出，这种现象是普通话进一步在方言复杂地区扩大影响之后产生的，“反映了方言区人民迫切要求使自己的方音尽速向共同语靠拢的心情，使我们多少可以看到方言向共同语过渡的自发趋势”。

这种现象对研究方言间的接触变化、强势方言和弱势方言的相互关系等理论问题都有很高的价值。詹先生期望有更多的语言工作者来注意这一问题，可惜他的呼吁未能引起足够的重视。

潮州话和饶平上饶客家话是詹先生的母语，为此，詹先生以自己为调查对象，同时又请了长期讲这两种话的乡亲合作，写下了《潮州方言》《潮州话的一些语法特点》《饶平上饶客家话语言特点说略》《广东省饶平方言记音》等文章，探讨了这两种方言的特点。潮州话和饶平上饶客家话在詹先生之前都曾有人研究过，但詹先生不囿于前说，一切从实际出发，通过认真的调查审辨，提出了自己的看法。其中最典型的是潮州话连读变调问题，以往对潮州话连读变调的描写分析，由于各种原因，有的不免过于粗疏，有的失之审音未精，都未能很好地反映出潮州话连读变调的全貌。而詹先生的论文先列出潮州话单字调和两字组变调规律表，然后选取潮州话口语中两字组、三字组、四字组的词语，分声调逐个排比比较，分析规律，得出结论。该结论辨音精细、记录准确、例证丰富、分析缜密、方法可靠、令人信服，所以自发表之后就一直为学界所称道。关于詹先生不囿旧说、重申新见的事实，我们还可以再举出一个例子。1948 年中央研究院历史语言研究所在其出版的《湖北方言调查报告》中就对广济方音有所论及，1957 年湖北省组织的方言调查组也曾提出过《广济方音初查报告》，但詹先生觉得这两份报告中对广济方音的调查研究还有许多值得探讨的地方，于是再找发音合作人仔细校订了每一个声、韵、调，在原来的基础上对广济音系作了一些修改，使之更准确地反映广济方音的面貌。

粤方言是詹先生近十几年的研究重点。先生早年参加过袁家骅先生主编的《汉语方言概要》的撰写工作，书中“粤方言”“闽南方言”两章就是他执笔的，此间还写了富有影响的《粤方言中的虚词“亲、住、翻、埋、添”》。近十几年来詹先生一直致力于广东境内粤方言的调查，并取得了重大成果：①主编出版了《珠江三角洲方言调查报告》三卷共 150 万字。该书第 1 卷《珠江三角洲方言字音对照——珠江三角洲方言调查报告之一》汇集了珠江三角洲地区 31 个方言点（其中粤方言点 25 个）3 810 个字的字音对照及普通话字音和中古音韵地区对照；第 2 卷《珠江三角洲方言词汇对照——珠江三角洲方言调查报告之二》汇集这 31 个方言点的 1 401 个常用词语的对照；第 3 卷《珠江三角洲方言综述——珠江三角洲方言调查报告之三》把调查中所得到的各种有关资料作了全面总结，通过文字和图表，概括地论述了珠江三角洲方言的特点和规律。这套书一出版就以规模空前、材料丰富齐全翔实、分类编排合理、综述简要精当而引起学者和读者的关注，先后获得广东省高等教育 1995 年人文社会科学研究优秀成果奖一等奖和国家教委全国高等学校人文社会科学研究优秀成果奖二等奖。②主编出版了《粤北十县市粤方言调查报告》（128 万字）、《粤西十县市粤方言调查报告》（132 万字），这两本书与《珠江三角洲方言调查报告》是姐妹书。两书在北江流域和西江流域各选了

10 个粤语点，对 3 810 个字的字音和 1 248 个常用词语作了对照比较。两书的体例一样，都分 6 节：人文地理概况和方言的分布、音系述略（包括各方言点的声韵调表和音韵特点）、十县市粤方言语音和广州语音比较（包括综述和字音对照表）、词汇和语法（包括词汇、语法特点综述和词汇对照表）、特征分布地图和语料选录，书前有内容提要、前言和凡例，书后有索引和附录。前一本书一出版就获得了国家教委第二届全国高等学校出版社优秀学术著作奖。③发表了与粤方言有关的一批论文，有《珠江三角洲粤方言常用词述略》《珠江三角洲方音说略》《广东境内三大方言的相互影响》《粤北十县市白话语音特点述略》《珠江三角洲粤方言述要》等。这些专著和论文，面对广东丰富的语言资源，在充分吸取前人研究成果的基础上有所继承，有所发展，把珠江三角洲及北江流域、西江流域现阶段方言（主要是粤方言）的“大致轮廓勾画出来，这就为今后进一步全面、深入地开展广东省的方言研究工作打下良好的基础，展示出美好的前景”，被誉为“广东方言研究史上的新里程碑”，在国内外产生了巨大的影响。

综观上述研究成果，可以看出方言材料的功夫都做得相当扎实，对于语音、词汇、语法的特点都审析入微，常有闪光的发现，并通过精当的编排，充分体现出各个地点方言的面貌特点，反映出各个地点方言的结构规律。这些成果在摆事实中渗透理论，于编排材料时显示方法，避免了材料堆砌、流于表象、不能准确反映方言真实面貌以至于谬种流传的毛病，因而备受学界的重视也就不足为奇了。特别是在方言材料的不足已影响到方言间的横向比较和方言发展规律的全面探求时，这些质朴无华的成果与那些仅凭不多的语言事实就在那里推论解释的高深之作相比，就越发显示其价值了。

二

汉语方言学研究，可以从描写语言学的角度出发，对方言的语音、词汇、语法等要素进行调查记录、整理分析，借以揭示这些方言的结构及特点；也可以从普通语言学的角度出发，针对实际的方言事实和方言研究，提出理论性的解释和方法论的参考，以推动方言学科的进步。詹先生在对大量的方言本体进行调查研究的同时，还对诸如方言与方言、方言与共同语的关系，汉语方言的分区及分区的原则方法，方言学研究的内容及方法论，汉语方言学的历史、现状及发展路向等理论性问题作了广泛深入的探讨，提出了不少独到的见解。下面列举四个方面。

1. 方言与方言、方言与共同语的关系问题

詹先生从小在双语家庭中长大，本身就是一个“双语者”，所以对我国实际存在的双语现象一直持比较客观的态度，对方言与方言、方言与共同语的关系认识殊深。在《谈谈方言和普通话》《略论方言、共同语与双语制问题》《再论方言、共同语与双语制问题——在第三届汉语双方言研讨会（国际）的讲话》《普通话“南下”与粤方言

“北上”》《对方言和普通话性质的再认识》《试论方言与共同语的关系》等大量文章中，詹先生多次论述了自己对这个问题的看法。他认为，各地方言都源自古老的汉语，都是古老汉语历史发展的产物。每一种方言都具有“自给自足”的语言独立体的素质，都能发挥传达信息、交流思想的功能，都能满足社会沟通的需要。他进一步分析了共同语产生的原因，指出民族共同语也是在方言的基础上形成的。共同语的形成和发展反映出地域性方言的交际功能适应不了日益发展的更大范围的交际需要，是每个单一的方言社会“引进”了另一个将以共同交际的面目出现的方言加入这个社会中来以弥补单一方言交际功能的不足，而不是要完全取代方言。詹先生认为，方言和共同语是同源异流的关系，彼此间“你中有我，我中有你”，长期共存而不相对立，相互补充而不相排斥，同是记录华夏文化的重要手段，并不是对头冤家、你死我活的关系。因此，从单语生活向双语生活过渡，既符合我国的国情，也符合当前日益开放的社会发展形势。双语生活发展的结果将必然是：就方言地区的每个人而言，从单一语言生活向双语言生活发展；就整个社会而言，逐渐形成双语交际的局面，在双语交际中共同语通过作为教学语言、工作语言、宣传语言以及不同地区的人互相交际的语言而显示出它的主导地位，而方言，则在非主导的位置上继续发挥交际工具的功能，为本地区的经济建设和社会发展服务。詹先生从语言事实和语言生活的实际出发，对方言和共同语的关系作了实事求是的分析与概括，所得出的结论无疑具有很强的说服力和启发性，为使人民群众去除心理上和学习上的障碍，切实可行、卓有成效地推广和普及共同语提供了科学的理论指导，也为继续发挥方言的作用，搞好方言调查和方言的规范化工作提供了必要的理论支持，具有重要的现实意义。

2. 汉语方言的分区及分区的原则方法问题

汉语方言分区问题历来争议颇多。20 世纪 60 年代初以来，詹先生从方言分区的原则入手，连续发表了《有关汉语方言分区的一些问题》《略论划分汉语方言的条件》《汉语方言分区问题驳议》《谈谈汉语方言的调查研究》等文章，多次阐述自己对这个问题的看法。他明确提出，方言分区必须坚持“从语言实际出发”，“以语言材料为依据，以社会历史资料为主要参考”的原则。为什么呢？詹先生进一步回答：因为方言的分区是“语言”本身的分区，只能以语言材料作为主要的最终的依据，不然就会牵强附会，歪曲事实，无法确保分区的科学性。但方言又是一种社会现象，它的形成和发展都是跟社会的发展密切相关的，都可以从社会发展的历史中找到一定的依据。所以既要充分依靠语言材料，又不撇开人文历史；既要以充分的语言材料作依据，又要以翔实的社会历史资料相佐证。至于其他诸如自然地理、行政区域等因素，在划分方言时虽然也不无一定的参考作用，但那毕竟是无足轻重的，不能视作区分方言、辨认方言的必备条件。那么，哪些可以用来作为划分汉语方言的语言材料呢？詹先生认为，一般应具备两方面的条件：一是能够充分显示出它的个性，对其他方言区具有排他性；二是充分显示出它的共性，对本方言区各地方言具有明显的一致性。他强调，拿这些材料来划分方言时，应该兼顾语音、词汇、语法三者，全面利用，虽然语音的差别在汉语方言中比较突出，却不能因此无视词汇上和语法上的特征在划分汉语方言时所起的作用，同时还要留意那些方言中带有整体性的典型特征。为此，他提出应以“特征判断法”作为划分方言的基本手段，同时补充以“综合比较法”。他还特别强调，划分汉语方言的条件，在不同的层次中应该有不同的选择；方言特征的“排他性”（对外）和“一致性”（对内）在不同层次的方言中有不同的内容，不能一概而论。根据这些原则和方法，詹先生对以往关于汉语方言分区的主张特别是20世纪50年代以来汉语方言分八大区的成说作了重新审视，既看到差异性，更注意一致性，提出了新的具体分区意见。他赞成福建方言学者提出的将闽方言合为一个大方言区，而闽北闽南的划分归第二层的意见，并作了深入的理论阐述，得到学界的广泛认同，成为学界早期对这一问题最系统而又最具代表性的权威之论。实际上，汉语方言到底分成几区并不是目的，目的是分区的结果要符合汉语方言实际的分布情况。詹先生的理论触及了达此目的所必经的途径，抓住了汉语方言分区的先决条件和关键环节，汉语方言分区工作若能循此原则和方法进行，则其科学性和可接受度将会大大提高。

3. 方言学研究的内容及方法论问题

现代汉语方言研究中长期以来存在着偏重语音而忽略词汇、语法的倾向。对此，詹先生指出，着重方音的研究是符合客观需要的，但是，放松或者甚至于忽略了词汇、语法研究，也不能不说是一种偏向。方言本身是一个自足的语言整体，由语音、词汇、语法等要素组成，因此，调查研究一种汉语方言，无疑应该全面兼顾，语音、词汇、语法三者不能偏废。为了推动汉语方言词汇和语法的调查研究，从20世纪50年代末到60年代初，詹先生先发表了《收集和整理汉语方言词汇》，其后又与黄家教先生合作发表了《关于汉语方言词汇调查研究的问题》《谈汉语方言语法材料的收集和整理》等文章，呼吁进行词汇语法的调查研究，论述词汇语法调查研究的方法论。对汉语方言词汇的收集整理，詹先生提出，应按不同的目的确定收词的范围，并为此制定详细的调查大纲；调查时要用文字记录，也要用音标把准确的读音记下来；材料收集上来之后，可以从词义和词形的关系、构词特点以及词源等方面进行分析，与其他方言特别是普通话相比较，找到特点。他特别提醒要注意汉语方言词汇的发展趋势，注意从多方面进行比较，注意方言词汇的确切含义及其使用情况。对方言语法材料的收集和整理，詹先生提出，要按照预制的语法调查大纲同时通过记录的长篇材料来收集，注意从语音现象中发现语法问题；材料收集上来之后，可以从构词法和构形法、词语组成词组的方式、词语在句子中的位置、某几类句子的结构方式、方言中特有的句式、各类实词虚词中存在的特殊语法现象等方面进行分析。詹先生还举了很多例子具体说明如何整理和分析词汇和语法，这对当时及以后的方言词汇语法调查研究都有着极大的启发意义和促进作用。到

20 世纪 80 年代中期，詹先生和黄家教先生又合写了《谈汉语方言的语音调查》，对方言语音研究方法作了论述，认为调查汉语方言语音当以研究语音构造为中心内容，也要顾及语音对应，考察语音演变趋势；指出记录方言语音材料要辨调、辨声、辨韵，记录《字表》的例子要注意单字音与口语实际读音的不同以及连读变调、文白异读、训读等情况；方言语音材料的整理要分析出声、韵、调的个数及配合关系。语音、词汇、语法三方面的论述构成了一个完整的系统。该文最后发展形成被誉为“汉语方言研究的方法论”的《汉语方言及方言调查》一书。虽然此书是由多名资深方言学专家合作编著而成的，但其中的编纂思想、全书的叙述框架以及书中各章节的内容，无不闪现着作为主编的詹伯慧教授从 20 世纪 50 年代以来所一直倡导和坚持的学术思想。可以说，该书是以詹先生为代表的一代学者对汉语方言调查研究方法论思想不断深化和发展的结晶，“是一部汉语方言调查研究方法论的集大成之作”，“不论是初学者，还是老学者，都会得益匪浅”。

4. 汉语方言学的历史、现状及发展路向问题

明辨历史、分析现状是为了指导未来。詹先生对汉语方言调查研究的历史和现状慧眼独具，一针见血，在论史中把握脉络，点出问题所在，于问题处指明发展方向，使人豁然眼开。他指出，从扬雄的《方言》以来，贯穿整个方言研究的古典传统的主线是：方言总是被作为垫脚石，而不是被作为一个语言整体来看待，方言研究中的规范意识、正音正名意识也好，考证词源、探求本字也好，都是这种古典传统的反映。直到 20 世纪 20 年代开始的现代汉语方言研究，才把方言作为一种完整的语言来研究，把研究方言和研究一种独立民族语言视为同等的语言研究课题，把普遍应用于语言分析、语言比较的语言科学方法应用到汉语方言的调查研究中来，并且随着语言研究手段的发展而不断有所发展。（《汉语方言研究的回顾与前瞻》）他把从 20 世纪 20 年代到 90 年代初这 70 年间的现代汉语方言调查研究历史分为两个阶段：①前 30 年为一个阶段。这一阶段为汉语方言调查研究积累了一些较为可靠的材料，使我们对现代汉语方言的类别和特点有了比较明确的认识，为现代汉语方言研究的全面开展奠定了初步的基础，汉语方言学由此开始发展成为语言学领域中相对独立的分支学科。②后 40 年为另一个阶段。汉语方言的研究经历了“从冷门到热门”“从普查到全面深入的研究”“从单点研究到成片研究”“从方言词典的编纂到方言地图的绘制”的发展过程，已经取得了很多的成果，但距离彻底摸清汉语方言面貌的目标还相当远。（《四十年来汉语方言研究工作的回顾》）针对这种状况，20 世纪 80 年代中期詹先生就提出了改进的方向：“过去几十年的研究偏重于语音方面，那么，今后的研究则有必要在词汇、语法方面多下功夫；过去的研究侧重于对方言的一般性了解，今后的研究则宜于在此基础上对方言特点作深入的发掘；过去的研究多以一个地点的方言作为对象，今后的研究应同时考虑单一地点的调查和成片、成区方言的调查；过去的研究多着眼于平面的、共时的描写，今后的研究则应

兼顾共时的探讨和历时的探讨；过去的研究多止于一种方言的描写分析，今后的研究则宜于在对各种方言进行描写分析的同时注意开展多方言的比较研究。”（《有关汉语方言工作的一些认识》）如今10年过去了，汉语方言的调查研究出现了新的动向和前景，詹先生又及时作了总结，“方言词汇的研究正从逐点逐片收集整理方言词汇向着大力编纂方言词典过渡”“方言语法的研究日益受到重视”“方言与相关学科的结合日益加强”“方言应用问题的研究影响越来越大”“方言研究的视野正逐渐从单点、单片移向大面积、大地区、多点、多片的综合调查研究”。（《汉语方言研究的回顾与前瞻》）前后10年的这些变化，充分显示出詹先生独到的眼光和卓越远见，也包含着詹先生的倾心关注和不懈努力。

詹先生还就粤方言、闽方言、海峡两岸开展闽南方言研究、潮汕方言的宏观研究、广东客家方言的研究等问题阐述了自己的观点。例如对于粤方言研究，他认为，今后的主要导向应该是：①把握住粤语社会功能正在扩大的时机，从社会语言学和应用语言学的角度有针对性地开展调查研究；②密切联系粤语使用的实际开展粤语与共同语、外语的对比研究；③撰写较有分量的粤方言词汇研究、语法研究专著；④搞好粤方言语音的审音正音工作。（《把握方向，大力开展粤方言的研究工作》）对于闽方言的研究，他认为，当前应抓好以下几项工作：①闽、台、粤、琼、浙各省尽快组织好本省闽语的普查工作，并编写出本省闽方言字音对照表和词汇对照表；②就闽方言共同的一些突出问题选择若干代表点进行综合比较研究；③组织跨省协作研究，开展全面综合研究，着手绘制闽方言全图。（《关于闽方言研究的几点思考》）这些观点，显然是极具针对性和指导性的。

理论研究在詹先生的研究中占很大的比重，上面所提到的四个方面只是其中的大要者。这四个方面，已基本涵盖了汉语方言学的主要理论问题，构成了一个相对完整的系统。这些理论思想，在汉语方言学发展的各个阶段，作为汉语方言调查研究工作者的理论营养，不同程度地校正着汉语方言学的发展路向，对汉语方言学的健康发展起着重要的作用，产生了深远的影响，已经成为汉语方言学理论宝库的重要组成部分。这对于建立一套结合我国实际、具有民族特色的语言学理论有着积极的、深远的意义。

三

在长达40多年的方言调查研究中，詹先生以丰硕的成果昭示了自己的成功。依托着这种成功的，是詹先生对汉语方言调查研究长期不懈的摸索和实践，由此他积累了不少成功的经验和做法，并在此基础上形成了自己调查研究的个性特色。这些做法和特色，对于汉语方言学工作者来说，是一份不可多得的参考教材，可以让你从中领略到不少达致成功的秘诀；对于汉语方言来说，又是一种割舍不去的联系，已经融入自身，成为肌体的一部分，并因之而身强体壮了。詹先生多年来形成的做法和特色我们认为主要有以下几点：

（1）时刻站在学科的前沿，密切关注多姿多彩的方言事实及其变化，把握学科发展和社会生活的需求，及时进行调查研究，并在合适的时候推出合适的成果，引导着学科不断前进。

就某种意义上说，詹先生并不是一个“纯粹”的学者，他不愿意做躲在书斋里的“学究”，而更愿意将书斋搬到现实中来；他研究的内容并不纯粹是个人兴致所至的东西，而更多的是源于学科的需求和社会的关注。他善于站在现实的高处俯瞰方言学的现状以及方言与社会生活的关系，顺时而兴，在汉语方言资源的开发、学科发展路向的校正、社会语言生活的应用等方面频出新声。他的研究大都与各个时期的现实需要密切相关，因此成果一出来就因为适时而广受重视和欢迎。詹先生早年参与撰写了约 1/3 内容的教材《汉语方言概要》，是在方言普查如火如荼开展起来，社会对方言学人才的需求日益迫切时出版的，这部著作因其筚路蓝缕之功而将被永远载入史册。20 世纪 60 年代，汉语方言调查研究急需摆脱长期存在的偏重语音而忽略词汇、语法的倾向，詹先生为此发表有关文章，呼吁在深入调查方言语音的同时，还应深入调查方言的词汇和语法，并全面论述了如何进行方言词汇、语法的收集、整理、分析、研究。70 年代末 80 年代初，我国百废待兴，社会上对汉语方言的知识需求甚切，詹先生写成出版了《现代汉语方言》一书，从语音、词汇、语法三方面对汉语七大方言作了对照比较，因其以简驭繁、脉络清晰、内容一目了然而颇受国内外欢迎，一版再版。80 年代以来，随着广东改革开放先行一步，粤方言“北上”之风日盛。为了弄清粤方言的全貌，解决粤方言应用中的问题，回答海内外粤方言研究人士关注的问题，詹先生连续推出多部调查报告，并在理论上分析了粤方言“北上”和普通话“南下”的社会历史原因，澄清了某些模糊的认识。1997 年 7 月 1 日，香港回到祖国的怀抱，面对新旧之交的香港语言生活，詹先生又提出了香港今后的语言格局和语言工作的取向，这对“一国两制”下香港语言生活的调整发挥了重要的指导作用。詹先生正是这样时刻站在学科的前沿，以其敏锐的目光，关注着时代和社会的需要，回应着现实的期望。适时并引领风气之先，正是詹先生研究成果价值之所在。

（2）善于合作，充分利用各方面的力量，发挥各方面的积极性和优势，团结协作，互补不足，为共同的目标而努力奋斗。

合作在科学研究中的作用众所周知。对于汉语方言调查研究特别是大型项目的调查研究来说，合作就显得更为必不可少，因为单枪匹马是难以成功的，只有集体合作才能达到目的。但合作，除了合作对象所必须具备的相应的素质能力之外，更重要的还必须有合作的胸怀与合作的方法。有人说过，学术研究上的合作是很不容易的。不避锋芒取最大公约数，不争名分只为出最佳成果，配合默契，齐心协力，的确很不容易。在这一点上，詹先生为汉语方言学界贡献了不少成功的范例——几部比较重要的著作都是合作的成果：《汉语方言概要》是与老师和同学的合作，由老师主编；《汉语方言及方言调查》是与同行的合作，由他主编；《珠江三角洲方言调查报告》（三卷本）是与硕士研究生和香港同行的合作，《粤北十县市粤方言调查报告》《粤西十县市粤方言调查报告》是与博士研究生和香港同行的合作，这三部著作由他和香港语言学家张日昇教授共同主编。几篇重要的理论文章也是合作的成果：《有关汉语方言分区的一些问题》与黄家教、陈世民合作，《关于汉语方言词汇调查研究的问题》《谈汉语方言语法材料的收集和整理》《谈汉语方言的语音调查》《有关汉语方言工作的一些认识》等与黄家教合作。一些方言本体的研究文章是合作的成果：《鄂南蒲圻话的语音特点》《鄂南蒲圻话的词汇语法特点》与李元授合作，《广州方言中的特殊语序现象》与黄家教合作，《珠江三角洲粤方言述要》与张日昇合作，《闽粤琼语词汇比较研究》与李如龙、高然、甘于恩合作，《粤西十县（市）粤方言语音与广州语音比较》与伍巍、邵宜合作等。还有每次田野调查都要与当地教育部门、发音合作人合作。合作量之大，合作面之广，合作成功率之高，都是别人所少有的，而尤为难得的是，这些合作不是仅挂个虚名，而是实实在在地参与研究中。善于合作，使詹先生能够充分利用各方面的力量，发挥各方面的积极性和优势，团结协作，互补不足，为共同的目标而努力奋斗并取得丰硕成果。对于汉语方言学来说，这方面的意义，已经远远超出合作这个事实本身了。

（3）多从宏观上研究问题，整体把握方言事实的全貌和学科发展的现状，力求避免孤立研究容易产生的偏见。

詹先生比较重视宏观研究，属于宏观研究的成果也比较多。他认为，由于人力、经费问题，还有组织策划问题，以往的汉语方言调查研究，微观的做得不少，对单点方言面貌的揭露和分析比较多，而对多方言的综合比较、大面积的成片调查却太少。（《四十年来汉语方言研究工作的回顾》）所以他呼吁，在“人自为战”之外，有必要开展一些有计划的协作调查，用集体的力量来完成比较大的调查研究项目，以便尽快摸清方言复杂地带的方言面貌，明确各大方言的区界，弄清各大方言内部的差异性和一致性，从而勾画出汉语方言的轮廓来，使人们对汉语方言有整体的认识。（《有关汉语方言工作的一些认识》）这样大面积的调查研究，有利于揭示各方言点之间的联系，防止孤立研究容易产生的偏见。他是这样想的，也是这样做的。对方言本体的研究，早在 20 世纪 60 年代，他就和同道朋友走遍湖北的山山水水，深入调查，写出了《湖北方言概况》这样反映湖北方言概貌的宏观之作；进入 80 年代以来，面对占有全国汉语方言半壁江山的广东汉语方言资源，他身体力行，带领研究生和香港同行，深入珠江三角洲、北江流域、西江流域的各个市县，开展田野作业，对这些地区的方言面貌（主要是粤方言）进行梳理，揭示了这些方言的总体特点。对当今语言生活的研究，詹先生着眼于语言生活与经济社会的关系，提出了实施双语政策这样具有宏观指导意义的对策。对语言理论问题，詹先生也从影响学科发展的根本性问题入手，从整个学科框架的整体角度阐述自己的观点。宏观研究不仅需要超越单一个体的全景视角和雄视全局的战略高度，更需要把握整体的综合概括能力，因此，宏观研究成果所产生的作用和影响就不是单一的，而是多方面的；不是细弱的，而是强劲的。多从宏观上研究问题使詹先生的成果摆脱了个别现象的纠缠，形成了整体出击的力量，因此它们给汉语方言学界带来巨大的冲击力也就是理所当然的。

（4）坚持和强调方言调查研究的实用性，让方言研究为方言应用服务，充分发挥汉语方言学对社会语言生活和文化教育的指导作用。

理论联系实际，让方言研究走出书斋，为现实社会的语言生活和文化教育等多方面服务，使方言调查研究的成果具有更为直接的社会效益，从而扩大影响，产生相应的社会效应，这也是詹先生比较重视的一个方面。詹先生不少关于方言本体的研究成果都明确说明是为推广普通话和汉语规范化服务的，因此方言与普通话的比较在这些著作中占了很大的比重。他认为，“只有通过方言调查找出方言与普通话之间的对应规律，才有可能有针对性地利用对应规律进行对症下药的普通话教学，以取事半功倍之效”。他指出，“整个汉语规范化工作都离不开方言调查”，“只有开展方言调查，比较方言与共同语的异同，彻底弄清方言中形形色色的特点，才能面对语言事实，对各种方言现象进行分析整理，有抉择、有限度地考虑哪些方言因素可以吸引，哪些方言因素只能‘拒之门外’，不能吸纳”。（《汉语方言调查与汉语规范化》）为了使这种服务更直接，詹先生还写了《有关编写〈学话手册〉的几个问题》《略谈普通话学习中的“知己知彼”》《略谈方言和普通话的语法差异》《谈谈方言和普通话》《方言和规范化杂议》《语言规范化与语言应用》等文章，用许多生动的例子来讨论学习普通话和汉语规范化中的具体问题。对于普通话学习，他认为不同的学习者应有不同的学习内容和学习要求，宜采用不同的学习方法，但都要“知己知彼”，既要了解普通话的情况，更要了解方言本身的情况。对于汉语规范化，他认为，语言的规范是动态的、发展的，不是静止的、一成不变的；他主张语言规范的原则应从语言应用中来，从语言习惯中来，为语言应用而规范；他强调，在语言规范中，一定要防止乱挥警棍的“警察行为”，要多做语言的“导游”，把人们带进绚丽多彩的语言海洋中，享受语言世界的乐趣。他的这些见解，深受学术界的赞赏，对人们学习普通话和正确认识、大力加强汉语规范化工作起了很好的促进作用。詹先生也很强调方言调查研究成果在其他场合的应用，注意用这些成果指导语言生活和文化教育工作。如对于方言和普通话的使用，詹先生在多个场合讲过，推广普通话不是要禁止使用方言，而是要形成方言和普通话两者各司其职、有主有从、互相配合、双语并用的局面。（《对方言和普通话性质的再认识》《试论粤方言地区的推广普通话工作》等）对于方言地区语文教学中方言的使用，詹先生指出，对待方言口语与书面语之间的矛盾，既要有所规范，又要有所宽容；写作上对语言规范的掌握要注意宽严得当，而口语表达上则又不妨多加宽容。要掌握分寸，就得调查了解方言使用的情况，避免滥用方言，防止学生把方言当作规范的共同语来使用。詹先生还用具体的例子生动地说明了哪些可以“开门”，哪些必须“关闸”。（《谈谈汉语方言与语文教学》）对于报纸上的方言用词，詹先生指出，从地方性、通俗性的角度出发，适当使用一些群众喜闻乐见的方言词语以增强报纸的吸引力是无可非议的，但不能不注意分寸与场合，如果滥用，可能会影响语言表达的效果。（《谈新闻从业人员的语文修养》）对于现代汉语教学，詹先生指出，了解方言情况、掌握方言知识有助于学生深入认识现代汉语的特点，提高学生准确运用现代汉语的实践能力。（《谈汉语方言知识在现代汉语教学中的运用》）詹先生还很重视粤方言的规范问题，在广大群众“为粤语正音”的呼声下，组建了包括穗、港、澳三地的粤语学者在内的广州话审音委员会，以“明确规范，减少分歧，树立标准，以利应用”为宗旨给粤语正音，使粤语能够在有明确规范的前提下更好地发挥作用。（《粤语研究中几个问题的思考》《关于广州话审音问题的思考》）为现实服务，必然得到现实的回报，詹先生的这些“入世”之作产生了很好的社会效应。澳门著名作家、《澳门日报》总编辑李鹏翥在读了詹先生的有关论述后指出，这些论述“有的放矢，对症下药，以大量例证来阐明道理，娓娓动人，具有雄辩的力量”，“将有助于提高对普通话的认识，提高学习普通话的自觉性和积极性，促进与全国南北各地开展商务、文化、艺术等多方面的交流活动”。

适时、合作、宏观、实用，是詹先生从事汉语方言调查研究工作多年来形成的做法和特色，它们奠定了詹先生作为一名著名学者的基础和他的研究成果的价值。每一位汉语方言调查研究工作者，都可以从他的成功之中汲取和借鉴有益的启示。

四

汉语方言学是詹先生此生无悔的选择，先生把它当作自己生命的一部分，付出了几乎全部的心血和精力。为了这门学科的完善和丰满，先生在紧张的调查、研究、著述之外，还上下努力，左右奔波，致力于汉语方言学科的建设工作。他的辛勤劳动，为汉语方言学搭起了一个相对完整的学科理论框架和实践规程，培养、团结了一支“来之能战”的方言调查研究队伍，组织开展了一系列高品位的专题学术研究和交流活动。他与其他汉语方言学者一道，把汉语方言学建设成为语言学科中相对独立、体系完整、充满活力和实力的“热门”学科。

一部好的教材是学科稳定成果的适时总结，更是学科体系完整确立的重要标志，它对于学科的发展、学科知识的传播和专业人才的培养，有着不可估量的作用。20 世纪 60 年代初出版的方言学教材《汉语方言概要》，詹先生撰写了其中分量最重的第 9 章“粤方言”和第 10 章“闽南方言”。该书共分 12 章，第 1 ~ 3 章属绪论部分，讲述方言学的基本理论问题；第 4 ~11 章是全书的主干，从概述、语音、词汇、语法特点四个方面分别介绍了七大方言的特点；第 12 章是综论，说明各方言之间的亲疏关系及方言研究的方法、途径。该书被认为“是我国第一部比较全面、系统地介绍现代汉语方言的著作，它不仅为高等院校方言课程提供了综合性的教学参考书，而且对于建立汉语方言学的科学体系也具有重要意义”。20 世纪 70 年代末至 80 年代初，詹先生独自写成《现代汉语方言》一书。全书共 11 章，第 1 章介绍方言和方言学基础知识；第 2 ~4 章是全书的重点，综合对比介绍各大方言的语音、词汇和语法特点；第 5 ~11 章是七大方言的形成和分布、语音特点、代表音系的介绍。作为《汉语方言概要》的压缩本和修订本，本书在简明扼要、深入浅出方面颇具特色，被认为“涵盖面既广阔，个别的讨论也深入”，“对一般初学者及同行学者，均为必备的参考资料”。20 世纪 80 年代中期，詹先生又与几位资深方言学家合作并由他主编出版了《汉语方言及方言调查》。全书分 9 章，第 1 ~3 章是汉语方言学的基础知识；第 4 ~6 章分别叙述语音、词汇、语法的调查研究方法；第 7 章是汉语方言论著的编写方法；第 8 ~9 章是语音和词汇语法调查表，后面还附录现代汉语方言研究参考资料选目及国际音标表。该书被誉为“既是一本荟萃学术成果，凝聚研究经验的专著，又是一部可以引人入门识路，便于循序渐进的教材”，“是近年同类书中最好的一部”。这三部教材，从事实到理论，从理论到方法，各有侧重，环环相扣，奠定了汉语方言学的学科体系，为汉语方言调查研究人才的培养提供了重要的依凭。有人这样评说：“如果说第一部教材是分区的描写，第二部教材是综合的对比，那么这第三部教材就是从学科发展和人才培养的角度，着重于方法学方面的论述。在学术上给人的感觉是更上一层楼。”

人才是事业兴旺发达的保证，有人才才能出成果。詹先生长期在高校任教，所培养的学生不计其数。1984 年他开始招收硕士研究生，1991 年开始招收博士研究生，至今共培养了 9 名硕士研究生和 15 名博士研究生。詹先生培养研究生有两个突出特点：一是让学生参加重大科研项目，把理论和实践结合起来，既为完成这些重大科研项目增添力量，又让学生从中得到调查研究能力的锻炼，增长才干，达到既出成果又出人才的目的；二是尽可能创造条件让研究生参加高层次专业学术会议，使研究生有机会直接接触学科前沿，得以开阔视野，了解学术信息，跟进学科最新发展，有可能的话还可以跟外地学者洽商合作承担科研项目。1994 年，中国首批获得博士学位的方言学研究生有 5 位，其中出自詹伯慧教授门下的就有 4 位，这无论在汉语方言学史上还是中国研究生教育史上，都是划时代的厚重一笔。在詹先生的悉心培养下，这批博士、硕士除个别外，大部分都留在高校和科研机构工作，成为各单位教学科研的中坚力量，担任学校重点课程的主讲教师，经常在专业学术刊物上发表文章，有的走上系一级的领导岗位，有的受国家教委委派作为专家出国讲学，有的进入美国有影响的国防语言学院任教，即使是那些没有在教学科研单位工作的学生，也没有放弃专业，常有专业论文问世。在詹先生的带领下，这批学生经常活跃于历届全国汉语方言学术会议和国际闽方言、国际粤方言、国际客家方言以及国际双语双方言学术会议上，和海内外的学者切磋、交流、合作，并取得了一些重大科研成果，被语言学界戏称为“詹家军”。为了建设由他一手创办的暨南大学汉语方言研究中心，詹先生想方设法从福建引进了成果丰硕的方言学家李如龙教授，帮他申报增补为博士研究生导师，加强了汉语方言研究中心的实力，使其成为与中国社会科学院语言研究所方言研究专业一样的同时拥有两位博士研究生导师的博士点。人才和队伍的充实，保证了暨南大学汉语方言研究中心能够更好地进行学科建设，开展学术研究、学术合作和学术交流活动，在国内外产生了较大的凝聚力、影响力和号召力。

作为汉语方言学界的领袖人物之一，詹先生参与了全国汉语方言学会的发起组织工作，执笔起草了成立学会的倡议书，并从 1981 年起连续九届当选为学会的理事，成为学会领导层唯一的“九朝元老”，长期为团结和服务于全国汉语方言学工作者、促进汉语方言学的学术进步贡献自己的力量。对学术上造诣较高的同行学者，詹先生总是虚怀若谷，诚恳相敬，同是文人而不相轻。自 1985 年以来，省内外一批批同行学者申请晋升教授职称，他作为教授、博士研究生导师、广东省高级职称语文学科评审组成员，竭力宣传这些学有所成的同行的业绩，促使他们顺利晋升，为语言学队伍的团结和语言学术事业进一步向高层次发展创造了有利条件。对于后学，他更是有求必应，热心扶掖，解答疑难，推荐稿件，携领项目，举荐评奖，近十年来，他单是为他人著作写序就达二三十篇之多。多年来，詹先生多次参与筹备、组织国际闽方言、国际粤方言和国际双语双方言研讨会，除了递交论文外，从会址的确定、住宿的安排、交通的准备、开幕闭幕时的致辞到论文的编选、付印等许多烦琐的会务，詹先生都亲力亲为，使每次会议都能取得圆满的结果。这既促进了闽、粤方言和双语研究的深化，又带动了各地积极开展学术研究的良好风气，方言界的不少同志也因此增加了参加国际学术活动、与各地同行切磋交流的机会。1986 年以来，詹先生连续三届被推选为广东省中国语言学会会长。作为会长，在进行组织建设、增强组织活力、组织学术活动、活跃学术氛围、开展对外学术交流和科研协作、评选优秀科研成果、编辑出版《广东省中国语言学会通讯》等方面，詹先生及其领导下的学会理事会做了许多建设性的工作：每两年一次的学术年会，每年至少一次的学术沙龙活动至今持续不断；《广东省中国语言学会通讯》已经出了 7 期，每期近 10 万字，已成为目前全国各地语言学会中唯一一份学会通讯，其信息量之大，深受海内外同道的称许；成功地主办多次全国性和国际性学术会议，组织之好名闻遐迩；学会会员获各种学术奖项达上百人次，全国唯一一位获两项语言学大奖的学者就出自该会……需要特别指出的是，在当前的形势下，每一项工作的开展都需要经费，而詹先生正是用别人可以用来研究写作的时间四处奔波筹款的。为了学会的工作，詹先生无怨无悔，全情投入，作出了巨大的牺牲。有人曾开玩笑说，参加广东省中国语言学会组织的学术会议是个人花费最少、收获最大的学术活动。其实这也是对詹先生工作的高度评价。在詹先生的感召下，广东的语言学界因此而呈现人人奋发向上的局面。在汉语方言学界，找一个精于业务、学有所成的人不难，但找一个有学术地位，受大家尊重，能够并且愿意竭诚为大家服务，无私地团结、带领大家共同前进的学者并不那么容易。把队伍凝聚起来让各人充分发挥作用、共同促进学科发展，这个作用不是一个人多写几篇文章所能比拟的。难怪有人这样说，詹先生这个位置别人可以充当，但他所做的工作却很少有人能够替代。

作为中华人民共和国成立后第一个由国家教委派赴日本进行长期讲学的学者，自20世纪80年代以来，詹先生多次应邀到境外进行学术交流活动，足迹到达日本、法国、泰国、新加坡和中国香港、澳门、台湾等国家与地区，近期又应邀前往美国加州（伯克利）大学进行学术研究。他以汉语方言学作为纽带，善结良缘，广交朋友，切磋学问。每到一个地方，他都要向朋友们介绍汉语方言调查研究的情况，宣传我国的语言文字政策，传播中华民族的优秀文化。他的真诚和努力，赢得了海外朋友们的信赖和尊敬，增进了海外朋友对我国的了解和友谊。在日本，讲课之余他作了《谈谈汉语方言的调查研究》《30年来中国语言工作的一些情况》《谈谈汉字改革问题》等学术报告，日本朋友将他的《浠水方言纪要》《汉语方言文集》推荐出版，他的《现代汉语方言》被翻译成日文在日本出版并成为畅销书。在新加坡，他先后作过《谈当前的语言文字工作》《谈谈方言和普通话》和《略论语言规范与语言应用》等专题报告，与新加坡的专家和有关官员交换对于推广华语问题的意见，接受电视台及报社的采访，畅谈他对推广华语的意见，他的话曾经成为新加坡第一大报《联合早报》上的“时人语录”。在香港和澳门，詹先生对新闻人员和中小学语文教师讲新闻人员的语文修养、汉语方言与语文教学，讲如何处理好方言与共同语的关系，博得了阵阵掌声……詹先生为我国的文化交流作出了积极贡献，扩大了汉语方言学的国际影响，如今，汉语方言学已经成为一门国际性的学问，詹先生在其中所起的作用是有目共睹的。

学科建设工作充分体现了詹先生的学科意识和奉献精神，这种意识和精神对汉语方言学是至关重要的。如果每一个汉语方言调查研究工作者都能有多一点的学科意识和奉献精神，那么汉语方言学的前景将会更加鼓舞人心。

以上从四个方面讨论了詹先生对汉语方言学的主要贡献，从中可以看到詹先生主要的学术风格和学术特点。作为学者，有人侧重于钻象牙之塔，有人着力于面向社会大众；有人多做深入的具体研究，有人在基础建设方面下足功夫；重点不同，但目标一致，都是为汉语方言学的学术大厦添砖加瓦。詹先生似乎较多地倾向于后者，因此也就难免招致“深入之作不多”的批评。当然，什么是“深入之作”还可以讨论，但作为知名的方言学家，詹先生多方面的贡献为海内外同道所普遍认同，其研究成果为学界所重视并被大量引用，这是不争的事实。台湾“中央研究院”院士、美国加州（伯克利）

大学教授、香港科技大学人文社会科学学院院长丁邦新先生曾这样评价詹先生：既能收集基础语料，发表报告，又能在理论方法的层面上有所发明；既能深入研究单一方言点的内涵，又能广泛研究大方言区的概况；既能耐得住寂寞，从事个别的研究，又能经得起考验，主持大型的计划。“在汉语方言学界这样的人才不多见，而詹伯慧先生正是这种典型的一位学者。”综观詹先生几十年来所从事的汉语方言调查研究工作和学科建设工作，这样的评价，他是当之无愧的。在庆祝詹先生从事教学科研工作45周年的时候，我们衷心祝愿詹先生身体康健，在汉语方言学术领域取得更大的成就，对祖国的科学文化事业作出更大的贡献！

附注：本文的写作参考了一些有关詹伯慧教授的评介文章，吸收了其中的某些观点，文中未能一一注明出处，在此谨表谢忱。

（广东省金融智库联合会副理事长兼秘书长）

詹伯慧教授与粤方言研究

郭振芝

我校汉语方言研究中心主任、博士生导师詹伯慧教授既是一位桃李满天下的老教师，更是一位在学术上不断开拓、著作等身的知名专家。他的学术成就，尤其是在粤方言研究领域的深厚造诣，在国内外同行中享有威望。1992 年他获得国务院颁发的有突出贡献证书，国家语言文字工作委员会于 1992 年、1997 年授予他“全国语言文字先进工作者”称号；1997 年暨大授予他“八五期间优秀科研工作者”称号。英国剑桥世界名人传记中心等许多世界名人辞典都收入他的传略。

詹教授在调入暨大工作前已是国内知名的语言学家。20 世纪 80 年代初，他出版了《现代汉语方言》一书，深受海内外学术界的赞赏，被许多高校作为学生必读参考书；20 世纪 80 年代后期，他与复旦、中大等高校的教师合作，由他任主编的《汉语方言及方言调查》出版后，被国家教委推荐为高校文科教材。调入暨大工作后，他开始培养语言学硕士研究生，1991 年起开始培养我国第一批攻读汉语方言方向的博士研究生。他还担任过我校文学院院长、全国人大代表、全国政协委员、民盟中央委员及广东省中国语言学会会长等二十几个职务，教学任务相当繁重，行政工作和社会工作又占用了他大量时间，但他从不因此而放松对学术的追求。他带领青年教师和学生一起克服一个又一个困难，攻克一个又一个科研高地，取得了令人敬服的学术成就。尽管他年过花甲，身体条件并非十分好，但他在论著发表、获奖成果及承担项目诸方面居全校 400 多名文科教师、科研人员最前列。据不完全统计，“八五”以来詹教授公开发表的论著（含主编）近 600 万字，主要著作有三卷本 150 万字的《珠江三角洲方言调查报告》、128 万字的《粤北十县市粤方言调查报告》、132 万字的《粤西十县市粤方言调查报告》及《语言与方言论集》《方言・共同语・语文教学》《汉语方言文集》等。其中《珠江三角洲方言调查报告》获国家教委全国高等学校人文社会科学研究优秀成果奖二等奖、广东省高等教育 1995 年人文社会科学研究优秀成果奖一等奖，《粤北十县市粤方言调查报告》获国家教委第二届全国高等学校出版社优秀学术著作奖。“七五”以来，他承担国家社科基金项目 1 项、广东省社科规划重点项目 3 项、广东省高教厅重大项目 1 项，获得资助项目经费约 10 万元。

广东素以语言资源丰富、方言多姿多彩著称，全国七大汉语方言中，广东就拥有其中的三大方言——粤方言、闽方言和客家方言。弄清楚广东境内各方言的分布情况，找出它们的特点和规律，无疑是广东语言学界的光荣职责，也是海内外关心汉语方言研究人士的共同心愿。然而，由于各种原因，长期以来广东的语言资源并没有得到很好的发掘和利用，是詹教授带领一批青年语言学者改变了广东方言研究落后的状况。1986 年他承担了“珠江三角洲方言调查报告”课题后，与香港中文大学张日昇博士合作，成立了穗港两地合作组成的珠江三角洲方言调查组，深入珠江三角洲各县（市）调查，完成了三卷本的《珠江三角洲方言调查报告》。它的出版和发行可以说是广东方言研究史上的一个里程碑，为今后更全面、更深入地开展广东省的方言研究工作打下了良好的基础。“八五”和“九五”期间，詹教授又先后牵头承担了广东省重点项目“广东西江流域及北江流域方言调查”和“广东粤方言概要”课题。广东省连续三个社科研究五年规划均列有一项方言研究课题，经过激烈竞争，全部由詹教授领导的课题组承担，前两项全部按时完成，已结项的项目成果都为精品，这就令人信服地证明，在粤方言研究领域，詹教授的学术地位得到学术界的普遍承认，由他领导的我校汉语方言研究中心的科研水平在省内是领先的。

詹教授的科研工作有下述鲜明特色：

一是将科研工作与教学、人才培养工作有机地结合起来，达到既出成果又训练队伍的目的。他每提出一个课题申请，都明确将它作为培养汉语方言研究生的一个重要内容。研究生在导师的指导下，参与科研的全过程，边学边干，在实践中提出问题，由导师加以辅导，帮助解决。因此，科研工作与专业教学实际上已扭成一股绳。科研调查的现场同时也是课室，一项重大成果完稿之日，参与研究的研究生也同时完成毕业论文。这种融重大科研项目与教学、培养人才于一体的做法，对于高等学校开展科学研究工作无疑是一个很好的试验。

二是善于与国内外的学者合作。与之合作的既有港澳台学者，也有外国学者。詹教授认为，这种合作可以达到优势互补、共同得益的效果。以“珠江三角洲方言调查报告”项目为例，我校中文系的汉语方言研究人才较多，但缺乏必要的先进设备和经费，而香港中文大学和香港理工大学有先进的电脑设备和较充裕的资金，但方言研究人才缺乏，由于两者紧密合作，终于顺利完成研究任务，使 150 万字的巨著及时问世。詹教授曾应邀到日本、法国、新加坡、美国和我国香港、澳门、台湾等国家与地区讲学，目前仍任香港大学中文学会名誉会长等职，这些都是合作的体现。

三是研究成果精品多。如前所述，近十年来他牵头完成的《珠江三角洲方言调查报告》及《粤北十县市粤方言调查报告》《粤西十县市粤方言调查报告》均为广东省“七五”和“八五”规划项目成果，前者 150 万字，后两者均约 130 万字，并多次获省部级奖励。它们不但内容规模空前，而且材料丰富、翔实。这些巨著的出版，其价值不仅仅限于现代方言学，它对于汉语音韵学的研究、原始粤语的构拟也可提供许多宝贵的信息，对于了解粤语与某些少数民族语言的相互融合及影响，了解珠江、西江流域的开放史都有裨益，甚至对于民俗学、社会语言学也提供了有用的材料，对于学习普通话的人士，它们是规范的标准工具书，对于学习广东方言的人，这些书也有所助益。

（作于 2013 年，暨南大学科研处原干部，主管文科科研工作）

谈詹伯慧先生对台湾学术界的影响[①]

竺家宁

一、前言

詹伯慧先生是两岸学术界共同景仰的知名学者，他在方言学、汉语语言学方面都有巨大的贡献与影响。詹先生曾经多次应邀来台湾讲学，对台湾年轻一辈的学者影响甚大，对台湾的学术研究方向，也提供了许多可贵的研究经验。本文试图处理詹伯慧先生提出的一些语言观念，一方面介绍他的学说和论点，另一方面也谈谈其对两岸交流的影响。下面我们就从三个方面来讨论相关的问题。

（一）语言规范问题

这是詹先生论著中比较关注的课题，詹先生曾发表一系列相关论文，包括《当前一些语言现象与语言规范》《再论语言规范与语言应用》《同根同祖，同源同声——漫谈海内外汉语言文化的互动》等。

（二）方言与共同语

詹先生关注的另外一个课题，是有关汉语方言和民族共同语的历史发展以及互动的关系。这方面他发表的论文包括《试论方言与共同语的关系》《海峡两岸开展闽南方言研究之我见》《略论方言地区的双语应用问题》《汉语方言调查与汉语规范化》《当前汉语方言研究中的几个问题》等。

（三）方言史的问题

詹先生在方言史方面也多次提出其研究心得，包括《二十年来汉语方言研究述评》《汉语方言研究三十年》《汉语方言语法研究的回顾与前瞻》《方言分区问题再认识》等。

---

① 本文在“庆祝詹伯慧教授八十华诞暨从教五十八周年汉语方言国际学术研讨会”（暨南大学汉语方言研究中心，2011 年 6 月 27—30 日）上宣读，在《南方语言学》第五辑（2013 年版）发表，略有修改。

下面我们就按照这三个课题，来介绍詹伯慧先生的观点，并描述这些观点在海峡两岸所产生的回响。

二、詹伯慧先生在语言规范问题上的研究成果

关于语言规范问题，詹伯慧的《再论语言规范与语言应用》（《语言教学与研究》1999年第3期）特别提到了国外的经验——法国于1635年成立了权威的法兰西学院，这个学院的职责之一就是研究法语的规范化——进而提出汉语是世界上使用人口最多的语言，汉语规范化工作的重要性就更不待言了。在这个方面，从1978年正式出版，而后多次修订增补的《现代汉语词典》，被詹伯慧先生认为是集现代汉语词汇规范大成的权威之作。最近出版的《现代汉语规范字典》（李行健主编），又在词汇规范化方面迈出了新的一步。

广东省粤、闽、客三大方言鼎立，学习普通话有很多困难，在方法上，詹伯慧先生主张广东的语文工作者应投身“推普”工作。要结合方言的实际，研究本地区方言与民族共同语的异同，找出对应规律，这样就可以帮助人们解决一些语言学习中的难题，使大家更有效地掌握民族共同语的规范。詹伯慧先生也强调，语言应用的舞台非常广阔，大力推行民族共同语不会使所有方言都销声匿迹。

詹伯慧先生论述了语言规范化与语言应用多元化的关系，提出可以借鉴国外的经验，像亚洲的新加坡是个典型的语言多元化社会，欧洲的瑞士、北美的加拿大也都是语言多元化的国家，语言多元化并没有给这些国家的发展带来多少障碍。而南亚大陆的一些国家，就曾不止一次地发生过由语言应用多元化，在政策上存在问题导致的民族冲突。新加坡政府面对多种族、多语言、多文化的现实，尊重各种族（华族、马来族、印度族）使用各自母语的权利，在华族的中小学中，一定是英文—华文双语并用，同样，在马来族学校中，除了将英文作为教学语言以外，一般也是将马来语作为第二语言。新加坡人口七成以上的华族人民，使用着祖辈从中国原居地带来的各种方言母语，所以有必要推广共同使用的普通话——华语。新加坡的华语运动，取得了举世瞩目的显著成就。原以中国闽、粤、琼地方方言为母语的华族人民，都能使用共同华语（普通话）进行交际，而在宗亲、家庭范围内保存各自方言的另一层多元化语言应用的格局，形成一个在多元文化、多元语言社会中各种不同层次、不同作用的语言并存并用、各司其职的和谐局面，这确实是新加坡在语言政策上的极大成功。

关于语言规范化与语言多姿多彩的关系，詹伯慧先生强调汉语是高度发达的语言。语言规范化方面的问题，要做到去芜存精，既维护语言规范的准则，又不至于影响语言表达的多姿多彩。在语言规范化与方言词语运用的关系方面，总是表现出“同中有异，异中有同”“你中有我，我中有你”。共同语在发展的过程中，也从各地方言中吸收一

些有益的成分来充实自己，使自身更臻丰富和完善。

早年共同语中吸收过个别江南吴语（以上海话为代表）的语词，如“垃圾”“尴尬”等；近十多年来，随着南北经贸交往的日益频繁，又有一些粤语词汇“北上”进入共同语的词库，这都是有目共睹的事实。

约定俗成是主导语言发展变化的主要原则。那么，语言规范化和约定俗成的关系又该如何看待呢？这一点，詹伯慧先生强调唯有约定俗成才是形成各种语言现象、造成各种语言差异的通规，才是打开许许多多无法解释的语言现象之门的总钥匙。约定俗成甚至可以使“错了”的东西成为可以接受的东西，这就是通常所说的“积非成是”了。某个按传统读音规律应属误读的音，只因大家都习惯念错了，久而久之，也就成为你不得不承认的读音，也只好让它以“俗读”的身份堂而皇之地进入字典、辞典。詹伯慧先生提到广东人因为南方终年不见冰雪，人们普遍都是冰雪不分，于是言及冰雪的词，往往混淆不清，最典型的莫过于说粤语的人，凡普通话以“冰”为语素的词，大都以“雪”代之，如“冰棍儿”是“雪条”，“冰淇淋”是“雪糕”，“冰水”是“雪水”，“冰箱”是“雪柜”，“溜冰鞋”是“雪屐”，“冰镇”是“雪藏”。这就是约定俗成。

在缩略词方面，詹伯慧先生举例说，如“北京大学”叫“北大”，“兰州大学”叫“兰大”，清华大学，有谁把它简称为“清大”？天津的名校“南开大学”，上海的名校“复旦大学”“同济大学”，都不取一、三字做简称，而取前二字做简称，说成“南开”“复旦”和“同济”。新加坡国立大学，不能简称为“新大”，习惯上叫作“国大”。这也是约定俗成。

作为规范的《现代汉语词典》，从 1956 年着手收集资料，1958 年开始编纂，在老一辈语言学者吕叔湘、丁声树等的主持下，一大批语言专业人员埋头苦干，经过多年锲而不舍的努力，1960 年印出“试印本”，1965 年以“试用本”名义发行，1978 年才开始出版正式的本子，以后陆续进行多次修订。20 世纪 80 年代末至 90 年代初，在吕叔湘先生的关怀和指导下，一大批熟谙汉语基础方言——北方方言的语言工作者，由陈章太、李行健两位牵头，组成了庞大的北方话基本词汇调查队伍，对大约一百个北方方言点的词汇开展了全面调查。这是规范工作的基础。

詹伯慧先生指出，近几年来，社会上语言文字的应用出现了一些令人关注的问题，用字的规范得不到认真的贯彻，乱造简化字、滥用繁体字的现象在一些地方泛滥成灾。另外，时下新词新义层出不穷，更非花大力气跟踪调查不可。及时汇集社会上流行的新词新语，进行整理分析，阐明来龙去脉，无疑是有现实意义的。近几年来出现了《新词语词典》一类的工具书，其中也包括一些或谓“港澳”，或谓“港台”的词典，说明不少人在注意、在收集新词语，特别是南方粤、闽方言的词语，并将之与民族共同语进行比较，编纂成书。不过，詹伯慧先生也指出，有的书商业色彩很浓，学术价值不高，纯属粗制滥造之作。如把“港”“台”词语硬拉到一块儿，就有常识性的毛病。

据统计，《现代汉语词典》原收词5.6万条，1996年修订版收词6万余条，其中新增词目9 000多条，删除陈旧词语及过于专门的科技词目4 000多条。增收的词语以新词语为重点，约占所增词语的1/3。这许多新词语，正是改革开放以来随着经济建设的发展和国际交往的增加而产生的。《现代汉语词典》如此大面积地进行修订增补，充分体现出汉语规范是动态的、发展的，而不是静止的、一成不变的。

詹伯慧先生提到近几年来北京语言文化大学出版社也在有计划地出版冠以年号的《汉语新词语》，每年一册，每册收词数百，颇有“新词语年鉴”的作用。这样持之以恒地编纂下去，对于现代汉语词汇的规范化来说，无疑是很有意义的资料汇集工作。由李行健主编的《现代汉语规范字典》经过多年努力，已在最近出版问世。

三、詹伯慧先生在方言与共同语问题上的研究成果

詹伯慧先生曾发表《海峡两岸开展闽南方言研究之我见》，认为闽南方言是汉语方言中源远流长、多姿多彩的一支，流行于闽、粤、台、琼、浙等省。浙南地区的闽南话通行范围不广，但自20世纪50年代以来，也有学者进行过零星的调查，发表过有关的文章。海南岛的闽南方言是全岛的交际用语，中国台湾、大陆乃至海外的学者，近几十年都作过调查。詹伯慧先生认为，开展两岸闽南方言的调查研究，当前宜从以下几个方面入手：①组织力量，分工协作，对闽南方言作一番全面的调查。就目前情况看，台湾省闽南话（台语）的调查工作基础较好。广东省闽南方言中势力最大的是潮汕方言（通称潮州话），把潮汕地区闽南话的全面调查和潮汕历史文化的研究结合起来，可望收到更好的效果。②广泛收集资料，开展专题研究。曹逢甫教授的论文《闽南语动词分类研究》便是一篇深入讨论闽南方言语法特征的专论。③综合比较，揭示整体面貌。闽南方言遍布海峡两岸好几个省，在各省各地调查研究有了一定基础之后，及时着手集结来自不同地区、不同学者的有关资料和论点，进行归纳统计，综合分析。闽南方言研究更高层次的具体体现，例如，20世纪50年代董同龢先生撰写的《四个闽南方言》；20世纪80年代陈章太、李如龙两位先生撰写的《论闽方言的一致性》和《论闽方言内部的主要差异》，就都是这方面很有益的实践。④绘制方言地图、编纂方言词典是不容忽略的工作。如今面对着闽南方言这样一个通行地域跨越海峡两岸好几个省的方言，在编写有关闽南方言的著作时，是绝不能不考虑方言地图的安排的。⑤闽南方言与闽南文化研究。地方方言反映多姿多彩的地方文化，海峡两岸各个支系的闽南话必然也反映出闽南文化的多姿多彩。在进行闽南方言的调查研究时，结合当地历史文化背景来探讨，是很有意义、很有必要的。

詹伯慧先生在《略论方言地区的双语应用问题》一文中，强调既推广了普通话，又保留了方言的社会语言应用格局。这样一个方言地区双语应用的格局，既符合方言地

区经济发展和社会进化的需要，也体现了社会语言生活日益多元化的发展趋势。

关于方言与共同语的关系，詹伯慧先生提出：①在渊源方面，方言和共同语无疑有着共同的历史渊源，都是汉语历史发展的产物。②方言和共同语从内涵上看，不同的方言和共同语可以说是不分上下、不分主次的。由于汉语方言的特殊性，汉语各方言存在着渊源关系，许多语言要素在不同方言和共同语之间往往也就表现为“同中有异，异中有同”“你中有我，我中有你”。③由于市场经济的日益发展，地区间经贸往来和文化交流的日渐加强，人们的南来北往更加频繁，方言和共同语的接触和融合必然加剧，相互间的影响必然更加显著。近二十多年来，南方方言的词语大量进入共同语就是一个明显的表现。

有的地区汉民族共同语显然占着社会交际语中的主导地位。例如新加坡，由于政府下大决心、花大力气连续二十多年在全国人口76%的华人中实行推广华语的政策，现在已做到华人中除少数年长者外，绝大多数人都能以华语来进行交际。可见在方言与共同语双语并用的前提下，不同地区、不同社会可能出现不同的双语应用模式。

詹伯慧先生又在《当前汉语方言研究中的几个问题》当中论述，既然汉语方言在宏观研究方面相对比较薄弱，那么，加强宏观方面的研究，包括理论方法上的研究，也就是当务之急了。比方说，汉语方言跟汉民族共同语的关系问题、汉语方言的分区及各种方言的归属问题等，就有必要着力加以深入探讨。

民族共同语是建立在北方方言基础上的，但是，进一步要问，这个基础指的是什么？可见北京方言的语音跟作为民族共同语标准音的“北京语音”在概念上显然是有区别的。单就方言和共同语的关系而言，就已经有不少值得探讨的问题了。几十年来语言学界惯用的汉语“七大方言说”和近十年来新提出的“十大方言说”，应该说都是从语言事实出发设计出来的。之所以各执己见，难以统一，我想恐怕主要是彼此对如何构建汉语方言分区总框架这个宏观问题存在不同见解的缘故。

在描写、叙述一种方言的现实面貌时，一定要以口语的记录作为主要的依据。以口语材料为主、以书面材料为辅应始终是方言研究取材的原则。方言研究有共时研究和历时研究，在历时研究中，要了解语言的历史发展轨迹，要认识方言间存在的关系，要构拟古代方言的面貌，就只能依靠古代文献的资料。

詹伯慧先生另外发表了《试论方言与共同语的关系》，从不同的角度来考察和剖析方言和普通话之间的关系，认为一个全民共同使用的语言，总是有利于治国安邦，有利于社会发展的。我们现在还经常提到普通话不等于北京话。方言中的许多语音、词汇、语法现象自然也有跟共同语相同的，当然除了相同的因素以外，方言中必然还会有一些跟共同语相异的地方，存在着“你中有我，我中有你”“同中有异，异中有同”这种亲密关系的语言（或方言）。

共同语形成后，还会继续从其他方言中吸取有益成分来丰富自己。犹如20世纪30年代就有一些以上海话为代表的吴方言词汇被吸收到“国语”（普通话）中来一样，到了20世纪80年代后，随着我国改革开放形势的发展，南方经济“先走一步”对北方的影响，又有不少粤方言的词汇被吸收到共同语中来。至于各地方言中不断涌入共同语的因素，那更是屡见不鲜、习以为常的事了。就这一点来看，方言与共同语并非相互排斥、相互对立，而是相互吸收、相互补充的。

有的方言甚至连语音系统也因经不住普通话的冲击而产生了变异。其中明显的例子就是吴方言上海话声调现在只有五个，而在老一辈市民的话语里，却是有七个声调的。即使在广州以至于整个珠江三角洲这样从来被认为方言习惯比较顽固的地方，近年来会说普通话，愿说普通话的人大大增加，社会语言环境已不再是只有方言独霸的局面了。

南方的粤方言一向被认为是汉语方言中最“强势”的方言，但是，詹伯慧先生强调一个先进的民族和一个发达的国家都不能没有自己的共同语，民族共同语在国家发展、社会进步中所发挥的作用是任何地方方言所不可比拟的。方言和共同语是语言大世界中两种不同类型的交际工具，它们都会随着社会的发展而有所发展。

在一些方言处于“强势”的地区，共同语的推广只是立足于使普通话成为人人会说、人人爱说的一种共同交际工具，而并不存心要使方言从此消失。事实上这类深深扎根于人民群众之中，历史悠久、流通较广的地方方言，是不可能因为共同语的进入而从语言社会中消失的，而是作为配角与共同语并存并用。这实际上就出现一个“共同语得到普及，方言得到保存”的局面，以共同语作为社会公共交际工具和公务往来的语言，以地方方言作为乡亲交往、亲朋叙旧的语言。

詹伯慧先生的《汉语方言调查与汉语规范化》又指出只有开展汉语方言调查，比较方言与共同语的异同，彻底弄清方言中形形色色的特点，才能面对语言事实，对各种方言现象进行分析整理。当年主持汉语方言普查工作的著名语言学家丁声树先生，正是后来《现代汉语词典》编辑定稿的主持人。《现代汉语词典》也凝聚着汉语方言调查工作者的一份心血。

四、詹伯慧先生在方言史问题上的研究成果

詹伯慧先生在《方言分区问题再认识》一文中说，从黎锦熙的汉语方言十二系，到赵元任、李方桂的汉语九种方言，王力的五大方言区，到当代的八大方言、七大方言一直到近期提出的十大汉语方言，这些观点，涉及了汉语方言如何区分的问题。詹伯慧先生认为方言界线的划分和方言分区不是一回事，方言通常指的是地域性的方言，并不指所谓的“社会方言”。方言的分布是方言地理学研究的内容。19世纪曾有一些西方语言学家认为方言没有分界线可言，他们的根据是“方言在地理上常常表现为一种渐变的连续体”。其实在现实的语言社会中，不同方言的分布界线并不是绝对不能划分的。总的来说，既然方言的分区原则上要从方言的实际表现出发，自然也就应该以语言方面的

因素为主要的依据了。具体说来，各地方言中表现出来的语言特征，必然就会成为方言学者进行方言分区时首先考虑的因素。汉语方言中的官话、吴语、闽语、粤语、客家话等，分布地域都相当辽阔，有的虽翻山越海，绵延数千里，但仍然能够确认一些分隔在不同地域的方言归属于同一个方言区，这正是通过对其语言特征的剖析和比较来下结论的。全面剖析比较方言特征的重要前提是对各地方言的语言构成因素，包括方言语音、方言词汇、方言语法进行充分的调查研究，在全面掌握方言特征的基础上，才有可能同中求异、异中求同，归纳出不同的方言区属来。现代语言学者们较常用的区分不同汉语方言的方式是基于各地方言都是汉语历史发展产物的前提，联系古音在现代汉语各地方言发展演变的情况，通过古今语音比较的方式来区分不同的方言。大致上是拿切韵音系和各地方言音系作系统的比较。例如丁邦新教授讨论到方言的分区问题，就充分考虑了切韵音系。罗杰瑞在划分汉语方言时采用了他认为“既照顾到历史的深度，也反映现在方言之间的关系”的一套标准，选取了包括音韵、词汇、语法三方面的特征，他更注重词汇、语法特征在区分汉语方言中的作用。与此同时，近十多年来，陆续有一些学者提出了选取少量有代表性的方言词来作为区分汉语方言条件的“特征词判断法”。为此，有的方言学者在遴选不同方言的特征词上下了不少功夫，例如黄典诚分别列举了闽语的语音特征、词汇特征和语法特征。其中词汇方面从厦门、莆田、福州三处口语里选取了 33 个常用字，认为这些就是典型的闽语特征词。

丁邦新在他原先构建区分汉语方言的历史音韵条件之外，又提出一些“特字”来。他所说的“特字”，范围比较小，既应属于常用字，而又最好不是名词，因为名词容易借用。他所指的“特字”来源于以下几个方面：①韵书漏收，如“贷”字韵书属“透”母，却读成不送气的［tai］，声母演变不合正例，可能这个字还会有“定”母一读，是韵书漏收了；②读半边字，如“械”为匣母字，官话读如“戒”可能是读半边的结果；③受常用字影响，如“玻”，韵书为“傍”母，可能受“波”影响而读［po］；④避讳，如“勾”“钩”原为“见”母字，粤语中因避开男性生殖器的音而改［k］声母为［ŋ］声母；⑤存古，如闽语“糊”字读［k－］，跟其他方言读擦音声母不同；⑥音变遗留。

詹伯慧先生认为典型性的条目不一定需要很多，但一定要经得起检验，确实符合区分汉语方言的条件。按理典型性的语言特征是存在于各种语言要素中的。但实际上各地方言间的差异比较突出地表现在语音和词汇方面，而表现在语法方面相对较少，加上对方言语法特征的发掘还不够充分，客观上也就造成方言学者较多依据语音上和词汇上的特征来辨认不同方言的情形。事实上在汉语各地方言中，语法上的特征并非微不足道，像人称代词，南北各地就很不一致。随着方言研究的不断深入，“特征判断法”还有不少可供区分方言的潜在条件有待发掘。

在汉语方言分区的实践中，迄今还没有采用听懂度方式取得满意结果的记录。曾经有人因听懂度很低而怀疑汉语方言中的粤语、闽语等是否仍可视为汉语的方言，这种撇开方言历史渊源等因素而轻易判定粤语、闽语等并非汉语方言的看法，绝对是不可取的。

汉语方言分区的格局方面，詹伯慧先生认为汉语方言分区的层次，正如任何一种科学的分类，都必然会有不同的层次分级。语言学的谱系分类有语系、语族、语支、语群等不同的层次。汉语方言的分区也应该有不同的层次，并且给各个层次以适当的名称。李荣先生早在20世纪80年代主持编纂《中国语言地图集》时就提出过汉语方言的区划最多可以分为五个层次：大区—区—片—小片—点，并说明“大区是总括的名目，只在必要的时候使用，并不是每个区上头都有大区”。

其他分区特征，例如北方方言也有保留入声的，但那毕竟不是北方方言的整体现象，不像南方方言那样，各地都有入声存在。又如语法上人称代词的第三人称，北方方言基本上以用“他”“她”为主，而南方各方言却大都非“渠”“佢”即“伊”，除湘语外，基本上没有用“他”“她”的。要是这类的例子多挖掘一些出来，南北方言的系统差别也就显示出来了。

在分类上，汉语七大方言与汉语十大方言的问题，詹伯慧先生认为20世纪50—60年代，我国流行汉语方言分七区的说法。七区是北方方言（官话方言）、吴方言、湘方言、赣方言、客家方言、粤方言、闽方言。20世纪80年代后期，李荣教授提出了十区的说法，反映在中国社会科学院和澳大利亚人文科学院合编的《中国语言地图集》中。十区是在七区的基础上增加了晋语、徽语和平话三个方言区。“十区说”虽然已经用在《中国语言地图集》中，但始终存在着一些争议，还未能在方言学界达成完全一致的共识，因而一些现代汉语著作，包括汉语方言著作，目前仍然保留七区的体系。争议的焦点集中在新设立的三个方言区，特别是晋语和平话上面。对此，詹伯慧先生的看法是：晋语在北方方言中比起其他北方官话，无疑是有一些较为突出的特征的，但是综观汉语方言的全局，把晋语从北方话中独立出来，恐怕还不如留在北方话的大家庭中，作为一支有特色的北方话（晋语），更为切合汉语方言分区的实际。对于平话，则倾向于桂南平话可以并入桂南的粤方言。

五、詹伯慧先生对台湾地区的影响

台湾地区在语言规范上，很早就进行“国语”推行的工作，取得了很好的成效。这是因为台湾是一个多元社会，各种方言和少数民族的语言在这里聚集交融，为了有效地沟通，必须有一种共同的声音搭起桥梁，拉近彼此的距离，这就是“国语”推行的主要原因。詹伯慧先生对语言规范问题一向非常重视，他根据广东地区推行共同语的经验，提出了很多有价值的论述，强调了推行共同语不会使方言消失。同时，他也强调亚洲南部一些国家由于语言的分歧，导致发生民族冲突，其中新加坡面对多种族、多语言的现实，一方面尊重各族的母语权利，另一方面也努力地推广华语，也就是“国语”

或普通话，使新加坡的华语运动取得了举世瞩目的成就，造就了新加坡和谐的局面。詹伯慧先生特别强调，这就是新加坡在语言政策上的极大成功，这种情况和背景跟台湾十分类似。语言规范和方言的运用是同中有异、异中有同的现象，也是你中有我、我中有你的现象。“国语”在发展的过程中，一直从方言中吸收成分来充实自己，使“国语”成为一种全民主导的沟通工具。詹伯慧先生还指出，新词的产生是共同语发展的一个重要元素，大陆每年发行一册《汉语新词语》，反映了共同语新词的衍生和变化，台湾地区也由“国语”会进行收集新词的工作，这些新词经过约定俗成之后，又成为共同语规范的重要依据，这个现象跟詹伯慧先生所强调的“汉语规范是动态的、发展的，而不是静止的、一成不变的”这样的观点完全符合。

詹伯慧先生在语言研究上的另外一项重大贡献就是对方言和共同语问题的探讨。在这个课题上，詹先生强调了其对两岸闽南方言调查研究的看法，认为两岸需要充分地分工合作，收集资料，然后进行归纳统计。例如台湾学者董同龢对四个闽南方言的研究，就是一个很好的里程碑。此外，詹伯慧先生也强调了闽南文化的多姿多彩，所以结合历史文化的背景来探讨闽南方言更有意义，这项呼吁也正是目前台湾努力的目标。詹伯慧先生也指出，由于经济的发展，地区间交流往来加强，于是，方言和共同语的接触、融合越来越显著，使得近二十多年来，大量南方方言的词汇进入共同语，台湾目前通行的“国语”中，就可以看到大量的闽南语词汇。例如“粉丝”又名“冬粉”，“豆浆”又名“豆奶”，“水烧开了”通常说成“水滚了”，“自行车”说成“脚踏车”，“车子轮胎打气”叫作“灌风”。再如量词的使用，“买一尾鱼”“唱一条歌”，这些都显示了闽南方言在台湾的强势地位。詹伯慧先生还提出，方言研究必须兼顾共时研究和历时研究，台湾地区闽南语的研究虽风气兴盛，但是对语音史的了解比较欠缺，因此，必须使声韵学成为未来方言学研究的主要方向，这样才有可能深化方言研究，而不仅仅是浮萍式的描述而已。詹伯慧先生一再提及，方言与共同语不是相互排斥、相互对立的，而是相互吸收、相互补充的，这种观点，在台湾地区也逐渐获得了共识，因为人们也都体验到一个进步发达的社会，不能没有一套有效的沟通工具，“国语”在台湾的多元社会和社会发展进步上，发挥了重大的作用。人们也体验到，方言不可能因为共同语的推行而在社会中消失，方言和共同语是并存并用、相辅相成的。这种认知和詹伯慧先生所说的“以共同语作为社会公共交际工具和公务往来的语言，以地方方言作为乡亲交往、亲朋叙旧的语言”是完全吻合的。

詹伯慧先生另外一项重大的贡献是方言史的问题。这一方面，詹先生在毕生的方言研究过程中，累积了丰富的经验，他强调了“语言特征”是方言分区的重要考虑因素，有些方言分布辽阔，或分隔在不同的地区，我们却能够知道，它们同属一种方言，这正是通过对“语言特征”的了解而下的结论，这些“语言特征”包含了语音、词汇、语法各方面，这样才有可能归纳出客观的结论。此外，更重要的是联系汉语历史发展、联系古音演变，也就是拿切韵音系和方言音系进行比较，这才是方言研究的正确途径。詹伯慧先生的这项呼吁正好是台湾近年来方言研究的方向。例如台湾学者丁邦新先生在讨论到方言分区问题时，就充分考虑切韵音系的来源。丁先生建构了方言的历史音韵条件，又提出了“特字”的概念，用来作为方言分析的判断依据。这正是詹伯慧先生所强调的“像人称代词的表示方式，南北各地就很不一致。随着方言研究的不断深入，‘特征判断法’还有不少可供区分方言的潜在条件有待发掘”，举个例子来说，第三人称北方方言用“他”“她”，南方方言用“伊”“渠”。这里可以看出两岸学者研究方向和思考概念上的相互影响。

六、结论

综合上面的讨论，我们认为，詹伯慧先生不仅在汉语方言的研究上取得了重大的成就，提出了许多有价值的论点，启发了继起研究者的思维方向，同时，在两岸学术交流的过程中，詹伯慧先生也有着重大的影响，这种影响既包含了方言和共同语的定位问题，也包含了语言规范的问题，以及方言史研究的问题，这些都为台湾地区的历史语言研究和方言研究提供了很好的参考。在庆祝詹伯慧先生八十华诞的今日，我们认为，更应该将詹先生所作出的卓越贡献提出来，以表达我们最高的敬意。

（台湾政治大学教授）

詹伯慧教授与香港的语文研究

单周尧　许子滨

詹伯慧教授个性爽朗豁达，风趣健谈，待人亲切随和，极具亲和力。他知交遍天下，粤港澳语言学界更是无人不识。詹教授年高德劭，宽厚大度，凡有幸亲近其人、亲承教诲者都有这种感觉。数十年来，詹教授热情投入香港语文研究工作，成就有目共睹。除了身体力行外，詹教授还关心扶持从事香港语文研究工作的人，对后进爱护备至、提携有加，予人莫大的启发和鼓舞，为我们树立了优秀的榜样。①

詹教授第一次到香港大学中文系作学术演讲，是在1981年3月31日，从此与香港语文学界结下了长达四十年的不解之缘。1985年，詹教授以特邀讲者身份出席第一届语文教育国际研讨会，发表题为“从社会的需要论语文教师的培训”的演讲。此演讲是“为香港中文教育把脉后提出的良方”②，从语文教学发展的角度论述语与文的分合、方言与共同语的并存分用原则等，发人深省。自1986年底至今，詹教授先后到香港大学、香港中文大学、香港科技大学、岭南大学担任客座教授或讲学，教授汉语，作育英才。2002年，由詹教授主编的《广东粤方言概要》出版问世。此书是詹教授主持的在广东省内进行的粤方言的调查成果，也是粤港两地学者通力合作的成果。香港方面参与其事的有张日昇教授及其带领的年轻粤语研究者，书中包含了香港的张群显、陈瑞端两位教授的前期研究成果。③ 粤港澳许许多多大大小小的协作项目，如果不是詹教授居中牵线、协调和热情投入，是很难得到开展与完成的，从中可见詹教授巨大的号召力和组织能力。

语文研究与日常应用密不可分，诚如詹教授所说，“在语言研究要为语言应用服务

---

① 曾子凡：《亦师亦友　美德感人》，载李战、甘于恩主编：《走近詹伯慧——庆祝詹伯慧教授从教六十周年纪念文集》，广州：暨南大学出版社，2013年，第216－217页。又见单周尧、陆镜光主编：《第七届国际粤方言研讨会论文集》，北京：商务印书馆，2000年，前言第2页。

② 施仲谋：《詹伯慧先生与香港语文教学》，载李战、甘于恩主编：《走近詹伯慧——庆祝詹伯慧教授从教六十周年纪念文集》，广州：暨南大学出版社，2013年，第46页。

③ 詹伯慧主编：《广东粤方言概要》，广州：暨南大学出版社，2002年，前言。

的理念下，粤语应用方面的课题在粤方言研究中备受重视，也就是理所当然了”[①]。编纂粤方言正音字典的重大意义，不言而喻；詹教授身体力行，在这方面投入巨大心力，展现卓越的领导才能。1990 年，以詹教授为首的粤港澳 31 位粤语专家组成广州话审音委员会。其后数年，委员会举行了一系列审音会议。詹教授主持审音工作，委员间产生意见分歧时，往往由他折中众说，一锤定音。历时十载后，终于在 2002 年出版了由詹教授主编的我国历史上第一部方言正音字典——《广州话正音字典》。詹教授这样说明《广州话正音字典》的审音原则：“今音为基础，既考虑语音发展、语音结构的规律性，也考虑语言应用的通用性。特别重视那些已经深入人心、家喻户晓的读音，对一些不合古音及反切的字音，只要已在社会上广泛使用，也考虑承认现实，适当加以保留，或作‘俗’读看待。”[②] 这种注音原则，尊重科学，结合学术性与实用性，显得圆融通达。

如所周知，香港实施“母语教学”，而这个“母语”就是社会上通行的粤方言。自 2007 年香港会考中文科引入粤音朗读口试，粤语正音问题在香港再次备受关注。《广州话正音字典》虽是权威之作，但较少为香港教育界所采用，未能发挥应有的作用。为满足香港教育界的需求，应商务印书馆（香港）有限公司之约，詹教授和单周尧共同主持编纂《当代粤语正音字典》。粤音朗读口试虽于 2014 年取消，但教育界、传媒从业人员、语言文字相关专业人士以至社会各界，对正音的讨论并未因而止息，对正音字典的需求仍然相当殷切。此书的编纂工作，自 2009 年启动至今，旷日持久地进行，总算进入了排版和最后校订阶段。本字典的注音，吸收了《广州话正音字典》体例上的可取之处，贯彻詹教授订立的“从今从众”的大原则。书中为粤语正音，以“从今从众”为原则，同时参考韵书反切及时下常用粤音工具书注音。既参考社会语言现象及照顾应用要求，亦追源溯流，考究语音的流变及发展。各字下的音项，如有异读，首列推荐音，次列又音，又音可多于一。附列韵书反切的原则，是列举与词例意义对应的反切。订音之时，虽参考韵书反切，但主要遵循“从今从众”的原则。为如实全面地反映香港粤音（口语及书面语）的实际情况，本字典按词例的实际读音标出变调、白读、音译、口语等。本字典于各字的广州话注音及直音后，以汉语拼音列出该字的普通话音读。普通话注音，主要依据《现代汉语词典》，并参考《汉语大字典》及《汉语大词典》，以便粤普对照，促进语言学习。

除詹教授和笔者外，参与编纂工作的还有：招祥麒校长，陈远止教授、麦淑仪女士伉俪，陈以信博士，萧敬伟博士。众人按部首分工，拟定各字粤读正音文稿，然后开会一起审议。当日在香港大学开会审音，是我们和詹教授相处最多、关系最密切的一段日子。审音会议定于星期六或星期天举行，每隔两三周开一次会，从早上十点半开始，往

① 詹伯慧：《历届国际粤方言研讨会的回顾》，载《暨南学报》（哲学社会科学版）2002 年第 3 期，第 101 页。

② 詹伯慧：《关于〈广州话正音字典〉》，《学术研究》1998 年第 6 期，第 82 页。

往到黄昏时才结束。每逢开会，詹教授都要奔波穗港两地，特地提前一天从广州乘大巴到香港，以便在开会当天准时到达中文学院所在的香港大学百周年校园逸夫教学楼。这种孜孜不倦的执着、敬业乐业的精神，着实令人钦佩，也为我们树立楷模。詹教授是审音会议的灵魂人物。他谈吐风趣，为枯燥冗长的审音工作添加趣味，使会议室内其乐融融。每当各人对某字正音出现意见分歧，詹教授都会一丝不苟，分析异读的利弊关键，并提出令人信服的裁断，尽显锐利的学术眼光和领导魅力。在一锤定音之时，詹教授往往举重若轻，引述陆法言故事说“我辈数人，定则定矣”，以此勉励众人。

詹教授是推动香港粤语研究的第一人，与香港各所大学及相关学术团体如香港语言学学会、香港中国语文学会等保持长期沟通和协作的关系，对推动切磋交流活动、促进香港语文工作不遗余力。其中最具影响力的是“国际粤方言研讨会”。1987 年 7 月，得力于詹教授的促成和主持，香港语言学学会、香港中文大学联合主办首届国际粤方言研讨会，开启了粤方言研究的新里程。从此确定了每两年一届的研讨会依次轮流在香港、广州和澳门举行，周而复始，循环不息。自 2005 年起，研讨会改为每年举行的定期活动，群英云集，成为方言研究和汉语研究的一大盛事。历届会议，詹教授例必参与，于会上发表重要讲话，通观大局，明确方向，绘画粤方言研究发展的蓝图。下面依次列出由香港各大学及相关学术团体举办的历届国际粤方言研讨会：

第一届（1987 年 7 月 1—3 日）
主办单位：香港语言学学会、香港中文大学人类学系
第四届（1993 年 12 月 17—19 日）
主办单位：香港城市理工学院、香港语言学学会
第七届（1999 年 6 月 26—28 日）
主办单位：香港大学中文系、语言学系，香港语言学学会
第十届（2005 年 12 月 12—14 日）
主办单位：香港中文大学中国语言及文学系
第十三届（2008 年 12 月 18—20 日）
主办单位：香港城市大学中文、翻译及语言学系
第十六届（2011 年 12 月 15—16 日）
主办单位：香港理工大学中文及双语学系、北京大学—香港理工大学汉语语言学研究中心
第十八届（2013 年 12 月 7—8 日）
主办单位：香港科技大学中国语言学研究中心
第二十届（2015 年 12 月 11—12 日）
主办单位：香港中文大学中国语言及文学系

第二十二届（2017年12月8—9日）

主办单位：香港教育大学语言学系及现代语言系、语言学及语言研究中心

上述各届研讨会，海内外粤语学者都云集香港，使之成为粤语研究最具影响力的学术研讨会。以笔者主持或参与筹备的第七届研讨会为例，到会学者150多人，提交论文99篇，至今仍是历史上规模最大的一次粤语学术研讨会。是次会议得以完满成功，会议论文集得以作为《方言》增刊出版，都归功于詹教授的推力。在詹教授的鼓励和邓思颖教授的促成下，第二十四届国际粤方言研讨会本来由岭南大学中文系、中国语文教学与测试中心接棒合办，原定于2019年12月14—15日在岭南大学校园举办会议，但鉴于当时香港局势未定，校园条件有变，为与会者安全计，在情非得已之下，筹委会主席李雄溪教授作出艰难的决定，取消会议。尽管如此，是次会议的筹备结果也有值得注意的地方。大会共收到约60篇论文。当中有来自日本、美国的专家学者。最值得注意的是，众多学者中有将近40位是香港本地的年轻学者，有来自各大学的教员和博硕士研究生（除了主办方岭南大学，还包括香港大学、香港中文大学、香港科技大学、香港浸会大学、香港理工大学、香港城市大学、香港教育大学），也有来自香港语言学学会粤语测试工作组、香港遵理学校的研究人员。本地学者踊跃参与，盛况空前。是次会议主题为粤语音系。学者提交的研究主题更显宽阔和深入，触及粤语方言各片及海外粤语语音、粤语音系与其他方言比较的众多课题，更拓展至香港电影与早期粤语、“标音易”的设计与应用等领域。由此可见，经过数十年的培育发展，香港本地的粤语研究队伍不断成长壮大。约十年前，詹教授回顾历届粤方言研讨会的情况时，说过“与会人员日益增加，反映出粤方言研究的队伍不断有所扩充。在历届国际粤方言研讨会上，每届都有不少新鲜的面孔出现。特别是粤、港几所培养语言学研究生的大学，近十多年来屡有一些颇具潜质、勇于探索的粤语研究新军出现，给粤方言的研究增添了新鲜的血液”①。若非掌握粤语研究的脉搏、目光远大，岂能如此洞悉学术发展大势？应该说，粤语研究之所以能够深植本地，茁壮成长，遍地开花，成果累累，全赖詹教授长期的栽培及照顾。

詹教授一直关注香港的多元化语言生活和语文教学问题，在香港回归祖国前后，发表了好些相关论著。除了提出“普通话‘南下’与粤方言‘北上’”的著名命题②，还为香港的语言工作出谋划策，提出包括筹备设立专司语言文字工作的职能机构；加强粤方言研究，解决粤方言应用中的问题；结合语文教学，加强普通话的推广工作等一系列对策。此等对策精辟独到，高瞻远瞩，具有权威性和指导性，今天看来，仍值得语文研

① 詹伯慧：《历届国际粤方言研讨会的回顾》，载《暨南学报》（哲学社会科学版）2002年第3期，第101页。

② 詹伯慧：《普通话“南下”与粤方言“北上”》，载《詹伯慧自选集》，广州：中山大学出版社，2015年，第51页；张晓山：《从广东走向世界的语言学家詹伯慧》，载《岭南文史》2004年第1期。

究者和政策制定者进一步思考和落实。

詹教授已届耄耋之年，老当益壮，学术之树长青，实为中国语言学界之福。谨此衷心祝愿詹教授福寿康宁！

（作于 2021 年，单周尧系香港大学荣休教授，许子滨系岭南大学教授）

语坛泰斗澳门情

邓景滨

邓景滨

詹师伯慧教授家中客厅，挂着一幅暨南大学文学院贺、陈初生敬书的金文条幅，直书四个大字：语坛泰斗。这四个大字笔力雄健，沉稳厚重，彰显着詹师一生的执着、一生的追求、一生的勤奋、一生的功业！这既是暨南大学文学院对詹师的祝贺，也是全国语言学界对詹师的赞誉。我们忝为詹师的门生，都觉得十分的荣幸和感恩。

詹师的澳门情，体现在他对澳门语文工作者的关心、支持和鼓励上。1987 年 1 月，由胡培周担任理事长的澳门中国语文学会成立后，詹师曾先后多次参加澳门中国语文学会的活动，对我任主编的该会会刊《语丛》也十分关心和支持，多次赐稿并为《语丛》题写刊名。1986 年 11 月 15 日，詹师作了《谈当前的语言文字工作》的报告，详细介绍了 20 世纪 80 年代我国关于语文规范化的进展和要求，强调了新时代语言文字工作的方针任务，以及语文工作者的光荣职责，在澳门语文工作者之中产生了极好的影响。随后，他又马不停蹄地在澳门日报社作了《谈谈新闻从业人员的语文修养》的专题讲座，受到热烈欢迎。詹师谈到语文修养是新闻从业人员必不可少的基本功之一，语文修养通常指语言文字和文学诸方面的修养，新闻工作者尤其要避免语法方面的常见毛病，如：误用词类、误用虚词、词序不当、画蛇添足、残缺不全、杂糅凌乱等。在座的编辑记者们均表示获益良多。詹师此行还参观和访问了澳门大学，先后接触的各阶层人士中，既有旧雨，亦有新知。通过这些活动，詹师在澳门认识了不少新的语文工作者的朋友，也扩大了澳门语文工作者的接触面，是一次很有意义的学术交流活动。此后，詹师不时为《语丛》和《澳门日报》供稿。这是对澳门语言文化工作的积极支持。

澳门中国语文学会会刊《语丛》1988 年第 3 期有一篇评述《澳门日报·语林》第 50 期的文章写道："广东省中国语言学会会长、暨南大学文学院院长詹伯慧教授，每逢《语林》出版期，都叫人到广州的宾馆购买，如遇外出公干，就嘱咐他人代购；万一漏买了，就来函澳门中国语文学会，设法代为补上……"后来，澳门日报社社长李成俊和总编辑李鹏翥，为感谢詹师对《澳门日报》的关注和对澳门语文工作的支持，主动每天赠送《澳门日报》一份，让詹师可以及时了解澳门举行的各种学术活动。

2005 年，詹师应邀参加澳门社会科学成果奖的评选活动，面对澳门学术界在社会科学各个学科中取得的丰硕成果时，真是又喜悦又感叹，禁不住撰文赞赏"澳门学人对待学术文化、对待文艺体育却给人一种情有独钟的感觉"。

詹师的澳门情，也体现在他对澳门学子的精心培育和扶掖上。言传身教，手把手带着学生参与研究项目，既锻炼培养了人才又出了成果。1956 年，詹师是澳门学生谭任杰的老师，后来谭任杰成为澳门中国语文学会创会理事，至今仍保持密切的文友关系。20 世纪 80 年代曾在澳门粤华中学任教的林柏松，为了在学术研究方面更上一层楼，毅然到广州入读詹师的全日制硕士研究生课程，在詹师的指导下认真研讨了有关澳门语言历史变化的轨迹，在中国语言学界最权威的专业刊物《中国语文》上发表了题为"近百年来澳门话语音的发展变化"（1988 年第 4 期）一文，深受语言学界的瞩目，被誉为第一篇论述澳门语言发展变化的论文。后来在美国国防学院任粤语教授，学术精湛，人品极佳，深受同事和学生喜爱。现在在特区政策办公室担任智囊角色的郑伟聪亦曾在暨大中文系就读，詹师正是他学士学位论文的导师。

詹师关心学生，在培养学生方面使用多种行之有效的方法，本人受益匪浅。除了书本理论学习，更强调实践、田野调查，常组织门生参与研究项目，让大家在研究过程中不断增长才干、出成果。犹忆当年詹师组织了省港澳三地的粤语专家，编纂《广州话正音字典》，来自澳门的就有胡培周和我。在编写《汉语方言学大词典》的时候，澳门的胡培周、汤翠兰和我也参与其中，在实践中提高了专业素养。詹师经常鼓励我们，要多做调查工作，写出研究文章，参与各种类型的研讨会，通过在研讨会上的学习交流讨论不断提高自己对语言学的认识，并在这个过程中写出研究成果。当门生有一定的成果时，詹师很善于及时鼓励，并指出提高优化的方向。例如，在贵州举行的全国语言文字应用研讨会，我发表了《粤方言字的优化》一文，得到詹师的好评。后来在第九届国际粤方言研讨会上，他又对我的《粤字优化的量表》一文表示肯定，使本人在粤方言优化研究方面逐步得以深化。

遵照詹师的意愿，我们几位澳门的同门，包括陈伯辉、汤翠兰和我，发起成立澳门粤方言学会，并在詹师的指导下，创办了《粤语研究》季刊。为促成全世界首部研究粤语的期刊问世，詹师满腔热情，由他出面主动联络了美国、日本、新加坡及中国台湾、香港的最权威的粤语专家，组成了顾问团和编委会，使该份期刊得以顺利出版发行。

在澳门举办的第十五届国际粤方言研讨会上，詹师满腔激情致开幕词：“此刻大家来到澳门，亲眼看到澳门同道精心策划、认真办好会议的精神，看到胡培周先生热情不减当年，邓景滨教授、汤翠兰教授以及他们业已形成的团队日日夜夜如此勤奋地耕耘在我们这块粤语园地上，我们怎能不心花怒放，怎能不为他们人少志气大的精神所感动！我们常说一门学科的发展，少不了一个有活力的学术团体和一份专业性的学术刊物来支撑。多年来我们大家一直为此呼吁，没料到这样两件大事，都在这个弹丸之地的澳门给办成了！”

澳门粤方言学会理事长汤翠兰在主编《粤语研究》，组织召开海外汉语方言国际研讨会，以及举办小型粤语沙龙、粤语论坛等方面，做了大量的工作，取得了显著的效果，这些努力都得到了詹师的大力支持和热情嘉许。

我曾经将自己的研究成果结集，詹师非常细致地看了我的书稿后热情洋溢地写下序文，满腔热情，奖掖鼓励。詹师不仅对我的作品作出评论，而且更加高瞻远瞩，就整个澳门语言文化环境，作出更广泛、更有深度的评论。例如，他在为《语坛探新录》写的序文《喜见澳门语坛繁花似锦、欣欣向荣！（代序）——读〈语坛探新录〉》中，就高度评价了澳门语文工作者的努力和丰硕成果：

一方面是林柏松打头阵攻读方言学硕士、调查研究澳门方言，澳门中国语文学会积极推动粤语研究，承接国际粤方言研讨会在澳门举行；另一方面是语言专业人士给澳门的高等学校——澳门大学和澳门理工学院等不断注入语言学科的元素，大力开展语言科学研究，培育语言专业人才，使语言科学在澳门多元语言文化中发挥作用。20世纪80年代以来至90年代前期这十来年间，中国语文这门学科在澳门堪称是从寂寂无闻到有声有色、异军突起的历史发展时期。这个时期时间不长，但它已经使澳门的中国语文工作在社会上，以至在整个中国语坛产生了一定的影响，这就为此后澳门语言文字工作的开展打下了相当坚实的基础。接下来出现的，就是澳门语坛繁花似锦、欣欣向荣的令人鼓舞的景象了。

詹师对整个澳门语文工作倾注了无限的热情，作出了高度评价和赞赏，心中确实有一个全局观念、家国情怀；从中亦看出他对澳门整体语言文字工作非常关注以及了如指掌。当这篇序文在《澳门日报》全文刊登出来的时候，大家看了都十分感奋，对詹师这种胸怀全局、充满社会责任感和历史使命感的高尚情怀表示由衷的钦佩！

激情总是会互动的。对于詹师的热情支持和帮助，澳门语言文化界不断通过各种形式表示感谢和敬佩。澳门中国语文学会理事长胡培周曾撰文写道：“他对澳门语文规范化工作以及语文学术研究工作的开展，关怀备至，提携扶掖，不遗余力，詹伯慧教授是我们语文工作者的良师益友。”“庆祝詹伯慧教授八十华诞暨从教五十八周年汉语方言国际学术研讨会”在暨南大学开幕时，澳门大学、澳门理工学院、澳门诗社、澳门语言学会等院校社团均发来贺信及到场祝贺。澳门中国语文学会理事长胡培周向詹师赠送纪念品。澳门理工学院执行主任兼办公室秘书长周荐教授代表澳门语言学界发言，并宣读了澳门理工学院院长暨澳门语言文化研究中心管委会主席李向玉的贺信：“詹伯慧教授经常到澳门出席学术活动，多次到澳门理工学院为师生传道授业解惑，为两岸四地培养了不少高端研究人才。希望詹伯慧闲暇时再来澳门，到理工学院和澳门语言文化研究中心检查指导工作。”周荐教授还特意撰写七律赞颂詹师的平生功业：“红尘滚滚幻非真，弦柱华园八十春。博白宏图彰岭表，饶平老屋出精神。东南碣石涛声古，西近阳关柳色新。使者輶轩通绝代，文章道德寿高人。”

詹门弟子、曾任澳门高等教育办公室主任的陈伯辉生前曾写下《思佳客》，表示对詹师的由衷赞美和感激：“大衍丰功指日臻，峥嵘德业始青春。南洋振铎朝鸣凤，北美传经老斫轮。桃秀茂，李缤纷，輶轩驾处有门人。华章三百垂中外，洗濯文林气象新。”

我的关门弟子黄婉妍看到我这篇文章的题目时，深有同感，诗情逸飞，随即将其扩写为一副贺联。谨借詹师九秩荣寿大庆，以此联语表达詹门弟子对恩师的无限崇敬感激之情：

语坛泰斗才情溢海

国学儒师福寿齐天

（载《澳门日报》2021 年 7 月 7 日 C8 版《镜海》，澳门大学教授）

如歌岁月

RUGE SUIYUE

詹伯慧教授访谈[①]

受 访 者： 詹伯慧

访 谈 者： 张宜（沈阳师范大学教授）

整理/注释： 张 宜

地 点： 暨南大学第二文科楼汉语方言研究中心詹伯慧办公室

时 间： 2015 年 2 月 11 日，14：20—18：00

张宜： 今天是 2015 年 2 月 11 日，我现在在暨南大学第二文科楼汉语方言研究中心詹伯慧教授的办公室。詹老师，您好！我今天访谈您的主题是汉语方言学。首先想请您谈一谈您是怎样走上语言学研究道路的？您为什么要从事语言学的研究？

詹伯慧： 我是 1953 年在中山大学语言学系毕业的。这个语言学系是王力先生创办的，也是当时全国唯一的一个语言学系。在高中毕业之前，我已经对语言学有一点兴趣，有一点接触。（张宜：那您填大学时就已经决定报考语言学系了吗?）嗯，我报考大学时第一志愿就填了语言学系。我报考大学时是 1949 年，入学考试时广州还没有解放。西南联大回迁北方的时候是 1946 年，王力先生路过广州，当时的中山大学校长（王星拱）就要把他留下来。我看我班同学唐作藩也和你谈过这个事情。（张宜：唐老师和我谈过这个事情，他提到过您。）我和他（唐作藩）是同班同学。当时王力先生提出一个条件，让他留在中山大学可以，但是要办一个语言学系，因为当时全国还没有语言学系。校长答应了。就这样王力先生留在中山大学，当了文学院院长，同时办起了语言学系。这个时候我的父亲是中大中文系的教授，他和王力先生也很熟。（张宜：哦！是詹安泰先生吧。）对，他们都很熟，所以我也经常接触到语言学系里面有关的教授、老师。1949 年中华人民共和国成立前夕我高中毕业。当时报考大学不像现在这样（参加全国）统考，而是大学自主招生。中山大学招生时，我就想了一下，我父亲是搞文学的，因为中山大学有个语言学系，我也多少了解了一些语言学的东西，就想要考一个不能在家里学的，必须进大学里才能系统学到的专业。我父亲搞的古典文学我也有点兴趣，但是我想读语言学系。因为我了解到语言学要搞语言调查、语言分析，多少带有一

① 本访谈稿经詹伯慧教授审阅认可。

点技术性的东西，跟文学不完全一样。我父亲也没有给我提什么意见，他尊重我的意愿。就这样我报考了语言学系。再说，我对语言学的兴趣也与我的家庭有关。广东的方言是比较复杂的，珠江三角洲地区是粤语，粤东地区主要是闽语和客语，我们的闽语跟福建的闽语是一个系统的。家在潮州，潮州话是闽语的一个分支嘛。客家话在广东的东北地区。家在潮州的饶平县，饶平县的大部分地方靠海，在南边与福建接壤。现在的潮州市、汕头市都是讲潮州话的，就是闽语；但是饶平县有四分之一的地方在北边山区，靠近讲客家话的梅州，所以那个地方是说客家话的。我的家乡新丰就是闽语和客语交界的地方，所以出现了饶平客家话。

中山大学以前叫广东高等师范学校，后来又叫国立广东大学，20 世纪 30 年代鲁迅先生曾经在那儿当过系主任。孙中山先生去世以后，为了纪念他才改名为中山大学的。我父亲就是从广东高等师范学校毕业的，毕业后到了潮州。潮州很有名，当年韩愈被贬为潮州刺史，大力发展教育，造福潮州。潮州一向都是文化发达的国家级文化名城，潮州有个师范学校，也就是现在韩山师范学院的前身，已经有一百多年的历史了，我父亲大学毕业后就到这个师范学校教书。我母亲是他的学生。她是潮州市郊枫溪人。枫溪是中国著名的瓷都。我父亲在潮州教书，我母亲在潮州读书。父母结婚后，生下了我，我是老大。所以我是在潮州出生的。潮州不是讲客家话的，所以我从小和父母讲潮州话，有时也和父亲能说些家乡的客家话。这样一来，我就能说潮州闽语、饶平客语两种方言，这两种方言都是我的母语。

张宜：这应该是家庭对您的影响吧。

詹伯慧：对，家庭的影响。天生就是说两种方言，所以我从小就对语言有点兴趣。而我的家乡刚好又是两种语言分界的地方。饶平的新丰镇就通行两种语言，往北是客家话，往南是潮州话。就是这样一种情况。父亲在师范学校教了十多年，他搞诗词研究，也搞创作，跟当时国内一些名家，像夏承焘等词学名家都有来往酬唱，也在词学期刊上发表文章。到了 1938 年，日军占领广州，当时国内一些有名的大学为避战火都往内地迁。比如，北方的几所大学往云南迁，设立西南联合大学。中山大学在广州沦陷前夕也搬到云南去了。1938 年，当时在中山大学教诗词的岭南词派名家陈洵不去云南了，中山大学很着急，想另找个诗词名家来教。想来想去就想到了我父亲，把我父亲以“名士”的身份请到当时已经搬迁到了云南的中山大学来。（笑）现在这样的事情不大可能，韩山师范学院的教师怎么能一跃而为中山大学的教授呢?！当时中大的文学院院长是吴康，搞哲学的，很有名。是他当机立断，以“名士”的身份把我父亲从潮州请到中山大学来当教授。这样不拘一格，我想现在是不可能的。

抗战期间，就在中山大学想聘父亲入滇之际，我们家乡也有人要我父亲去重庆从政。重庆当时是国民党的首都嘛。但我祖父反对，说我父亲一直做学问，搞诗词，如果从政的话，那就是到政府里去当官了。我父亲再三犹豫，最后还是决定到中山大学教书。所以他一辈子就在两个学校待过，大学毕业后来到现在潮州的韩山师范学院，一待超过十年，然后就到了中山大学，自1938年以后，一直到1967年辞世，近三十年，可谓从一而终啊。抗战时期，交通不方便，不像现在，有飞机、高铁。广州沦陷之后，我们要到云南去就必须先沿着还没有沦陷的地区，从惠州那边到香港，到香港之后再坐船到越南，到越南之后再坐滇越铁路的火车进入云南，这样才能到昆明那边去。

我们潮州有个著名的才子叫饶宗颐。他比我父亲小十五岁，饶家在潮州是很有名的，有很大的书斋、藏书楼。饶宗颐的父亲饶锷主修潮州府志，又组织诗社，以诗聚友。我父亲跟饶宗颐的父亲有些诗词酬唱来往，早就知道饶宗颐少年时在家庭影响下饱读诗书，才华出众。有一年，我父亲生病了，大概需要休养一段时间，起码要几个月吧。学校跟我父亲说你能不能推荐个人代你的课。我父亲稍加思索后就推荐了饶宗颐。饶宗颐当时只有二十岁左右，也没有什么学历，（笑）结果一鸣惊人。我父亲当时教的有诗词曲赋什么的，饶宗颐都能一一胜任。后来人们才知道我们和饶家的这段关系，我们两家可算是世交了。我在报刊上发表过文章，讲我们家两代人的交往，就是从这里说起的。有人说饶（宗颐）是我父亲的学生，我说不是，绝对不是，但是他第一次上讲台确实是我父亲推荐的。他是潮州才子，独一无二的才子，从小受家庭熏陶，自学成才。

为什么要讲这段呢？因为当时我父亲从家里到云南任教，叫作单身赴任。自己先去云南履新，一个人去报到、上课。当时他就跟饶（宗颐）说他有意在日后将其推荐到中山大学去，并和饶宗颐约好了第二年什么时候来云南，到时跟我母亲一起去。毕竟路上辗转困难，不大安全，我母亲也得有人陪。第二年饶宗颐就跟我母亲一起从潮州出发去云南，当时因为战乱，广州已沦陷，他们从惠州辗转到了香港，不巧饶身体不好，生了病，结果就留在了香港，不能和我母亲一起入滇，从此饶宗颐就跟香港结了缘，成为香港人了。他是1917年出生的，今年下半年就要庆祝他虚岁百年华诞了！（笑）饶宗颐后来学问越做越大，又兼工书法、绘画等艺术，就成为当今誉满全球、学艺双全的国学大师了。

话说回来，我母亲知道饶宗颐不能一起入滇，只好自己带着我的不到两岁的妹妹，从香港出发，辗转经过越南进入云南去找我父亲。我当时已七八岁了，就留在家乡读小学。母亲和妹妹先是辗转到了昆明，然后才到了中山大学当时的所在地云南澄江。

抗战时期，潮州也告急，但是我的老家饶平上饶地区在潮州北部山区，日本人打到潮州、汕头等沿海地区，却没有打到我老家，我外公、外婆为避战乱就把家搬到了饶平。我就跟着他们在饶平读小学。那个地方是客家地区，小朋友说的都是客家话。尽管我父亲是客家人，但我此前在潮州时是不大说客家话的，我在孩提时期基本上说的是潮州话。现在客家话和潮州话都是我的母语了，我的语言环境就是这样。后来随着战事的变化，20世纪40年代初，中山大学又继续搬迁，搬回到粤北的坪石，就是广东跟湖南交界的地方。坐粤汉铁路的火车，坪石一过就是湖南了。当时广东省的省会在韶关，坪石是韶关以北乐昌县的一个镇。搬回来粤北以后，中山大学就被拆分在了好几个地方。医学院在乐昌，文学院在坪石。抗战时期，广东坪石的地位有点像广西的桂林，很多文化机构、文化名人纷纷聚居到坪石来。中大文学院就汇集了不少文化名人，像洪琛、马思聪等都在中大任教，陈寅恪也到坪石来演讲过。那时著名的民间文学家、散文家钟敬文先生也是中大的教授，跟我父亲是好朋友。我读中学时就知道钟伯伯既是散文名家，又是研究民间文学的大学者。记得 1982 年我从日本讲学回来时到北师大拜访过钟伯伯，当时他还在当系主任。当他知道我从日本讲学回来后，就要我给北师大中文系的师生作个报告。那时候出国的人很少，我是第一个到日本东京大学讲学的中国学者。

张宜：詹老师，那什么人、什么事儿或者哪一本书，对您从事语言学研究产生了影响?

詹伯慧：刚才说到中山大学搬到坪石了，我父母也跟着从云南搬到了坪石。因为是在广东，局势也安定一点了，我父亲就回老家饶平把我接过去。坪石是个小镇，中山大学校本部就在坪石镇上，其他学院分布在附近各个地方。（张宜：您当时和父母分别了多长时间？有几年了吧。）这时我在老家已经读完四年级，就要读五年级了。五年级、六年级这两年很关键，我去到坪石跟在父母身边。我读的这个学校叫汉德小学，设在广同会馆，就是广州同乡会办的小学，我五、六年级都是在那里念的。老师是用粤语教学的，这样子到小学毕业时我的粤语水平也就相当可以了。当时中山大学里有很多说粤语的教授，像中文系的岑麒祥教授。自从在坪石读小学之后，我日常生活中就开始兼用三种方言（粤、闽、客）进行交际了。你可以看看不久前出版的写我的那本书[①]，我的老同学周耀文写的一篇文章，刊在“专论专访”部分，他说我能说三种方言。（说着，詹老师和我一起查找目录，题目为“能讲三种纯正的汉语方言的詹伯慧教授”。）

因为刚才说到的这个关系，我到小学毕业以后，就已经可以使用三种方言进行交际了。话又说回来，你刚才问我为什么读语言学系、搞语言学，实际上是我从小就有机会接触到各种不同的方言，后来又有机会经常能接触到像王力先生这样的语言学专家。当时我就想我得学一门待在家里光靠自己自学学不了的学问。（笑）

（就这样）大学放榜时我是语言学系第一名啊！当时中山大学 9 月份发榜，录取我到中大语言学系，但广州一直到 10 月 14 日才解放。由于不是全国统考，是学校各自招生的，虽然中山大学是在 9 月把各个系录取的名单张贴出来，但 10 月份广州解放后，我们还没入学，就担心新成立的政府不承认中大的录取结果。我的同学，像唐作藩、饶秉才，他们早在 1948 年已经在中山大学读了一年了，也担心解放后不承认他们，就都

---

① 李战、甘于恩主编：《走近詹伯慧——庆祝詹伯慧教授从教六十周年纪念文集》，广州：暨南大学出版社，2013 年。

回家去了。到了1949年11月，中山大学要开学了，新招的学生要来报到，以前的学生回家去了的也都通知他们回来注册，继续完成学业。这样一来，唐作藩他们就回来跟我们一起读了。（张宜：哦！你们是这样成为同学的，实际上他要比您长一年。）我们这一届可说是中华人民共和国培养的第一届大学生。到1953年毕业时我们班上就只有7个人。现在中山大学举办校庆活动时，没有人通知我这个老中大校友，因为现在中大中文系的人大都已经不知道曾经有过一个语言学系，他们只知道有中文系。我们1953年毕业，语言学系只办到1954年。当时中央进行局部院系调整，为了集中培养语言学专业的人才，1954年就把中山大学语言学系一股脑儿合并到北大去了。合并后北大中文系就设立了一个汉语专业，是由北大、燕京、清华的语言学方面的师资，加上中山大学语言学系的师生等一起组成的。由于这样的历史背景，北大汉语专业的师资力量显得特别强，没有哪个大学可以比拟。当年（1954年）中央一声令下，中大语言学系系主任王力教授就带着全系师生浩浩荡荡坐着火车北上去了。唐作藩是系里唯一的助教，就跟着调入北大，此后一直跟在王力教授身边，从事汉语史、古汉语方面的教学研究工作。1953年毕业时我被国家分配到武汉大学，前年（2013年）是我从教60年：30年在武汉大学，30年在暨南大学。从1953年到1983年，从1983年到2013年，非常完整的60年。

张宜：您在暨南大学从事语言学研究，尤其是方言学的研究，是怎样处理教学和科研关系的？您还有很多行政职务，又是怎样处理它们之间的关系的呢？

詹伯慧：（笑）那是后来的事啦！你的采访一下子跳到80年代来了！你（的问题）实在跳得太远了！我在大学读书读了4年，从教了60多年，我们这些当年攻读语言学系的人，现在说来都是所谓科班出身的，那时我们系里的课程全部都是语言学方面的，没有文学方面的。现在看来有点太偏了。王力先生开了两门课，一门是“现代汉语语法”，一门是“语法理论”，就讲他早年那四本大书。他的“现代汉语语法”就用《红楼梦》做例子，“语法理论”讲的都是现代西方的语言理论。当年我们也学传统的中国语文学，有一门课是“中国语文概论”，讲音韵、训诂这类基本的东西，由严学窘先生教。还有“少数民族语言调查研究”的课，是高华年先生教的。他当年也是西南联大的。他和罗常培先生一样都是早年搞少数民族语言研究的。此外，还有一门“汉语方言”课，当年是张为纲先生教的。这些事情我估计你访问唐老师的时候，他也会同你讲。我们上的这些课都是专业性很强的，当年系里还开设一门选修课，班上其他同学没有选，只有我选了，这门课就是“世界语”，波兰的柴门霍夫发明的，由岑麒祥教授教。这门课我学了半年，是拿了学分的。当年我们一入学，正赶上搞新文字运动，搞文字改革，我很有兴趣。我对拼音也很有兴趣。当时还没有现在的汉语拼音方案，是用北方话拉丁化新文字方案，吴玉章、瞿秋白他们搞的。我们系成立了一个推行拉丁化新文字的协会，我是积极分子。我们出墙报、写稿子等，搞得很得劲儿。顺带说一下，我们语言学系当年上的都是语言学的课，分得很细。文字学大家商承祚先生教我们文字学的课。到了四年级的时候，我们还得做语言调查、实习。当时严学宭教授调到武汉中南民族学院当副院长，王力先生就和他联系，推荐几个学生去做语言调查，去实习。所以，我们就到武汉中南民族学院去了。我们分成三个组，我和唐作藩一个组。每组调查一种少数民族语言，我们调查完了之后要整理出来。

张宜：您还记不记得做的是哪种语言？

詹伯慧：你可以看刚才说的那本书，里面有唐作藩老师写的《〈田野春秋〉序言》，里面提到了我们一起调查的是广西仫佬族语言。

王力先生当年的愿景就是要创办语言学系，要培养一批真正能从事语言研究工作和语言实际工作的人。当年要写毕业论文时，王力先生就问我，你对拼音、文字改革不是很有兴趣吗？于是，我就用汉字改革为题写论文。王力先生把他在20世纪30年代写的《汉字改革》论著拿给我看，很多人没有看过。后来，我就在王力先生的指导下写了汉字改革的毕业论文。毕业后，王力先生觉得我的方言基础比较好，家庭环境也比较好，希望我能在方言研究上多下点功夫。对了，你是不是访谈过郭锡良啊？我分配到武汉大学任教时，他还没有毕业。当时他读四年级。我是1953年去的，当助教。他是1954年毕业的。他年纪比我大。他见到我常说："你去武汉大学时，我还没有毕业呢!"他毕业以后去了北大跟王力先生读古汉语研究生。唐作藩则是毕业后跟着王力先生去了北大，一直跟在他的身边，做了他的助教。唐作藩最了解王力先生，王力先生的学术衣钵包括汉语史都让他继承了。

我们当年毕业的七个人中，大都被认为是可以直接上讲台的，因为我们几个的基础比较好。我在武汉大学，唐作藩在北京大学，许绍早在吉林大学（当年叫东北人民大学），我们都是一到校就准备上讲台的。许绍早最勤奋，可惜英年早逝！唐作藩曾经说过：最用功的是许绍早。（张宜：他说最聪明的是您!）我不一定是最聪明的，但是许绍早确实是最用功的一个。王力先生去北大，开始设计汉语史的课程。北大是领头羊，很多语言学的课程一开始几乎都在北大开出来。王力先生搞汉语史，他就想到许绍早有这个基础，于是就和学校提，学校第二年就把许绍早调来北大跟他进修。许绍早跟唐作藩一起协助王力先生编《汉语史稿》，这在该书的后记里有记载。

因为袁家骅先生他们搞方言，1954年北大第一次开设汉语方言学课程时，王力先生想到我了，1955年他就推荐我来北大跟袁家骅先生进修，跟着他听课、帮忙辅导，接着又跟他一起编写《汉语方言概要》[①]。那本书50万字，我编写了三分之一，南方的闽语、粤语部分是我写的。（张宜：是袁老师主编的，其中有三分之一部分的闽粤方言

---

① 《汉语方言概要》（集体编著，1960年）是袁家骅教授主持编写的一部集体著作。全书五十万字，被认为是我国第一部比较全面系统地介绍现代汉语方言的重要著作，书中分量最重的两章：粤方言和闽南方言是詹伯慧执笔起草的。在约占全书三分之一篇幅的两章中，詹伯慧充分发挥熟谙粤方言和闽南方言的有利条件，广泛吸收前人的研究成果，力图比较准确地对这两种方言的语音、词汇、语法进行全面的介绍，受到方言学界的赞赏。

是您写的?）你注意到了没有，那本书的署名是这样写的：袁家骅等著，袁先生在前言里面写了分工。袁先生是江浙地区人，他的吴语当然很好。他留学英国，原来是教英语的，20 世纪 50 年代初才从英国回来的。后来专门搞方言和少数民族语言研究。当时北大的研究生很少，就是像我这样的进修生也不多。他了解到我是潮州人，我的闽南话行，粤语也行，就让我来跟他进修。他上课讲到粤语，就叫我站起来，让我发粤语的音。和我一起听课、后来又一起协助袁先生编《汉语方言概要》的王福堂是吴语区的。石安石是四川人，北方方言区的。袁先生就是这样充分调动学生的资源，利用我们熟悉这些方言的机会，让我们边学边干，在他的指导下和他一起编写《汉语方言概要》。

我在袁先生那里进修不到一年时，国家有个大的语言调查工程：全国范围内调查研究少数民族语言。为全国少数民族设立几个工作队，赴实地进行全面调查。袁先生是壮语的专家，负责广西和海南岛的壮侗语，作为第一工作队，由他担任队长。他想到了我，想到我会闽语，因为他的第一工作队调查地区包括海南岛的黎语。袁先生让严学宭先生和王均先生负责第一工作队的海南分队，把我和我的同班同学欧阳觉亚调去。欧阳觉亚在民族语言所工作，是调查黎语的主将，他太太是壮族的。自那次调查以后，他们一竿子插到底，每年都要去海南研究黎语，早就是我国权威的黎语专家了。那次我跟欧阳觉亚同在海南分队。我不是民族学院的人，因为开展调查工作民族学院是主体。我是武汉大学助教在北京大学进修、借调来参加少数民族语言调查队的人，我很庆幸有机会跟着工作队到海南岛调查黎语。当时袁先生给了我一个任务，让我调查黎语中的闽语借词。他说黎语里的借词不会借北方话，肯定是借当地海南闽语。海南岛汉语方言属于闽语，跟福建、潮州同属一个大方言区。他让我要特别留意海南黎语里的闽语借词，把自己的作用发挥出来。这期间我还同时调查了一些海南岛的汉语方言。回京后袁先生推荐我在北大的《语言学论丛》上发表了一篇颇有影响的揭示一个“方言岛”的文章《海南岛“军话”语音概述》①。当时我随黎语调查队路过海南岛崖县（现为三亚）时，发现崖县有两种特别的方言，跟当地的海南闽语不一样。一种叫军话，一种叫迈话。我觉得很奇怪，怎么会有军话呢？听起来有点像北方话。我就匆匆忙忙用随身带着的一千多张卡片将这两种话的音记录下来。前几年我的学生去那里调查军话，听说当年帮我记音的那个人还在，也该有八十多岁了。（笑）他当年是镇上的文书，还记得我记音的事儿呢！我 22 岁大学毕业，那时是 25 岁。至于迈话，印象中就像粤语，军话就像北方话，所以这两种方言都是“方言岛”。

半年后我就回北京了，欧阳觉亚他们一直在那里。我在那里时也参与编写由欧阳觉亚他们负责的《海南黎语调查报告》，我们当时还想替黎族创造拼音文字呢！回到北京后，我继续帮助袁先生编写《汉语方言概要》，所以我在北大从 1955 年秋一直待到

---

① 见北京大学中文系语言学论丛编辑部编：《语言学论丛》（第三辑），上海：上海教育出版社，1959 年。

1958 年春，整整待了两年半。现在读一个研究生也就这么长时间吧。我在北大进修的两年半是我语言学基础全面夯实的时期，有听课，有实践。在北大，听周祖谟先生、王力先生、魏建功先生、岑麒祥先生、高名凯先生、袁家骅先生、林焘先生等人的课。现在看来，当时这些课都是语言学科具有开创性的课程。1955 年 10 月在北京西苑大旅社，就在北京动物园斜对面，连续开了三个语言学界的重要会议：先是全国文字改革会议，接下来是现代汉语规范问题学术会议，最后是民族语文工作会议。那时我在北大当进修教师，王力先生安排我们去听会，所以有机会听到郭沫若、陈毅、吴玉章、王力、罗常培、吕叔湘、丁声树等党政领导和学界名家在会上做的报告。现在想起来还感到很幸福。这些经历对我们年轻人来说都是打基础，国家语言政策的制定与国家几十年来重大的语文举措，我们都有所了解。那次会议以后，就有了汉语拼音方案，有了汉字简化字方案，有了规范化的政策。我们都是从一开始就接触到了这些政策。我自己觉得，如果说我进入语言学系读书，是受老师和家庭的双重影响，那么在北大这两年半的进修就是我打下业务基础的重要阶段。此后，无论是搞方言还是搞少数民族语言，或是从事语言学理论、语言学应用的工作，都有了从事专业研究的一点“小本钱”。

1958 年以后我回到武汉大学，学校就要我搞方言。我开始走遍湖北的山山水水，（笑）做调查，现在叫作田野工作。1959 年，为向中华人民共和国成立十周年献礼，每个省区要编一个方言概况。这个项目由李荣先生主持，各大学语文系科的师生需参加方言的普查，普查之后要编写方言地区学习普通话的手册，然后要总结各省区方言普查的成果，编写各省区的方言概况。湖北的方言概况就由武汉的几所大学：武汉大学、华中师大、武汉师院等凑了三四个人，由我牵头在省里的一个招待所里日夜苦干，赶在国庆节前编了出来，编出来后是由我们自己油印的，油印本直到现在还保存着，一直没能修订出版。和我合作的华中师大的刘兴策老师是个热心人，2011 年我 80 岁时他还特地赶来广州出席聚会。他说他退休了，但是一直没有忘记这事。油印资料在华中师范大学，现在成了孤本。1958 年我从北京回武汉后就一直做方言工作。20 世纪 60 年代我到过浠水，就是闻一多的家乡。浠水方言跟武汉话是很不一样的。我有一年整个暑假都待在那儿，和那儿的博物馆馆长王祖佑老先生合作。如今他可能早已去世了。我去那里调查浠水方言，他很热心。那个博物馆像个庙一样的，我就在“庙”里搁了一个铺，白天向他调查记录语料，晚上就睡在那儿。调查的材料一直没有发表。20 世纪 80 年代初，我到日本讲学，和日本中国语学会会长波多野太郎教授谈起此事，他就把我这份有关浠水方言的材料推荐给日本龙溪书舍出版了。回国后湖北的朋友问我要此书，可惜印数少，我再也要不到了。后来听说，连出版此书的书舍也不存在了。20 世纪 50—60 年代，我在武大期间，除了调查省内各地方言外，也陆续写过一些有关的文章，例如鄂东广济方言和鄂南蒲圻话，我都写过文章。

在北大进修了两年多，打下业务基础以后，我就一直以方言为研究工作的主攻方向。除了方言工作，我比较关注的就是语言应用。对于语言应用的研究，实际上也占了我整个学术生涯相当大的一部分时间，其中特别突出的就是大型辞书的编纂。

“文化大革命”这段就略开吧！

詹伯慧：这两年因为我拿到国家社科基金重大项目，是首席专家，肯定要牵头搞项目，不能推卸。我这个项目要编写一部400多万字的大词典——《汉语方言学大词典》，还要建设数字化平台。市场上的方言词典已经出了很多了，但我们正在编写的这部词典是方言学的，不是单纯列出方言词语的。关于汉语方言学界的人物、方言著作、方言学术活动等都要收录进来，是百科性的辞书。所以，我要组织起全国各地的方言工作者来共同完成。比方说，长江以北直到东北、西北各地的官话方言，我就邀请山西大学的“长江学者”乔全生教授来主持统筹，同时，福建闽语有人抓，湖南湘语有人抓，广西平话土话有人抓，西南官话有人抓，江浙吴语有人抓，客赣方言有人抓，粤语有人抓，……各地方言都要有人抓，否则我这么大年纪，光是联络我都没有办法。虽然我也略懂电脑，但靠我自己来沟通那么多人，那也不行啊！

（这时詹老师打开《走近詹伯慧——庆祝詹伯慧教授从教六十周年纪念文集》，翻到第210页）你看了这篇文章没有?①（单周尧）这个人当了三任香港大学中文系的主任，现在退下来了，六十来岁。就是因为和他的交情，所以我一直给港大上课。单先生现在又到了一所私立大学去当副校长了。（接下来，詹老师和我又聊起了《走近詹伯慧——庆祝詹伯慧教授从教六十周年纪念文集》那本书里的内容，以及《中国社会科学报》上的一些报道，以方便我访谈后的整理。其间，我们提到了西泠印社社长饶宗颐、周有光等百岁学者。）

詹伯慧：我刚刚参加了在东莞组织的周有光先生110岁生日的纪念活动，纪念活动在北京、东莞两地同时举行。前天我在香港开会，香港的中国语文学会也搞了纪念活动，还要我去讲一讲。我在东莞的时候写了篇发言稿，我的题目是：《我们要向周有光学什么?》学两样东西：一个是与时俱进，一个是把语言研究和语言应用密切结合。在香港的纪念会上，我补充了一点。因为我知道，现在有人对周有光先生有些看法。我们学习他的精神，但并不等于他的一言一语我们都要同意。这是两码事。为什么呢？现在把他称为现代汉语拼音之父，但是汉语拼音从赵元任、黎锦熙就开始了研究，中华人民共和国成立文字改革委员会以后，罗常培、王力、吕叔湘、魏建功等一些著名语言学家都为此做出了贡献，怎么到周有光先生就成了汉语拼音之父呢?！这种话不可能是他自己说的。最近我的一些朋友，包括唐作藩也给我发来短信，他们觉得“汉语拼音之父”的说法不太妥当。今年发行了周有光先生的十五卷文集，后面五卷都是他八十岁以后的

① 指《走近詹伯慧——庆祝詹伯慧教授从教六十周年纪念文集》一书中收录的单周尧写的《论交十八载》一文。

研究内容，不光是语言文字的，还有文化方面、政治方面的。周老有些话他110岁的人说可以，别人说可就不一定合适了。所以我那天就补充说，并不是说年纪大了的人说的什么话都是对的。(笑)

那天在纪念会上，大家都很赞赏周老关心国家大事的精神。我始终认为，向周老学习，主要是要肯定他的精神，作为百岁老学者很难得的精神。(接着，詹老师又找来几张报纸，指着相关报道里的照片向我介绍。)

如果要提到我对中国当代语言学的发展贡献，有些地方看我的书就好啦。

张宜：在您的工作和研究当中，什么是让您高兴的事儿，什么是让您不高兴的事儿？

詹伯慧：高兴的事儿？我这辈子能从一而终，一辈子都搞语言学研究，这是最高兴的。但是中间赶上“文化大革命”，有段时间以为我的研究就此终结了，那时确实感到有点沮丧。

最可惜的是我父亲留下来的一幅墨宝，是父亲写给夏承焘的一首词。那时挂在家里，我老婆因为害怕，没来得及收起来就自己撕掉了。现在我父亲的字已很难找到了，因为他去世得早。“文革”一来，他就去世了，没能留下什么东西。他是书法家，他的字是很珍贵的。1953年我一毕业就到武汉大学了。我的小弟弟高中毕业后被送到农村插队劳动。本来可以去工厂，但是因为是“黑五类”，就不行了。我这个弟弟有个功劳，就是把父亲的一部分手稿带到农村去收藏起来了，所以前年上海古籍出版社才能出版我父亲的全集，六卷本由我整理，论文、专著及诗词作品等都在里面了。

我父亲要是能再活十年八年就不一样了。到了20世纪80年代，给他平反了。中山大学通知我，叫我回来参加平反大会。《南方日报》登了相关报道。父亲在世时，我们家住在三房两厅的楼里，他去世后我母亲就被赶到中山大学东北区的教职工集体宿舍，俗称“东伯利亚”楼。就是像学生宿舍那种样式，给两间房，走廊中间摆着炉子，厕所、厨房是整层楼共用的。父亲原来是二级教授，待遇是够高的，每月300多块。划成右派后被降到四级，一直在系里面做抄写资料的工作。近几年我为整理出版父亲的遗著做了一些工作，之前上海古籍出版社给（民国）四大词人中的三位：夏承焘、唐圭璋、龙榆生等都出过集子。后来该社编辑部主任找到我，说唯独詹安泰的著作他们还没出过，不免有所遗憾。于是我费尽心血，夜以继日地汇集整理父亲的遗著遗稿，千方百计寻求出版资金赞助，经过一番努力，父亲的六卷全集终于在2012年纪念他110岁冥诞前出版问世了。读到全集的人都感慨我父亲去世得太早了，他要是能活到改革开放，他还可以做更多的事，写更多的著作。那时，南方日报出版社还编了一套《世纪学人》①，为20世纪去世的各领域的广东名人学者各写一篇详细的传略，一共收入50位，我父亲

① 指《世纪广东学人》，南方日报出版社2011年出版。

作为入选人物，其传略也在这部重大著作中刊登出来。慎终追远，现在父亲遗著的整理出版都搞得差不多了，也可以告慰父亲在天之灵了。（詹老师把《南方日报》的相关报道[①]拿给我看。）这张照片是一批语言文学学者应高教部之邀集中到青岛编写高校教材时照的，这些年到处在用。北大出的书也在用。这个就是我父亲。第二排这几位是刘绶松、王瑶、周祖谟，第一排是王力、游国恩、余冠英、林庚、王起、袁家骅、赵景琛和我父亲。当年这些前辈每个人都带着自己的助手，我在这里，我是作为袁家骅的助手。唐作藩作为王力的助手也在这里。这是 1957 年，我父亲参加完这个会[②]，回到中山大学，等着他的是一大堆大字报。就给戴上右派帽了。原先还应该有一个武汉大学的程千帆，就是因为开会之前武汉大学已把右派“元帅”程千帆揪出来了，他就不能前来与会。我们这些后排的助手先去青岛安排会务，大家住在青岛的新新公寓。当时山东大学的校长是陆侃如，他和冯沅君夫妇是中国文学史名家，这次教材的编写由他们来筹划。常有朋友说，我们父子同时出现在一张照片上，指的就是这张照片。1998 年我去美国加州讲学，照片第三排北大的潘兆明老师早就移居美国，听说我来了想和我聚聚，多年未见面，见面时他就拿着这张珍藏的老照片，借此机会我向他求教照片上我没有记住的人的名字。此事我在《田野春秋》[③] 里的一篇文章有所记载。（此时詹教授又想起饶宗颐先生来，给我看饶公写的“别开词境”四个字。）现在我们都不敢请饶公写字了。纪念我父亲 110 岁的会我都不敢请他来，结果他派人来了，送来了这个匾。（张宜：当时他 95 岁了吧!）

刚才说过，我之所以能走上语言学研究的道路，跟家庭有关系，跟老师也有关系。所以，后来我就搞方言了。有人说，搞语言研究的人容易钻牛角尖，能有什么社会效益，能有什么用啊。如果中文系有两个专业，一个语言，一个文学，让学生去选，学生肯定选文学，语言则冷冷清清。我的老师王力先生，还有吕叔湘先生这些老一辈的学者都强调语言的社会效益，认为应该在应用方面下点功夫。我们不要老是孤芳自赏，要让社会上的人觉得语言是有用的。实际上，语言是牵涉每一个人的，文学就不一定。哪个人不经常说话，普通话和方言在社会生活中发挥了巨大作用，它和哪个人没有关系啊?

前几年老是有学生来问我，老师，您写了这么多文章，发表的也有几百篇，您哪有那么多东西好写啊？我说，如果你研究其他东西，找不到题材还说得过去，但你说搞语言没有文章可以写，这话就说不过去了。你碰到的人每天都在说话，你接触到的东西都有语言问题。你要下功夫做有心人的话，随时可以抓到语言问题，大把文章可以写。大文章写不了，你可以写小文章。因为我当过人大代表，吕先生也是人大代表，有一次开会前我去他家里看他。他跟王力先生很要好，所以把我们也当成他自己的学生，很关心

---

① 见《南方日报》2012 年 11 月 28 日的相关报道。

② 指 1957 年夏，北大、复旦、中大、武大四所大学中文系部分教师受高教部委托在青岛编写统编中文教材。

③ 即《田野春秋：庆祝詹伯慧教授八十华诞暨从教五十八周年纪念文集》，暨南大学出版社 2011 年出版。

我们的成长。我们七个中山大学语言学系毕业的学生吕先生都知道。谈到语言的应用，他认为语言研究为语言应用服务应该是天经地义的事。他举例说现在有误会，以为语言没用，我们就要多做工作。《中国语文》杂志在“文革”前有段时间每期后面都有语文短评。那时吕先生在语言所工作，他主持这个杂志。他说语文短评就那么一条，《人民日报》《光明日报》哪天哪一版哪一条，里头有什么毛病给指出来分析一下，每期都有。后来社会上反映不错。语言研究真的为语言应用起了作用，有社会效益。他跟我谈了这些，给我的印象很深。他说语言应用应该扩大，不应该仅仅局限在北京的几家，还有地方上的语言应用问题，你们也可以做啊。语言的应用研究马上就火起来了。

张宜：詹老师，那您说的这个问题和一个语言学家的修养是不是有密切关系啊？

詹伯慧：当然有关系啊。你知道吗？深入不容易，浅出更难。我的学生刘新中写的那篇文章①比较能概括我的学术思想，他现在是汉语方言研究中心副主任。他很年轻，去年去美国麻省理工访学，他主要谈了我倡导的语言应用问题。现在我不是主编了一套“大家小书”② 吗？唐作藩也写了，出了四本了。后来据说有版权问题，北京出版社也出过一套这样的书，不过他们是各个专业的“大家”都有，我主编的这个就只限于请语言方面的“大家”来写。没料到出了四本之后，出版社怕惹官司，出版计划只好搁浅了。我应该送一本我自己写的《语文杂记》给你，都是些小文章。（张宜：我还想要您的那本《东瀛杂记》。）我看看这里有没有，有就先给你。（说着，詹老师就起身去柜子里找了起来。）送你这几本书啦。这本《东瀛杂记》是暨大出版社重新出版的，书中收的全是在报纸上发表的文章，是我在日本讲学时《文汇报》约我写的，大概有几十篇吧。（张宜：我看您的学生、朋友都喜欢您的这本《东瀛杂记》。）刚开始的时候，1982 年武汉大学出版社出了第一版，第二版是 1989 年人民文学出版社出的，就改成了《日本面面观》，人民文学出版社是为了避开书名重复才换了个书名的。那两版现在都买不到了。2011 年我 80 岁的时候，暨大出版社作为送给我 80 岁寿庆的礼物重新刊印，还是用回“东瀛杂记”的书名。内容没有改，我只加了几张在日本的照片。给我写序的曾敏之先生最近也去世了，他是原来《文汇报》的副总编辑，就是他给我开的专栏。当年在日本待了两年，每个礼拜都写一篇文章给《文汇报》寄去。回国时武汉大学刚刚成立出版社，就要出这本散文集，第一版印了 15 000 本。过了好多年，人民文学出版社的总编辑来问我出书的事儿。我说出版社的规矩我也不懂，不晓得武汉大学出版社还印不印。后来他叫我给武汉大学出版社写封信，就问此书还印不印。结果武汉大学出

---

① 见刘新中：《方言研究的大家与和谐语言生活的给力者——詹伯慧先生与语言文字规范化及其他》，载李战、甘于恩主编：《走近詹伯慧——庆祝詹伯慧教授从教六十周年纪念文集》，广州：暨南大学出版社，2013 年。

② 《大家小书：语文杂记》，詹伯慧为丛书主编，暨南大学出版社于 2010 年出版，这是一套由在语言文字研究中做出贡献，具有相当影响力的语文学家们分别撰写的、兼具应用性与通俗性的语文读物。“大家”是就作者而言，“小书”是就篇幅而言。这套丛书的定位是以“大家”的学问来撰写篇幅不大的普及性读物，力求深入浅出，通俗易懂，把“大家”的精深学识和独到见解以浅显的语言传达到广大读者中去。

版社说暂时不会重印，不再出了。人民文学出版社才决定重出此书，并换个名字。这一版我加了几篇回国后写的文章。《东瀛杂记》（武大版）出版的时候还没有这几篇文章。后来，胡耀邦总书记请了3 000个日本青年到中国来，他们要到几个城市去访问，其中一个是武汉，没有计划来广州。那时候我已调到广州了。武汉的《长江日报》知道我原在武汉，去日本教过书，在日本有影响力，就到武汉大学找我，让我写文章配合这次大批日本青年的到访。因为找不到我，才知道我已经调到暨南大学了，于是他们又追到暨南大学，要我写文章，我就以“一衣带水情意浓”为题写了几篇新的杂记在该报发表，后来就把它们补充到《日本面面观》中去了。

张宜：詹老师，那您怎样看待学术批评？

詹伯慧：学术可以批评，但不要打棍子。批评是在学术争鸣的基础上，学术观点不同可以争，学术争鸣、学术平等、学术自由还是应该有的。但是学术自由要有底线，没有底线不行。政治不能干预学术，但是学术也不能处处跟政治唱反调。学术不是为了跟政治唱反调才存在的。这是我的观点。刚才和你谈到的周有光先生的事，他要不是110岁，他的某些言论不引发争议那才怪呢！当然，我们也反对动不动就扣帽子、打棍子，“文革”的那些手段，“文革”时的那些思维不应该有。学术不能样样都跟着政治走，但也不能老是把学术看成是跟政治对立的，这是我的观点。

张宜：詹老师，您能不能概括一下您在学术研究中的最大特点，还有您在学术方面的最大贡献？

詹伯慧：我这辈子，搞方言是我的主要专业，我一直注意把方言的研究和方言知识的应用与普及结合起来，整个语言学的研究我始终觉得应该跟应用结合起来，所以在我从事方言研究的同时，也非常注重语言应用。编写教科书属于语言应用的范围，汉语方言学的研究从第一本教材——我的恩师袁家骅教授主持编写的《汉语方言概要》我就参与了。在编写此书的过程中，我写了一本小书，叫《现代汉语方言》①，这本书虽然很小，实际上也是为方言基础知识的普及和应用而写的。在缺乏方言学教材之际，有一些学校曾拿它作为教材用，包括台湾的高校。后来这本小册子在台湾还出了繁体版，早在1980年我在东京大学讲学时日本学者就边听课边翻译我的讲稿，等到课讲完，讲稿也同时翻译出来了。因此，这本《现代汉语方言》的国内简体字版和东京日文版几乎同时出版。从《汉语方言概要》到《现代汉语方言》，应该说，对汉语方言学人才的培养、对方言知识的普及和应用都是起了一些作用的。因为你要推动一个学科的发展，一定要普及这个学科的知识，一定要使这个学科能不断涌现新人。要培养人，就要开设课程，没有合适的教材怎么能行？后来随着方言调查研究的逐步深入，方言语料材料越来

---

① 詹伯慧：《现代汉语方言》，武汉：湖北人民出版社，1981年；武汉：湖北教育出版社，1985年。该书日译本于1983年由日本东京光生馆出版，1991年由台湾新学识文教出版中心出版。

越多，方言研究越来越受到重视，在这种形势下，20 世纪 90 年代时我就着手组织力量编写《汉语方言及方言调查》[①]。现在全国方言通用教材方面用得最多的就是这本教材，国外用的也是这本教材。这是我跟几位老一辈的、志同道合的方言学同道黄家教、许宝华、李如龙合作的成果，由我牵头。我重视语言应用的观念，从培养人才来说，汉语方言教材的编纂自然是我从事汉语方言研究工作中经常关注的问题。

另外，要搞方言应用，就要编写方言工具书。当我离开下放的农村被调回学校之后，很快就参加了《汉语大字典》[②] 筹备上马的工作。那时是 1975 年，“文化大革命”刚要结束。学校开始招生啦，开始复办啦，要上课啦。此时由周总理主持，在广州开了一个全国性的、规划字（词）典编纂工作的会议，周总理在会上说，外宾来中国，人家要看我们的辞典。辞典是一个国家文化建设、文化成就的表现，哪怕是很小的国家都有大百科全书。我们国家汉语言文字历史悠久，中华文化如此丰富，可每次外宾要看字典，我们就拿《新华字典》给人家看，怎么说得过去。根据周恩来总理的指示，那次会议后，全国要编几十种，包括英语以及小语种的工具书，要一举改变被讥为国家大字典小的局面。其中有两部“大家伙”，一部是《汉语大词典》，由华东各省来编；一本是《汉语大字典》，由湖北、四川两省组织编写。当时我在武汉大学语言教研室，于是就被调入新成立的《汉语大字典》的编辑委员会，从此我就脱离教学，一股脑儿钻进《汉语大字典》的编纂工作中去。我开始参加筹备工作，搞《汉语大字典》的编写方案，正式上马后，负责收字、审音，当收字审音组的组长。因为是两省合作，所以我要经常跑四川。四川那边由四川大学牵头，湖北这边是武汉大学、华中师范大学等几所高校参与编纂，由武汉大学牵头。因为《汉字大字典》收字很多，有 6 万个左右吧，收了字后，还要找字模厂做字模。因为全国没有哪个字模厂有那么全的字模，不像现在用电脑排版，所以我要跑全国所有的字模厂。（张宜：那时还是铅字印刷吧，先要做成字模。）对呀。我知道全国只有三个字模厂。上海的我去了，丹江口的我去了，北京的我也去了。那时我还不到 50 岁，东奔西跑都没有问题啊！现在回顾起来，我的大好年华可以说都贡献给武大了，在武大度过的三十年间，“正面”“反面”的教员我都当了。我被卷进了一些政治运动，是个老“运动员”。“文化大革命”时期是我最好的年龄。我来到暨大时已经 50 多岁了。50 岁的生日是在日本过的，日本的朋友为我办过两次寿宴，49 岁的和 50 岁的。我 50 岁生日时，系里的老师和研究生一起请我吃饭。我的生日是 7 月 10 日，但是农历是五月二十五日。这居然被日本的朋友查到了，我 50 岁的生日，他们是在农历五月二十五日给我过的，他们考虑得好细致啊！他们跟我说，在我之前，只有谢冰心曾应聘到东京大学来教过书。

---

① 詹伯慧、黄家教、许宝华、李如龙：《汉语方言及方言调查》，武汉：湖北教育出版社，1991 年。

② 汉语大字典编辑委员会：《汉语大字典》，成都：四川辞书出版社，武汉：湖北辞书出版社，1986—1990 年。

我是第一个去东京大学任教的，是开拓者。之后是袁行霈，以后换着去的都是北大的老师。我去东京大学之前，王力先生、吕叔湘先生都嘱咐我要好好和日本学者交流，要好好介绍中国。我有两篇文章你可以看看。（詹老师找来了这两篇文章。）一篇是1980年在日本中国语学会介绍中国语言学发展情况的《30年来中国语言工作的一些情况》[①]；另一篇是编写《汉语大字典》的时候，1979年，刚刚改革开放，《中国语文》主编侯精一找我写的关于字典词典注音问题的文章。[②]

张宜：詹老师，您从事汉语方言研究大半生，现在已是80多岁的高龄，您怎样看待国内汉语方言研究的现状？

詹伯慧：现在应该在汉语方言应用的研究上下功夫。过去谈应用谈不上。语言规范化冲淡了充分发挥方言作用的认识，现在从官方到民间，从中央到地方已经意识到这一点。语委现在搞语言资源调查，也把拯救濒危方言放在一个重要的地位。实际上，通过最近这20年，大家也看到了方言学在语言学里面的突出地位。它对语言学的贡献，就是不搞方言的人也看得出来。现在很多大的项目都是关于方言学的。在这样好的形势下，一方面要做全面深入的调查，做好方言本体的调查研究工作；另一方面要做好方言的应用工作，使方言在社会语言应用中充分发挥作用，这样它的生命才能长久。如果方言不在应用中发挥作用，它的活力就没有了。为什么个别方言会处于濒危，比如说满语，就是因为使用者太少了。现在我们要充分注意应用，不光是人多人少使用的问题，而是方言本身的价值，我们要把丰富的方言资源开发出来，并且充分利用起来。

张宜：詹老师，现在不知是社会上对方言和共同语的关系有误解还是人们不了解，常有断章取义。比如前段时间有记者采访您的时候说到"两话"并存的问题，有人说，詹老师提倡推广普通话，排斥方言。实际上恰恰相反。

詹伯慧：对！实际上我的意思被歪曲了，被误解了。后来我也写过文章谈这个问题，发表在《学术研究》上，《语文杂记》后面也附上我和记者的谈话，以正视听。

张宜：是附录里面收的——《詹伯慧专访》，《羊城晚报》记者采访的吧？

詹伯慧：我的观点从来都是推广普通话，是要在我们的语言格局里面推广一种，即普通话，保留多种，即多种方言，使我们的语言生活从单一过渡到多元。单一指的是，我们是方言大国，每个地方都有方言。每一个人生下来就会说方言，方言是不用学的。所以推广普通话是要使得每个人在说母语之外再学一种大家共同使用的语言——普通话，对于我们这样一个有13亿人口的大国来说，这样做是必要的。我说的是推广普通话，并不是要把我们的语言生活从单一的方言变成单一的普通话。单一是不行的。但是光有普通话，不要方言也不行。最近我写了很多关于语言应用的文章，我特别提到了

---

① 该文章分别载于（东京）《中国语学》1980年第227期；《语文现代化》1980年第4期；《武汉大学学报》1981年第3期。

② 詹伯慧：《汉语字典词典注音中的几个问题》，载《中国语文》1979年第1~6期。

20世纪50年代百花齐放、百家争鸣的情景。那时极力推广普通话，雷厉风行。但方言在文化领域里的作用是不可替代的，因为中华的优秀文化、灿烂文化是包括主流文化和地域文化的，地域文化的载体是方言。有两种人，一种人是别有用心的，他们本身的思想就是排斥外来人。他们这是借题发挥，觉得外来人侵害了本地人的利益。他们要维护的是本地人的利益，而不是方言的利益。另一种人是对语言和方言缺乏认识，以致产生误解。如果客观地、冷静地看待问题，会发现我们的语言知识没有得到很好的普及。我们首先应该反省自己，我们普及语言知识的工作做得实在太少了。所以，后来我在《学术研究》上发表的文章[①]就表明了我的观点：我们应该反省我们自己，我们普及语言知识的工作做得太不够了。

张宜：时间不早了，感谢您百忙之中接受我的访谈！

詹伯慧：不用客气。

① 《试论粤方言地区的推广普通话工作》分别载于《学术研究》1996年第9期；《语文建设》1996年第1期；澳门中国语文学会《语丛》1996年第31期；《语文现代化论丛》（第三辑），北京：语文出版社，1997年。

方言研究的大家与和谐语言生活的给力者

——詹伯慧先生与语言文字规范化及其他

刘新中

在当今复杂的社会发展阶段，我们领会詹先生的很多教诲，是很有现实意义的。下面我们就从几个方面谈谈詹先生的有关论述，同时对詹先生在人才培养、学科建设等方面的贡献略谈一二。

我们观察一个人文学者的成就，往往是从他的著作入手，通过他的作品来了解他的贡献和贯穿于这些作品中的思想、理念。基于此，我们试图通过詹先生的系列文章来探讨他对广东乃至全国的语言文字规范化的重要贡献。本文除了个人的观点之外，主要参考了詹先生的下列文章：

方言和规范化杂议（《双语双方言》，1989 年）

略论方言、共同语与双语制问题［《双语双方言》（二），1992 年］

再论方言、共同语与双语制问题——在第三届双语双方言研讨会（国际）的讲话（《语文建设通讯》1993 年第 42 期）

汉语方言调查与汉语规范化（《语文建设》1995 年第 10 期）

对香港语言问题的几点思考（《中国语文》1996 年第 2 期）

方言和普通话杂议［《乙种：双语双方言》（四），1996 年］

试论方言与共同语的关系（《语文建设》1997 年第 4 期）

略论语言规范与语言应用（《联合早报》，1998 年 5 月 9 日、5 月 11 日）

再论语言规范与语言应用（《语言教学与研究》1999 年第 3 期）

当前一些语言现象与语言规范［《暨南学报》（哲学社会科学版）2001 年第 4 期］

新加坡的语言政策与华文教育（《澳门日报·学海》双周刊第 260 期，2002 年 3 月 10 日）

小议方言区的双语应用问题［《乙种：双语双方言》（八），2005 年］

语言规范与语言生活的多样化（《语言规划的理论与实践》，2006 年）

略论共同语和方言并用中的主从关系——纪念现代汉语规范问题学术会议和全国文字改革会议五十周年［《乙种：双语双方言》（九），2006 年］

从这些文章中我们不难看出，正是由于詹先生是一位方言学大家、著名的语言学家，他才在语言研究、语言应用、语言生活以及相关的教育和人才培养方面有诸多建树，对许多看似复杂纷繁的问题有清晰的分析；正是由于詹先生对方言的深入体悟和研究，才不遗余力地对方言研究倾注了全部的精力；也正是由于他对方言调查、方言研究的复杂性和广度的清晰认识，才能让他坚定不移地提倡在保留方言特殊作用的时候，一定要保证方言复杂地区推广共同语的工作，以使方言区能有一个便捷、通用的交际工具，以利于国家的统一、教育的普及、社会的和谐。实践证明，没有一个源于方言、高于方言并且方便实用的共同语，是不利于全国包括方言区在内的社会发展的；同样，没有许多富于特色、充满活力的各类方言，我们的语言社会将会枯燥乏味。

詹伯慧先生在坚持推广普通话、坚持语言文字的规范化的同时，积极倡导语言生活的多样化。我们知道，凡事都有一个度的问题。冯友兰先生晚年最喜欢的一副对联是："阐旧邦以辅新命，极高明而道中庸。"以史为鉴，古为今用，面对纷繁的社会现象，选择一个最为恰当的原则、方法与行为。詹先生对"推普"和发挥方言的作用这两者的关系有非常清晰的界定，他将问题上升到既有语言应用的大格局，又有顾及地方特色的人文关怀和乡土意识的层面。他说："通过大力推广普通话，唤起国民的民族意识，明白到全社会拥有一个通用的交际工具，对于民族的振兴和国家的统一是何等的重要！拥有十三亿人口的中华人民共和国，绝不能够只有各种不同的地方方言而缺乏一个全国通用的共同语；踏上神州大地的各国朋友，不能够只听到各色各样的方音土谈，而听不到全国通用的国家语言。推广普通话实际上是要使方言地区的社会语言的应用从单一的方言交际过渡到既使用方言又使用普通话的双语交际，也就是使每个自幼会说家乡方言的人都学会一种家乡以外的人能懂的全社会通用语言，每个过惯只说方言单语生活的人都过上既说方言，又说社会通用语——普通话的双语生活。以此为基础，在全社会逐步形成一个以普通话作为社会公共交际用语，以方言作为家庭、乡亲间交际用语，有主有从，既推广了普通话，又保留了方言的社会语言应用格局。这样一个方言地区双语应用的格局，既符合方言地区经济发展和社会进步的需要，也体现了社会语言生活日益多元化的发展趋势。方言地区的人民用不着担心代代相传的乡音会随着普通话的推广而日渐式微而至于最终消失。"（《小议方言区的双语应用问题》）明白这个表述的含义之后，无论是方言研究，还是"推普"，抑或是文字的规范，我们都会进退有据，减少激进"推普"和极端方言排他的问题，这对于方言复杂的南方以及语言复杂的边疆地区的语言工作，都具有重要的指导意义。这些年，国家的语言政策、语言规划渐趋清晰，即只有构建健康的双语、多语生活，才能有一个和谐的语言生活。然而詹先生的这些思想和理念，还真需要进一步地推广，让广大的语言研究者和使用者有一个透彻的了解，从而充分发挥语言和方言的工具性以及文化亲和力的作用。

詹先生非常难得的是，在大家一边倒地大张旗鼓、轰轰烈烈地"推普"时，能够清醒、明确地呼吁“留住方言留住根”，提醒人们注意方言的研究与应用；在“推普”和规范化工作遇到问题、质疑时，又能旗帜鲜明地强调维护共同语以及规范工作的重要性和必要性；在一些人不明就里，将方言与共同语对立起来的时候，又能及时地站出来纠正那些偏激与出格的言行。这些都体现了詹先生过人的胆识、宽阔的眼界和宽广的胸怀。

詹先生是著名的语言学家、方言学家。在近六十年的研究教学中，他始终将研究与应用相结合，将方言学的研究置于广阔而深厚的中华文化、中国实际的土壤中，在不遗余力地坚持方言研究的同时，还非常重视语言应用以及相关的规范工作。作为一个语言学家，詹先生专注于专业的同时，还不忘社会责任，积极给力地服务于国家和社会的语言文字应用的大局，使自己的专业在得到深入研究的同时，与国家的兴衰发展、社会的波折进步相联系。詹先生在历经磨难之后，专业与研究、为学与做人都得到了升华；在一个学术蓬勃发展的时期，他抓住了机遇，取得了举世公认的学术成果。学术研究只有得到社会应用这个强大支撑系统的支持，加上个人的不懈努力，才能有不竭的源头活水，才能有可持续发展的理由。这正应了路易斯·帕斯图的话：“在实践中行不通的理论是毫无价值的理论。纯科学和应用科学这类的东西是没有的；有的只是科学和科学的应用。”①

语言文字的规范，不是僵硬的行政命令，不是共同语和方言等各种现象的你死我活的零和游戏，而是有主有次，共同繁荣，共同服务于不同层面、不同范围、不同对象，取舍有序，其关系非常类似于语音系统中的互补。两者也像是一曲交响乐的主旋律和不同乐章，第一乐章（快板）富于戏剧性和动感，第二乐章（慢板）适于哲理思考和内心感受，第三乐章（中板）表现日常生活场景，第四乐章（急板/终曲）突出宏大场面。② 方言和共同语本来就是整体中的不同分支，大汉语之下的不同支系，有较为明确的使用群体和应用层面，但是总是有个别人容易走极端，使问题变得复杂。更有甚者，对语言使用所出现的一些情况和现象，按照自己的一己之私妄加推断，讨论的话题也远远超出了语言本身的范围，并由语言问题延伸到社会问题，为自己对社会的不满找到一个发泄的理由和借口。面对这些问题，詹先生总能够旗帜鲜明地坚持正确的东西，对于那些认识上的偏差，詹先生也能够进行耐心的引导工作。这对一个语言复杂，经济、社会发展迅速的大省而言，是非常重要的；对中国这个人口众多、民族和语言丰富多彩的国家而言，也有重要的意义。

詹先生还十分关注语文现代化中的语言应用问题。其语言态度是在坚持语言多样性和文化多样性的同时，五十多年如一日，不遗余力地推广民族共同语，在纷繁复杂的当

---

① 转引自［英］丹尼尔·琼斯著，郭作、周开颀译：《英语语音学大纲》，成都：四川教育出版社，1987 年，第 1 页。

② 蒋振环：《音乐简明教程》，天津：南开大学出版社，1990 年，第 178 页。

前形势之下，他更是头脑清醒，提倡主体性与多样性的包容。

詹先生几乎是全程参与国家语言文字的重大工程，在执行国家的语言文字政策时，坚持实事求是，服务实践，多次提出“少当语言的警察，多做语言的导游”，这样就很容易化解许多不应有的矛盾和误解。

与语言研究密切相关的是为繁荣学术视野所进行的学术以及学术组织活动。詹先生长期担任广东省中国语言学会的会长，为广东省语言学科的发展作出了很大的贡献。目前他担任一些有关学术团体的领导职务，如广东省中国语言学会名誉会长、广东省社会科学学会联合会顾问、中国语文现代化学会顾问、全国汉语方言学会理事、中国辞书学会理事等，同时他还是广东省语言文字工作委员会委员。

在处理很多复杂问题的时候，詹先生表现出了很强的社会责任——大局意识与责任感。他为暨南大学的汉语方言研究和学科建设作出了巨大贡献，为广东省语言学事业的繁荣和发展发挥了无可替代的作用，也为我国的方言学事业作出了重要贡献。詹先生现为暨南大学中文系教授、汉语方言研究中心名誉主任，兼任香港大学名誉教授，1990年被国务院学位办评为博士生导师，在暨南大学中文系建立第一个博士点——现代汉语博士点。迄今他已培养博士生 29 人、硕士生 9 人。詹先生从教近六十年来在汉语方言、汉语辞书和汉语应用研究方面做了大量工作。如果没有詹先生的努力，我们的方言研究会是什么样子？暨南大学的汉语方言研究会有今天的成绩吗？我们借用《诗经·大雅·绵》中对古公亶父的一句描写：“曰止曰时，筑室于兹。”

詹先生不仅对教书育人与学科建设都倾注了大量的心血，他对事业的执着、对学生的爱，也都是终身予之、从一而终的。顺境逆境都能泰然处之，不因条件的变化、环境的转移而动摇；抓住机遇，组织研究团队，迎难而上，将方言研究不断推向新的高度。他十分重视在实践中教书育人，为学生能力的拓展提供尽可能广阔的发展平台，身为学生的我们，都有“匪面命之，言提其耳”（《诗经·大雅·抑》）的经历，跟着詹先生写论文、改文章都会得到很多的收获和提高。

对一个学者和教师而言，哪样东西是最为重要的？在现在这样高度数字化的时代，似乎任何东西都是用数字和统计表格来衡量了，但是真正的人文精神、形而上的思维能力、逻辑构建能力以及实践能力却严重缺失了，此时我们更加需要唤起东西方传统中优秀的道德观和价值体系。詹先生的言传身教给了我们很多启示。他培养的学生大多已经过了不惑之年，也都开始了自己的研究工作和教书育人的事业，我们在为人师的过程中，总是自觉不自觉地践行我们的老师所示范给我们的东西。

詹先生具有开阔的视野、国际观以及与时俱进的不懈追求。他的著作在海外有很大的影响，他先后在日本、法国、新加坡、美国以及中国香港、台湾等地讲学，培养的学生许多都已经成为知名学者。在进入信息化时代的今天，詹伯慧先生老当益壮，紧随时代的步伐，依然活跃在学术一线，发挥着重要的作用。

詹先生对于语言中的新事物、新现象、新用法的包容与鼓励也是令人钦佩的，他对方言以及方言应用中出现的混乱现象的规范也做了大量工作，这些都拓宽了语言研究和应用的范围，值得进一步深入讨论和加强研究。

陈原先生在《赵元任学术思想评传》的序中写道："赵元任是20世纪有重大影响的语言学家和语言教育学家，但赵元任绝对不仅仅是一个语言学大师。人们认为他是我们这个时代一位值得尊敬和钦佩的人文学者。他具备当代一个人文学者的所有特征：尊重人的价值，培养并训练人的技能——科学的技能和艺术的技能；富于人情味和人道主义精神，此外还常常带着教人愉快的幽默感。他自然不是通常说的自然科学家，甚至不是把自己关在狭隘圈子里的传统语文学者。他研究语言现象和语言规律，是从改造语言文字的远大理想和目标出发的；他有着广阔的视野做背景，而且绝不把自己禁锢在传统的知识范围，却敏锐地吸收了当代自然科学的最新成果，例如控制论和信息论。他真正做到学贯中西：这由于他对祖国的文史哲即通常所谓的国学有坚实的基础，却又对西方的文史哲即人文科学有极深刻的领会。"陈先生对赵元任先生的学养的总结，正是我们这些从事语言学研究的人所向往、所希望达到的至善境界，这些东西的生命力能够伴随我们研究的始终。

在这篇小文章的结尾，我愿意借用饶宗颐先生的学艺兼修联来表达我对詹先生以及由先生和诸多前贤学长共同创立的汉语方言研究事业的敬仰与信心："万古不磨意，中流自在心。"

（作于2013年，暨南大学中文系教授、汉语方言研究中心主任）

我跟语言学的六十载情结

——为“广东省优秀社会科学家文库”而作[①]

詹伯慧

岁月如歌，正值神州亿万人民乐享国泰民安、齐心追逐中国梦之际，我这老头儿已不知不觉地进入来日无多的暮景残年了。按照国人的平均年龄，我早已越过了临界线，多“赚”了好几年了。可时至今日，我始终没有退出工作前线的倦意，我总觉得自己还有许多该做而未做的事情，总想争分夺秒去完成、去实现。这应该算是不自量力吧。三年前在我踏入八十高龄之际，《中国社会科学报》的记者采访了我，以“詹伯慧：一生献给方言学”为题发表了专访，当时我想到的是：我这一生还没到终点，说成“一生”，一是溢美之词，二是对我多少也有点鼓励的作用。这些年来，我始终“退而不休”，继续干我热爱的语言研究工作。我多么希望能在有生之年，再发挥一点余热，为我毕生从事的语言学事业再献一点绵薄之力啊！学习、学习、再学习，我仍然本着边学边干的精神，时刻关注语言学领域中出现的新事物、新现象，尽量吸取新鲜的学术营养，使自己能够不掉队，能够与时俱进，跟上我国语言科学前进的步伐。

回顾60年来我走过的学术历程，打从年轻时期开始接触“学问”这两个字以来，就一直跟语言打交道，语言研究的情结长期缠绕着我，让我一辈子离不开它。直到今天，尽管我已垂垂老矣，但既然退而未休，想的做的也还都是语言专业的事。近期接受主持国家社科基金重大项目“汉语方言学大型辞书编纂的理论研究与数字化建设”的任务，又得三五载泡在方言工作上面，说明我对语言（方言）的研究依然那么执着，总该会“从一而终”吧！

我和语言研究的情结如此深厚，还得从我的语言背景说起。我生长在粤东潮州一个兼容闽、客两大方言的双语家庭中。父亲是饶平县的客家人，母亲则是潮州枫溪人，他们是百年名校韩山师范学院的师生。我出生在潮州城内，属于闽语的潮州话自然也就是我儿时的第一母语了。老家饶平县的山区，到处是一座座圆形的客家土楼。抗日战争时期，日军入侵粤东，潮州难免于难，我们连同外公外婆都避难到饶平山区的老家，由此

① 本文以“我与语言学结缘六十载”为题刊于《中国社会科学报·学林》，2014年10月27日；又收录于《詹伯慧自选集》，广州：中山大学出版社，2015年。

我的童年语言环境开始有了改变，除了和母亲及外公外婆依旧说潮州的闽语外，跟父亲和饶平家乡人，尤其是一起玩耍的小朋友，又都习惯于说饶平客家话了。从那时起，我的语言交际就一直是闽方言和客家方言交错使用的双语格局。抗日战火遍地燃烧之际，父亲执教的中山大学从云南迁至粤北坪石，他就把我从老家接到身边，让我在坪石广同会馆办的用粤语教学的小学上高小，这又使我有机会很快熟悉了粤语，能顺利地用粤语和老师、同学交谈，并为以后我到广州上高中上大学，以至毕业后长时间从事语言的调查研究，打下了粤语习得的基础。语言生活的多样化，三种方言同为母语使用的习惯，对我半个多世纪以来所走的学术道路产生了很大的影响，也为我长期跟语言研究结缘创造了条件。

我在 1949 年进入大学，读的是由语言学大师王力教授在广州中山大学创办的、全国唯一的语言学系。那时候，语言学在中国是冷门学科，人们只知道在大学里有主要研究中国文学的中文系，却很少想到会有专门研究语言的语言学系。在法国留学专攻语言学的王力先生，当年在西南联大回迁北京途中经过广州，留下来担任中大文学院院长。这时他有意改变大学中文系重文学轻语言的偏向，大力倡导培养语言学的专门人才。在中山大学校长的大力支持下，很快就在中大办起了语言学系，聘请了同是留法专攻语言学的岑麒祥教授出任系主任。语言学系开设了涵盖语言学各个方面的课程，如语音学、现代汉语语法、语法理论、方言调查、少数民族语言调查研究以及涉及传统语文学的中国语文概论、音韵学、中国文字学等，还有由岑麒祥教授主讲的选修课“世界语”。我在 1949 年入学时，包括我在内全班共有 7 个同学，加上此前已入学的同学，全系就只有 13 个学生；而教师呢，一共有 10 位之多，而且大多数是知名的教授。记得我们毕业那年，师生的毕业聚餐就在王力先生家里的客厅摆上两大圆桌，全系师生加上师母热热闹闹的，商承祚老师还即席清唱京戏助兴呢！母校语言学系当年为我们所提供的优越的学习条件和师生一家亲的深厚情谊，60 年来一直印刻在我的脑海里，实在难以忘怀！我们这些有幸负笈于中大语言学系的学子，毕业后大都兢兢业业地走在建设我国语言科学的大道上，这跟求学时期比较系统全面的专业学习、高素质名师的教导和浓郁的语言学术氛围是分不开的。对于我这个从小具有特殊语言背景的学生来说，语言学的情结更由此而生，逐渐在心中生根发芽。

大学毕业那一年，王力先生为了使我们通过实践掌握语言调查的基本技能，特意跟时任中南民族学院副院长的严学窘教授联系，让我们 7 个人到那里去调查少数民族学员的语言。7 个人分成三个组，我就和唐作藩兄一起，调查了广西仫佬族的语言。通过两个星期的记音整理，我们完成了这份作业，提交了调查报告。在撰写毕业论文时，我对当时国家进行的语文改革很感兴趣，加上在学期间曾积极参加拉丁化新文字的工作，有意在这方面写篇论文。王力先生得知我的想法后，建议我以“文字改革”为题撰写毕业论文，并主动担任我的指导教师，还把他早年出版的专著《汉字改革》拿来给我参考，使我深受感动。毕业离开中大时，王力先生谆谆叮嘱我，要珍惜我拥有多种方言母语的条件，今后多做方言的工作；他还提到国家要进行语文规范化工作，推行共同语也离不开方言的调查研究。我知道当时王力先生自己也写了为方言地区学习“国语”（普通话）用的书。他的教诲给了我很大的启示，我大学毕业后一直投身于方言调查研究和语言规范、语言社会应用的工作，走的正是王力先生当年给我指引的道路。

为了让我的方言学基础打得更扎实，1955 年王力先生又把我推荐给方言学大师袁家骅教授，让我到北大去跟随袁先生进修方言学。我在那里一待就是两年多，在袁先生的指导下参加了我国首部系统论述汉语各大方言的著作——《汉语方言概要》的编写，其间袁先生还让我随少数民族语言调查队远赴海南岛调查黎语半年，体验在少数民族地区进行田野调查的专业需求与生活磨炼。这两年多的业务实践，为我此后矢志不移地走语言研究之路奠定了重要的基础。我一头扎进各种稀奇古怪的语料中，却始终没有忘记王力先生在我离开大学生活时给我的教导：坚定不移地把方言研究和语言应用紧密结合起来，和贯彻、实施我国的语文政策紧密结合起来，和亿万人民的社会语言生活紧密结合起来。紧紧抓住这几个结合，方言工作就会充满活力，就会产生积极的社会效益，就会摆脱“冷门”的困境，焕发勃勃生机。

我这几十年来的学术活动，虽然始终以方言学为主线，实际上一直是汉语方言研究与语言应用研究并举的。例如，对于辞书的编纂，我一直认为既是传播科学文化、普及各类知识的重要举措，也是解决语言应用中各种问题的重要途径，是应该受到高度重视的。因此，我对辞书的编纂可谓情有独钟。从 20 世纪 70 年代中期开始，我就先后加入编纂大型辞书《汉语大字典》和《中国大百科全书·语言文字卷》的行列，忝为这两部辞书的编纂人员。20 世纪 80 年代初我在东京大学讲学时，日本学者为我出版的第一本选集是《汉语方言文集》（日本东京龙溪书舍，1982 年），选入的是我早期撰写的方言研究论文；但自 20 世纪 90 年代以后，我陆续出版的几部选集，内容就都是语言的论述与方言的论述兼备的了。如 1993 年的《语言与方言论集》（广东人民出版社），1995 年的《方言·共同语·语文教学》（澳门日报出版社），2003 年初版、2006 年增订的《漫步语坛的第三个脚印——汉语方言与语言应用论集》（暨南大学出版社），以及 2008 年的《詹伯慧语文评论集：庆祝詹伯慧教授从教五十五周年（1953—2008）》（暨南大学出版社）等。

总之，在我历来所发表的文章中，属于描写、探讨、论述方言问题的，其实只占其中的一部分。就我的方言研究来说，要说有什么特色的话，我自己认为是：比较重视方言的理论探讨，比较重视方言的应用研究，在方言研究中同时重视这两个方面。这一思想明显体现在我已发表的许多著述中，本书选入的文章和附录的相关评论，同样有所反映。这或许就是我在长期的学术实践中形成的学术路向、学术风格吧！

60 年来的学术生涯，我接触过的方言很多，但我并没有对每个接触到的方言本体问题，包括语音问题、词汇问题和语法问题等，一一进行微观的深入探讨，而是比较着力于根据接触到的方言现象，进行有关方言问题的理论探索。我觉得这类具有宏观视野的理论探讨，对于加深认识丰富多彩的汉语方言，推动方言学科的建设具有更重要的现实意义。在方言学界，做方言本体微观研究的很多，做有关方言理论探讨的却比较少。有鉴于此，我在自己的方言研究中，就有意多思考一些理论上的问题，也撰写了一些综合论述的论文。例如，关于方言和共同语关系的问题，关于汉语方言分区的问题，关于语言规范化和语言应用多元化的问题，关于共同语和方言的双语并用问题等，都常常在我的脑子里打转，诱发我动笔为文的念头。

从20世纪50年代起，我就积极参加贯彻推行我国语文政策的各项工作，视之为新时代语言专业工作者责无旁贷的职责；但同时，我又始终以汉语方言的调查研究作为我学术工作的主线。我深知实行汉语规范化与调查研究各地方言是互不矛盾的两件事，两者都是建设中国语言学这一学科的重大课题。民族共同语的推广并不以消除方言在社会上的流通为目的。在大力推行共同语的同时，仍然要保留各地的方言，让我们的社会出现既大力推广共同语，又继续发挥方言作用的双语并用、生动活泼的语言生活格局。这样的社会语言环境，对于构建当今人们常说的“和谐社会”，自然也会产生积极的作用。语言的运用牵涉到社会上每个人，但是，并非社会上所有的人都能明白方言和共同语这种“推广一种（共同语），保留多种（方言）；有主有从，并存并用”的关系。在雷厉风行推行普通话的时候，由于语文知识普及不够，人们对语文政策又缺乏足够的认识，往往难免出现一些误解，错以为“推普”是要让方言在社会上消失，是要把方言扫地出门。面对种种误解，我多年来陆续就方言和共同语的问题发表了不少意见，阐明我作为一个语言专业工作者的看法。这方面的论述自然也就在我的方言研究中占有相当大的比重了。

近期，随着人们对方言作为国家重要语言资源的认识逐步加深，方言资源的发掘与运用、方言在社会语言生活中享有的地位、方言在地域文化承传中所发挥的作用等许多有关方言的问题都深受社会关注，我们从事方言研究的人，自然更应该就这类问题多做理论上的探讨和引导了。方言的社会关注度日渐增长，我对方言的应用问题也倍加关切。我经常想到我们老一辈语言学家，像吕叔湘先生、王力先生等，总是谆谆嘱咐我们，要关注语言的社会应用，要让我们的语言研究产生社会效益，要多多普及语文知识。他们身体力行，在从事高层次语言学术研究的同时，也写了不少通俗性、应用性、普及性的语文“小册子”。语言研究要为语言应用服务，前辈大师们的学术实践使我深受教益，铭记在心。我想，语言研究要为语言应用服务，难道作为我国语言资源重要组成的汉语方言，就可以不考虑它的应用问题?

如前所述，在举国上下大力推行民族共同语的时候，人们对地方方言产生误解，以致误认为方言只存在研究、存古的价值，在社会应用上并不发挥作用。这种对方言的错位认识，现在到了应该认真反思的时候了。为此，打从20世纪90年代以来，我着意在方言的应用方面多做文章，以至于汉语方言的应用研究成为我晚年学术思考中的主要着力点。这一情况集中反映在我于2005年《语文研究》第2期上发表的《汉语方言的研究及其应用——纪念吕叔湘先生》和2008年《学术研究》第10期上发表的《粤语研究与粤语应用》这两篇文章上。其实，围绕着方言的应用开展学术活动早就在我的学术生涯中有所体现。例如，我一直把编写方言教科书看作方言学建设的重要一环。从20世纪50年代末参加袁家骅师编纂《汉语方言概要》到90年代组织几位同道编写《汉语方言及方言调查》（被国家教委推荐为全国高校方言学教材），这几十年间，我都把编写方言学教材，为年轻学子提供方言学入门用书当作方言研究为方言应用服务的一个重要环节。20世纪末，鉴于粤方言读音存在分歧，影响到粤方言的应用，我用了十年的时间组织粤、港、澳的粤语学者开展了粤语的审音工作，并在此基础上于2002年出版了《广州话正音字典》，这本书被认为是历史上第一本为方言正音的辞书。这类为方言的应用提供服务的工作，我是一直坚持在做的。跳出只单纯钻牛角尖做方言本体研究的境地，把视野扩大到方言的应用研究上来，既要深入研究方言的本体，细心发掘方言的特色，也要为方言的社会应用多做研究，这可说是我晚年主要的学术思想。前几年，我为出版社组织约请一批语言学界的知名学者协力编写一套“大家小书”系列丛书。我作为主编，自己先汇集一批应用性、通俗性的小文编成《语文杂记》出版，反响相当不错。我自己认为，这正是承传吕叔湘、王力等前辈学者的良好学风，在语言研究为语言应用服务的道路上迈出的步伐。为了使前辈学者重视语言应用的学风代代相传，我希望我们的语言学者都来关注语言的社会应用，特别是常为人们忽视的方言应用问题。

在这本选集付梓之际，我边想边写地记录下了自己60年来走过的学术历程，杂乱无章，就算是一篇极不完整的学术回忆录吧！

詹伯慧教授获奖情况

一、学术著作奖

1.《现代汉语方言》获1982年武汉大学科研优秀成果奖。

2.《珠江三角洲方言调查报告》第一卷《珠江三角洲方言字音对照》获广东省第四次优秀社会科学研究成果奖二等奖（1989年）。

3.《珠江三角洲方言调查报告》第二卷《珠江三角洲方言词汇对照》、第三卷《珠江三角洲方言综述》获广东省第五次优秀社会科学研究成果奖一等奖（1994年）。

4.《珠江三角洲方言调查报告》1～3卷获广东省高等教育1995年人文社会科学研究优秀成果奖一等奖（1995年）。

5.《珠江三角洲方言调查报告》1～3卷获国家教委全国高等学校人文社会科学研究优秀成果奖二等奖（1995年）。

6.《粤北十县市粤方言调查报告》获国家教委第二届全国高等学校出版社优秀学术著作奖（1995年）。

7.《汉语方言及方言调查》获国家教委第三届普通高等学校优秀教材二等奖（1995年）。

8.《珠江三角洲方言调查报告》1～3卷获“七五”“八五”广东省社科规划课题优秀成果奖二等奖（1999年）。

9.《粤西十县市粤方言调查报告》获第六次广东省社会科学研究成果奖二等奖（1999年）。

10.《广东地区社会语言文字应用问题调查研究》获1999—2000年度中国大学版协优秀学术著作一等奖（2001年）。

11.《广东粤方言概要》获广东省哲学社会科学“九五”规划优秀成果奖三等奖（2003年）。

12.《广东粤方言概要》获中国大学出版社协会2001—2002年度中南地区大学出版社优秀学术著作一等奖（2003年）。

13.《漫步语坛的第三个脚印——汉语方言与语言应用论集》获广东省人民政府文

史研究馆2003年度优秀作品奖（2004年）。

14.《广东粤方言概要》获第七届“广东省优秀图书、期刊、作品奖”（优秀图书政府奖）二等奖（2004年）。

15.《广东粤方言概要》获广东省首届哲学社会科学优秀成果奖一等奖（政府奖）（2005年）。

16.《新时空粤语（上册）》获广东省人民政府文史研究馆2006年度优秀作品奖（2007年）。

17.《新时空粤语（上册）》获中国大学出版社协会2005—2006年度中南地区大学出版社优秀教材一等奖（2007年）。

18.《詹伯慧语文评论集：庆祝詹伯慧教授从教五十五周年（1953—2008）》获广东省人民政府文史研究馆2008年度优秀作品奖（2009年）。

19.《语文杂记》获广东省人民政府文史研究馆2010年度优秀作品奖（2011年）。

20.《文士情怀——詹伯慧书法展》获广东省人民政府文史研究馆2011年度优秀作品奖（2012年）。

21.《广府方言》（与甘于恩合著）获广东省人民政府文史研究馆2012年度优秀作品奖（2013年）。

22.《汉语方言学大词典》获广东省第八届哲学社会科学优秀成果奖一等奖（2019年）。

23.《汉语方言学大词典》获第七届中华优秀出版物（图书）奖（2019年）。

24.《汉语方言学大词典》获教育部第八届高等学校科学研究优秀成果奖（人文社会科学）一等奖（2020年）。

25.《汉语方言学大词典》获第五届中国出版政府奖（2021年）。

二、先进工作者奖

1. 1989年、1994年两次被广东省社会科学联合会评为广东省社会科学团体先进工作者。

2. 1992年10月获国务院颁发有突出贡献证书，自1992年10月享受政府特殊津贴。

3. 1992年12月被国家语言文字工作委员会评为全国语言文字先进工作者。

4. 1997年4月获评暨南大学“八五”期间杰出科研工作者。

5. 1997年12月被国家语言文字工作委员会评为全国语言文字先进工作者。

6. 2001年9月获暨南大学“优秀研究生导师”奖。

7. 2002年9月获暨南大学2002年“十佳先进个人”称号。

8. 2002年10月22日，全国政协在京举行政协第九届全国委员会优秀提案和先进承办单位表彰大会，在16 255件提案中评出优秀提案200件，詹伯慧凭“中小学减负不能够形式主义，不能一哄而上，必须充分认识，全社会配合，以求实效”这一提案（在第三次会议上）获评优秀提案，由全国政协颁发荣誉证书。

9. 2006年9月获暨南大学终身贡献奖。

10. 2007年2月获评广东省人民政府文史研究馆2006年度优秀馆员。

11. 2011年1月获广东省人民政府文史研究馆2010年度积极贡献奖。

12. 2011年6月获评首届广东省优秀社会科学家。

13. 2021年6月获中国民主同盟中央委员会授予杰出盟员奖。

詹伯慧教授著述目录

（1950—　　）

一、著作

1. 在反动统治下英勇斗争的和平战士	华南人民出版社	1951
2. 武汉人怎样学习普通话	湖北人民出版社	1956
3. 汉语方言概要（集体编著，袁家骅主编）	文字改革出版社	1960 初版，1983
	语文出版社	2001 第 2 版
4. 湖北方言概况（初稿，集体编著）	湖北省教育厅油印本	1960
5. 语法知识（与陈恩泉、钟隆林合著）	湖北省直属机关业余大学教材	1964
6. 现代汉语（集体编写）	武汉大学教材	1974、1978
7. 现代汉语（集体编著，黄伯荣、廖序东主编）	甘肃人民出版社，现由高等教育出版社出版	1979 初版
8. 现代汉语方言	湖北人民出版社	1981
	日本东京光生馆（日译本）	1983
	湖北教育出版社	1985
	台湾新学识文教出版中心	1991
9. 浠水方言纪要	日本东京龙溪书舍	1981
10. 汉语方言文集	日本东京龙溪书舍	1982
11. 东瀛杂记	武汉大学出版社	1982
12. 日本面面观（《东瀛杂记》，增订本）	人民文学出版社	1989
13. 珠江三角洲方言字音对照——珠江三角洲方言调查报告之一（合著，与张日昇共同主编）	广东人民出版社、新世纪出版社	1987
14. 珠江三角洲方言词汇对照——珠江三角洲方言调查报告之二（合著，与张日昇共同主编）	广东人民出版社、新世纪出版社	1988
15. 学讲汉语普通话（与饶秉才、陈慧英合著）	中国国际广播出版社	1989

16. 珠江三角洲方言综述——珠江三角洲方言调查报告之三（合著，与张日昇共同主编）	广东人民出版社、新世纪出版社	1990
17. 汉语方言及方言调查（主编，与黄家教、许宝华、李如龙合著）	湖北教育出版社	1991、2001
18. 语言与方言论集	广东人民出版社	1993
19. 粤北十县市粤方言调查报告（合著，与张日昇共同主编）	暨南大学出版社	1994
20. 方言·共同语·语文教学	澳门日报出版社	1995
21. 粤港澳学生用普通话常用词手册	暨南大学出版社	1997
22. 汉语方言论集（与黄家教等合著）	北京语言文化大学出版社	1997
23. 东莞方言词典（与陈晓锦合著）	江苏教育出版社	1997
24. 粤西十县市粤方言调查报告（合著，与张日昇共同主编）	暨南大学出版社	1998
25. 广东地区社会语言文字应用问题调查研究（合著，主编）	暨南大学出版社	2000
26. 广东粤方言概要（主编）	暨南大学出版社	2002
27. 广州话正音字典（主编）	广东人民出版社	2002
28. 现代汉语方言概论（合著，侯精一主编）	上海教育出版社	2002
29. 漫步语坛的第三个脚印——汉语方言与语言应用论集	暨南大学出版社	2003 初版，2006 增订本
30. 饶平客家话（合著，第一作者）	广东饶平客属海外联谊会、澳门环球文化传播有限公司	2003
31. 普通话水平测试实施纲要（普通话水平测试国家指导用书，编写第三部分中的“普通话与粤方言词语对照表”）	商务印书馆	2004
32. 新时空粤语（上册）（与丘学强共同主编）	暨南大学出版社	2006
33. 詹伯慧语文评论集：庆祝詹伯慧教授从教五十五周年（1953—2008）（邓景滨、刘新中编）	暨南大学出版社	2008
34. 新时空粤语（下册）（与丘学强共同主编）	暨南大学出版社	2009
35. 语文杂记（“大家小书”丛书之一）	暨南大学出版社	2010
36. 东瀛杂记（《日本面面观》重版本）	暨南大学出版社	2011
37. 文士情怀——詹伯慧书法展（洪楚平主编）	公元出版有限公司（香港）	2011

38. 广东客家（温宪元等著，编写“方言”一章）	广西师范大学出版社	2011
39. 广府方言（与甘于恩合著，“广府文化丛书”之一）	暨南大学出版社	2012
40. 詹伯慧自选集	中山大学出版社	2015
41. 汉语方言学大词典：全2卷（与张振兴共同主编）	广东教育出版社	2017
42. 詹伯慧书法（洪楚平主编）	书艺出版社（香港）	2017
43. 詹伯慧书法（三）（李跃城编）	花城出版社	2021

二、主编及校订论文集

1. 第二届国际粤方言研讨会论文集（主编）	暨南大学出版社	1990
2. 中国文化专题精编（校订本）	香港伟文出版社	1992
3.《中国语文研究》第十一期第三届国际闽方言研讨会专号（主编之一）	香港中文大学中国文化研究所	1995
4. 第四届国际闽方言研讨会论文集（主编之一）	汕头大学出版社	1996
5. 第五届国际粤方言研讨会论文集（主编）	暨南大学出版社	1997
6. 广东省中国语言学会通讯（1—12）（主编）	广东省中国语言学会	1986—2007
7. 詹安泰词学论集	汕头大学出版社	1997
8. 第五届国际闽方言研讨会论文集（主编之一）	暨南大学出版社	1999
9. 暨南大学汉语方言学博士研究生学术论文集（主编）	暨南大学出版社	2001
10. 第八届国际粤方言研讨会论文集（主编）	中国社会科学出版社	2003
11. 詹安泰全集（主编）	上海古籍出版社	2011
12. 语言多维研究新视角（与邵敬敏共同主编）	商务印书馆	2017

三、单篇文章

［1950 年］

1. 加强团结，把新文字推广开去	《新文字周刊》第 46 期	上海

［1951 年］

2. 教师采取主动是搞好师生关系的要素	《广东教育与文化》第 3 卷第 1 期	广州
3. 关于汉字写法的横直行	《广东教育与文化》第 3 卷第 2 期	广州
4. 关于简体汉字的问题	《广东教育与文化》第 3 卷第 3 期	广州
5. 文教工作者要重视文字改革问题	《广东教育与文化》第 3 卷第 5 期	广州
6. 我看了《中国民族大团结》	《大公报·电影圈》3 月 28 日	香港

［1952 年］

7. 祖国的语言文字	《广东教育与文化》第 4 卷第 3 期	广州

［1954 年］

8. 对争论语法理论问题的意见	《中国语文》第 3 期	北京

［1956 年］

9. 介绍两本指导普通话学习的书	《中国语文》第 4 期	北京
10. 评介《语音常识》（董少文著）	《语文学习》第 5 期	北京
11. 关于汉语规范化	《长江日报》12 月 15—17 日	武汉

［1957 年］

12. 海南方言中同义字的训读现象	《中国语文》第 6 期	北京
13. 评《汉语史稿》上册（王力著）	《中国语文》第 11 期	北京

［1958 年］

14. 万宁方音概述	《武汉大学学报》第 1 期	武汉
15. 粤方言中的虚词“亲、住、翻、埋、添”	《中国语文》第 3 期	北京
16. 潮州话的一些语法特点	《中国语文》第 5 期	北京
17. 厚古薄今一例	《中国语文》第 6 期	北京
18. 语言学课程整改笔谈	《中国语文》第 8 期	北京
19. 收集和整理汉语方言词汇	《中国语文》第 11 期	北京

［1959 年］

20. 海南岛“军话”语音概述	《语言学论丛》（第三辑），北京大学中文系语言学论丛编辑部编，上海教育出版社	上海
21. 潮州方言	《方言和普通话丛刊》（第二本），《中国语文》杂志社编，中华书局	北京
	日本名古屋采华书林重版，1996 年	名古屋

22. 广济方音和北京语音的比较	《武汉大学学报》第 6 期	武汉

[1960 年]

23. 有关编写《学话手册》的几个问题	《中国语文》第 10 期	北京

[1962 年]

24. 浠水话动词“体”的表现方式	《中国语文》第 8、9 期	北京

[1963 年]

25. 关于汉语方言词汇调查研究的问题（与黄家教合著）	《武汉大学学报》第 1 期	武汉
26. 有关汉语方言分区的一些问题（与黄家教、陈世民合著）	《厦门大学学报》（哲学社会科学版）第 4 期	厦门

[1964 年]

27. 鄂南蒲圻话的语音特点（与李元授合著）	《武汉大学学报》第 1 期	武汉

[1965 年]

28. 谈汉语方言语法材料的收集和整理（与黄家教合著）	《中国语文》第 3 期	北京

[1966 年]

29. 什么是四声？什么是平仄？	《武汉晚报》2 月 5 日	武汉

[1979 年]

30. 汉语字典词典注音中的几个问题	《中国语文》第 1 期	北京
31. 略谈方言和普通话的语法差异	《光明日报·文字改革》2 月 14 日	北京
32. 略谈普通话学习中的“知己知彼”	《武汉大学学报》第 2 期	武汉
33. 郧县方音纪要	《江汉语言学丛刊》（第 1 集），湖北省语言学会	武汉

[1980 年]

34. 我的几点想法	《中国语文通讯》第 2 期	北京
35. 30 年来中国语言工作的一些情况	《中国语学》第 227 期	东京
	《语文现代化》第 4 期	北京
	《武汉大学学报》1981 年第 3 期	武汉

36. 王力先生对汉语规范化的贡献（与唐作藩、杨耐思合著）	《语文现代化》第 4 期	北京
37. 关于日本国立国语研究所和日本的汉语研究工作	《语文现代化》第 4 期	北京
38. 交流文化，发展友谊	日本东京大学《教养学部报》	东京

[1981 年]

39. 日本中国语学会第三十届年会	《国外语言学》第 2 期	北京
40. “可别误会”	《文汇报》8 月 11 日	香港
41. 日本人的姓名	《文汇报》8 月 19 日	香港
42. 王力先生——经历和业绩	《中国语》第 260 期	东京
43. 汉语北方方言的一致性和差异性	《中国语学》第 228 期	东京
44. 汉语方言研究概况和有关的几个问题	《语文杂志》第 8 期	香港

[1982 年]

45. 日本中国语学会第三十一届年会	《国外语言学》第 1 期	北京
46. 谈谈汉字改革问题	《语文研究》第 1 期	太原
47. 地名趣谈	《文汇报》2 月 12 日	香港
48. 中国语热	《文汇报》3 月 14 日	香港
49. 谈谈汉语方言的调查研究	《亚非语言计数研究》（CAAAL）第 19 期	东京

[1983 年]

50. 漫谈汉语方言	《字词天地》第 1 期	武汉
51. 对修订《现代汉语》教材的几点意见	《汉语学习》第 2 期	延吉
52. 广州方言中的特殊语序现象（与黄家教合著）	《语言研究》第 2 期	武汉
53. 根深叶茂的日本中国语学会	《国外语言学》第 3 期	北京
54. 汉语方言的调查研究	《中国百科年鉴》，《中国百科年鉴》编辑部编，中国大百科全书出版社	北京
55. 我心目中的语言学大师——纪念赵元任先生逝世一周年	《语文杂志》第 11 期	香港
56. 评介《广州话方言词典》（饶秉才、欧阳觉亚、周无忌编著）	《中国语文》第 3 期	北京

［1984 年］

57. 谈汉语方言知识在现代汉语教学中的运用	《语文月刊》第 4 期	广州
58. 略论划分汉语方言的条件	《语文杂志》第 12 期	香港
59. 一衣带水情意浓	《长江日报》9 月 16 日、9 月 23 日、10 月 4 日、10 月 7 日	武汉

［1986 年］

60.《广州话普通话语音对照手册》序	《广州话普通话语音对照手册》，施仲谋编著，香港风华书局有限公司	香港
61. 广东方言漫话	《广东语文报》1985—1986 年	广州
62. 从社会的需要论语文教师的培训	《语文教师培训与语文教学》专集，香港语文教育学院编	香港
63. 有关汉语方言工作的一些认识（与黄家教合著）	《语文研究》第 3 期	太原
	《韩山师专学报》1985 年 1 月	潮州
64. 就广东的情况谈推广普通话的一些问题	《语文建设》第 4 期	北京
65. 谈汉语方言的语音调查（与黄家教合著）	《中山大学学报》第 4 期	广州

［1987 年］

66. 谈当前的语言文字工作	《澳门日报·语林》第 3 ~ 8 期（1986—1987 年）	澳门
	《暨南学报》（哲学社会科学版）第 3 期	广州
	澳门中国语文学会《语丛》1988 年第 1 期	澳门
67. 汉语名词解释	《广东语文报》第 28、30、32 期（1—2 月）	广州
68. 广东方言说略（提要）	《澳门日报·语林》第 11 期（4 月 5 日）	澳门
69. 谈谈新闻从业人员的语文修养	《澳门日报·语林》第 18 ~ 25 期（7—10 月）	澳门
	澳门中国语文学会《语丛》1988 年第 2 期	澳门
	《暨南学报》（人文科学与社会科学版）1988 年第 2 期	广州
70. 评介《中国大百科全书·语言文字卷》	香港大学《东方文化》第 2 期	香港

71. 谈谈语文学习	香港中文大学教育学院二十周年纪念专刊《教学集》	香港
72. 鄂南蒲圻话的词汇语法特点（与李元授合著）	《武汉大学学报》第5期	武汉
73. 祝贺与期望（为《语文月刊》创刊五周年而作）	《语文月刊》第4期	广州

［1988年］

74. 进一步发挥汉语拼音的巨大作用	《语文建设》第1期	北京
	《汉语拼音论文选》，本社编，文字改革出版社	北京
75. 汉语方言	《中国大百科全书·语言文字卷》，中国大百科全书出版社编辑部，中国大百科全书出版社	北京
76. 官话方言	《中国大百科全书·语言文字卷》，中国大百科全书出版社编辑部，中国大百科全书出版社	北京
77. 湘方言	《中国大百科全书·语言文字卷》，中国大百科全书出版社编辑部，中国大百科全书出版社	北京
78. 闽方言	《中国大百科全书·语言文字卷》，中国大百科全书出版社编辑部，中国大百科全书出版社	北京
79. 粤音韵汇	《中国大百科全书·语言文字卷》，中国大百科全书出版社编辑部，中国大百科全书出版社	北京
80. 广东粤语分区刍议	《学术研究》第3期	广州
81. 小议高等教育改革中的几个问题	《高教探索》第3期	广州
82. 谈谈方言和普通话	《华文研究》第3期	新加坡
83. 故乡情思	《广东语文报》第11期	广州
	饶平县文联编《饶平乡情》	广东饶平
84. 新加坡的推广华语运动	《广东语文报》（推广普通话版）第34～40期	广州
	《语文建设》第6期	北京
	《澳门日报·语林》第50期（10月2日）	澳门
85. 《古汉语常用同义词辨析》序	《语文月刊》第6期	广州
86. 闽方言的分布及其主要特征	香港大学中文系六十周年纪念专刊《东方》	香港

87. 结合重大科研项目培养研究生的几点体会	《暨南教育》第7期	广州

［1989年］

88. 对文科科研工作的一些想法	《高教探索》第1期	广州
89. 汉语方言分区问题驳议	《语言文字学术论文集——庆祝王力先生学术活动五十周年》，吕叔湘等著，知识出版社	上海
90. 学府决不能变成官府	《群言》第1期	北京
91. 处处留心皆学问	《广东语文报》第72期（2月28日）	广州
92. 关于闽方言研究的一封信	《澳门日报·语林》第64期（4月16日）	澳门
93. 广东方言研究述略	《澳门日报·语林》第67期（5月28日）	澳门
94. 海南岛的语言研究工作	《广东省中国语言学会通讯》第3期	广州
	《海南省语言学会通讯》第1期	海口
95.《双语双方言》序言	《双语双方言》，陈恩泉主编，中山大学出版社	广州
96. 方言和规范化杂议	《双语双方言》，陈恩泉主编，中山大学出版社	广州
	《双语双方言与现代中国》，陈恩泉主编，北京语言文化大学出版社，1999年	北京
97. 现代汉语方言概况	《现代汉语教学说明及习题解答》，黄伯荣、廖序东主编，甘肃人民出版社	兰州
98.《文学翻译学》序	《文学翻译学》，杨烈雄著，中国经济出版社	北京
99. 谈谈对外汉语教学	《语言教学与研究》第3期	北京
	澳门中国语文学会《语丛》第4期	澳门
100. 请留神“同中有异”	《世界汉语教学》第3期	北京
101.《学术论文写作研究》序	《学术论文写作研究》，王吉亮、郑惠卿著，山东大学出版社	济南
102. 广东汉语方言研究四十年	《学术研究》第5期	广州
103. 珠江三角洲粤方言常用词述略	《方言》第4期	北京
	澳门中国语文学会《语丛》第4期	澳门
	《暨南学报》（哲学社会科学版）1990年第1期	广州

104. 中国辞书编纂出版事业蓬勃发展	《澳门日报·语林》第 81 期（12 月 10 日）	澳门
	《语文月刊》1990 年第 2 期	广州
105. 工厂标牌语言剖析	《语文建设》第 6 期	北京

［1990 年］

106. 现代汉语方言研究的重大成就	《云南方志》第 1 期	昆明
	《云南语言研究》（第 2 集）	昆明
107. 关于辞书学和辞书研讨会的通信	《辞书研究》第 1 期	上海
108. 《新丰方言志》序	《新丰古今》第 1 期	广东新丰
109. 怀念王了一师	《中国语文通讯》第 7 期	香港
	《龙虫并雕　一代宗师：中外学者论王力》，张谷、王辑国编，广西教育出版社，1993 年	南宁
110. 广东省中国语言学会的工作	《澳门日报·语林》第 89、90 期（4 月 1 日、4 月 15 日）	澳门
111. 《第二届国际粤方言研讨会论文集》序	《澳门日报·语林》第 93 期（5 月 27 日）	澳门
	《第二届国际粤方言研讨会论文集》，詹伯慧主编，暨南大学出版社	广州
112. 珠江三角洲方音说略	《王力先生纪念论文集》，《王力先生纪念论文集》编委会编，商务印书馆	北京
113. 检阅闽方言研究成果的一次盛会——第二届国际闽方言研讨会述评	《澳门日报·语林》第 103 期（10 月 14 日）	澳门
	《学术研究》第 6 期	广州
114. 广东境内三大方言的互相影响	《方言》第 4 期	北京
	《第二届国际粤方言研讨会论文集》，詹伯慧主编，暨南大学出版社	广州
115. 关于广州话审音问题的思考	《中国语文通讯》第 11 期	香港
116. 艰苦创业美名扬的法国潮人——巴黎华埠散记	《广州潮人海外联谊会会刊》第 2 期	广州

［1991 年］

117. 访法归来谈潮人	《华夏》第 1 期	广州
118. 坚持简化方向，坚持规范化原则	《语文建设》第 1 期	北京

119. 群策群力，把广东的语言文字规范工作做好	《暨南学报》（人文科学与社会科学版）第2期	广州
	《语言文学论集》，广东教育出版社	广州
120. 汉语促进国际文化交流	《澳门日报·语林》第112期（2月3日）	澳门
	《华夏》第2期	广州
121. 粤语研究中几个问题的思考	《中国语文通讯》第15期	香港
122. 抓紧关键环节，切实做好自身建设工作	《中央盟讯》第6期	北京
123.《汉语语法》序	《汉语语法》，冯锦威著，广东教育出版社	广州
124. 第三届国际粤方言研讨会（澳门）述评	《澳门日报·语林》第128期（9月29日）	澳门
	《华夏》第5期	广州
125. 推行共同语和双语并用	《深圳教育学院学报》第2期	深圳
126. 弘扬中华文化的盛会——汉学研究之回顾与前瞻国际会议（新加坡）综述	《澳门日报·语林》第131、132期（11月10日、11月24日）	澳门
	《广东学术通讯》第12期	广州
	《岭南文史》1992年第1期	广州
127. 珠江三角洲方言调查成绩辉煌	《澳门日报·语林》第133期（12月8日）	澳门

[1992年]

128. 齐心协力，为繁荣广东语言研究工作多作贡献	澳门中国语文学会《语丛》第2期	澳门
129. 汉语方言研究中的几个问题——在第24届国际汉藏语言学会议（曼谷、清迈）上宣读论文	《暨南学报》（人文科学与社会科学版）第2期	广州
130. 汉语方言研究的回顾与前瞻	《学术研究》第1期	广州
	《汉学研究之回顾与前瞻》（全二册），林徐典编，中华书局，1995年	北京
131. 推广普通话适应改革开放	《人民日报》3月2日	北京
	《南方日报》3月4日	广州
132. 改变广东方言环境小议	《羊城晚报》3月25日	广州
133. 口语、书面语、文言、白话、普通话、方言	《出版词典》，边春光主编，上海辞书出版社	上海
134. 海南岛语言资源的开发大有可为	《华夏》第2期	广州
135. 饶平上饶客家话语言特点说略	《中国语文研究》第10期	香港

136. 为中学生的佳作叫好！《中国著名中学华南师大附中作文精华》序	《澳门日报·语林》第150期（8月2日）	澳门
137. 谈谈汉语方言与语文教学	《澳门日报·语林》第158~162期（11月12日、12月6日、12月20日、1993年1月3日、1993年1月17日）	澳门
	澳门中国语文学会《语丛》1993年第1期	澳门
	《语文教育学院学报》1994年第11期	香港
	香港语文教育学院中文系学术演讲第二集《语文教师的认识》，李学铭编，1994年	香港
138. 四十年来汉语方言研究的回顾	《大陆杂志》第85卷第3期（9月15日）	台北
139. 略论广东的推广普通话工作	《普通话》第2期	香港
140. 群策群力，把广东的“推普”工作推向前进	《韶关大学学报》第3期	广东韶关
141. 略论方言、共同语与双语制问题	《双语双方言》（二），陈恩泉主编，彩虹出版社	香港
	《双语双方言与现代中国》，陈恩泉主编，北京语言文化大学出版社，1999年	北京

[1993 **年**]

142. 语文杂议	《中国语文通讯》第24期	香港
143. 专名的简缩	《中国语文通讯》第25期	香港
144. 普通话“南下”与粤方言“北上”	《语文建设通讯》第39期	香港
	《学术研究》第4期	广州
	《人大复印资料·语言文字》	北京
145. 小议香港中文科教学的问题和对策	《暨南学报》（人文科学与社会科学版）第2期	广州
	澳门中国语文学会《语丛》1992年第3~4期	澳门
	复印报刊资料《中学语文教学》第5期	北京
	《语文教学面面观》，香港中文教育学会编，香港文化教育出版社，1994年	澳门

146. 一次面对语言生活现实的盛会——第三届双语双方言研讨会（国际）述评	《澳门日报·语林》第179期（9月12日）	澳门
	澳门中国语文学会《语丛》第2期	澳门
147. 广东省饶平方言记音	《方言》第2期	北京
148. 第三届国际闽方言研讨会	《方言》第2期	北京
149. 为“羊城粤语60秒”开播说几句话	《屏幕之友》（6月3日）	广州
150. 广州话审音方案	《中国语文通讯》第27期	香港
	澳门中国语文学会《语丛》第3期	澳门
151. 广东省中国语言学会年会	《中国语文通讯》第27期	香港
152.《东莞方言说略》序	《东莞方言说略》，陈晓锦著，广东人民出版社	广州
153. 四十年来汉语方言研究工作的回顾	《中国语文研究四十年纪念文集》，刘坚、侯精一主编，北京语言学院出版社	北京
154. 经济发展与推广普通话	《语文建设》第12期	北京
155. 把握方向，大力开展粤方言的研究工作	《广州话研究与教学》，郑定欧主编、周小兵副主编，中山大学出版社	广州
	《岭南文史》1994年第1期	广州
156. 翰墨缘——小时候替爸爸磨墨牵纸	《广东第二课堂》第11期	广州
157. 背诵唐诗的滋味	《广东第二课堂》第12期	广州
	《河间天地》第2期	深圳
158. 再论方言、共同语与双语制问题——在第三届双语双方言研讨会（国际）的讲话	《语文建设通讯》第42期	香港
	《乙种：双语双方言》（三），陈恩泉主编，汉学出版社	香港
159.《饶平客家丛书》序	《饶平客家丛书》，广东饶平客属海外联谊会编	广州
160. 一本普及语文知识的佳作——序邓景滨《语文漫笔》序	澳门中国语文学会《语丛》第4期	澳门
	《澳门日报·语林》第202期（1994年9月11日）	澳门
	《暨南学报》（哲学社会科学版）1994年第4期	广州
	《澳门语言学刊》1995年创刊号	澳门

[1994 年]

161. 为辞书学界的打假批劣叫好！——中国辞书学会第一届年会（广州）述评	《澳门日报·语林》第 189、190 期（3 月 13 日、3 月 27 日）	澳门
162. 第四届国际粤方言研讨会	《方言》第 2 期	北京
163. 我谈语文规范化	《语文建设》第 5 期	北京
164. 小议潮汕方言的宏观研究	《学术研究》第 5 期	广州
	《潮州学国际研讨会论文集》（上册），郑良树主编，暨南大学出版社	广州
165. 詹安泰教授的生平与学术成就述略	《潮学研究》第 2 期	汕头
166. 珠江三角洲粤方言述要（与张日昇合著）	《第一届国际粤方言研讨会论文集》，单周尧主编，现代教育研究社	香港
167. 粤北十县市白话语音特点述略	《方言》第 4 期	北京
168. 第三届双语双方言研讨会（国际）述评	《中国语文通讯》第 31 期	香港
169. 汉语方言语法研究大有可为——《汉语方言语法调查手册》序	《语文研究》第 4 期	太原
	《人大复印资料·语言文字》第 2 期	北京
170. 广州话审音工作的进展及有关问题的认识	《中国语文通讯》第 32 期	香港
	《澳门日报·语林》第 204 期（10 月 9 日）	澳门
171. 饶平县志（第三十一篇“方言”）	饶平县地方志编纂委员会，广东人民出版社	广州

[1995 年]

172.《广州话正音字典》编写细则	《澳门日报·语林》第 212 期（1 月 29 日）	澳门
173. 澳门语坛又一佳作——邓景滨《语坛争鸣录》序	《澳门日报·语林》第 216、217 期（3 月 26 日、4 月 9 日）	澳门
	《澳门语言学刊》1995 年创刊号	澳门
174. 第四届国际闽方言研讨会（海南）述评	《澳门日报·语林》第 219、220 期（5 月 7 日、5 月 21 日）	澳门
175. 广东中国语言学会举行学术年会	《澳门日报·语林》第 223 期（7 月 2 日）	澳门
176. 1995 年广东中国语言学会学术年会报道	《语文建设通讯》第 48 期	香港

177. 广东省中国语言学会 1994—1995 学术年会	《中国语文通讯》第 35 期	香港
178. 海峡两岸开展闽南方言研究之我见	《学术研究》第 4 期	广州
179. 对方言和普通话性质的再认识	《语文建设通讯》第 49 期	香港
180.《东莞方言词典》引论（与陈晓锦合著）	《方言》第 3 期	北京
181. 第四届国际闽方言学术研讨会	《方言》第 3 期	北京
182. 第四届国际闽方言研讨会述评	《中国语文》第 5 期	北京
183. 汉语方言调查与汉语规范化	《语文建设》第 10 期	北京
184. 祝贺与随想（代序）	《语言文学论丛》，广东教育学院编，华南理工大学出版社	广州
185. 汉语方言研究的回顾与前瞻——在台湾“中央研究院”历史语言研究所的讲话	《中国语文通讯》第 36 期	香港
186. 关于闽方言研究的几点思考	《中国语文研究》第 11 期（第三届国际闽方言研讨会专刊）	香港
187. 研究粤语词汇的一部佳作——曾子凡《广州话·普通话语词对比研究》序	《澳门日报·语林》第 235 期（12 月 17 日）	澳门
	《语文研究》第 1 期	太原
188. 要进一步搞好广东的推普工作——纪念全国文字改革和现代汉语规范化 40 周年	《南方日报》12 月 19 日	广州
189.《广州话正音字典》编辑出版方案及《凡例》	澳门中国语文学会《语丛》第 2 期	澳门
190. 为促进语文现代化而努力奋斗——纪念全国文字改革和现代汉语规范化 40 周年	《广东语文报》（推普版）第 135 期（12 月 21 日）	广州
191. 汉语方言词汇差异述略	澳门中国语文学会《语丛》第 28 期	澳门

［1996 **年**］

192. 对香港语言问题的几点思考	《中国语文》第 2 期	北京
193. “1997 与香港中国语文”研讨会述评	《学术研究》第 4 期	广州
	《人大复印资料·语言文字》第 8 期	北京
	《澳门日报·语林》第 241 期摘录（3 月 10 日）	澳门
	澳门中国语文学会《语丛》第 1 期	澳门
194.《中国语文教学的现状与发展》（李学铭著）序	《中国语文通讯》第 37 期	香港

195. 第五届国际粤方言研讨会	《方言》第1期	北京
196. 语言规范与语言应用	《语言与传意》，程祥徽主编，海峰出版社	香港
197. 闽粤琼语词汇比较研究（与李如龙、高然、甘于恩合著）	《第四届国际闽方言研讨会论文集》，詹伯慧、李如龙、张双庆主编，汕头大学出版社	汕头
198.《第四届国际闽方言研讨会论文集》前言	《第四届国际闽方言研讨会论文集》，詹伯慧、李如龙、张双庆主编，汕头大学出版社	汕头
199. 试论粤方言地区的推广普通话工作	《学术研究》第9期	广州
	《语文建设》第1期	北京
	澳门中国语文学会《语丛》第31期	澳门
	《语文现代化论丛》（第三辑），王均主编，语文出版社，1997年	北京
200. 让更多的香港同胞早日学会普通话——《实用普通话速成》序	《实用普通话速成》，熊怀苑著，广东高等教育出版社	广州
	《澳门日报·语林》第256期（10月6日）	澳门
201. 一部方言学与音韵学的力作——李如龙《方言与音韵》序	澳门中国语文学会《语丛》第30期	澳门
202. 不断开拓，继续前进——第五届国际粤方言研讨会开幕词	《暨南学报》（人文科学与社会科学版）第4期	广州
203.《普通话声调中心测试法》序	《普通话声调中心测试法》，王群生主编，内蒙古人民出版社	呼和浩特
204. 方言和普通话杂议	《乙种：双语双方言》（四），陈恩泉主编，汉学出版社	香港
205.《广东光明书画学会作品集》序	《广东光明书画学会作品集》，何沛行摄影，1996年	广州
206. 杂议潮汕文化研究	《澳门日报·语林》第284～286期（11月30日、12月14日、12月28日）	澳门
	《潮学研究》1997年第6期	汕头

［1997 **年**］

207. 粤西十县（市）粤方言语音与广州语音比较（与邵宜、伍巍合著）	《方言》第1期	北京
	《第五届国际粤方言研讨会论文集》，詹伯慧主编，暨南大学出版社	广州

208.《粤语区人学习普通话教程》序	《粤语区人学习普通话教程》，周小兵主编，高等教育出版社	北京
	《语文月刊》第 7 期	广州
209. 我所认识的饶宗颐教授	《东方文化》第 4 期	广州
	《澳门日报·新园地》3 月 12—16 日	澳门
	《饶宗颐学术研讨会论文集》，曾宪通主编，翰墨轩出版有限公司	香港
	《文史资料》第 17 辑，潮州市政协编	潮州
	《走近饶宗颐》，潮州市地方办公室编，2005 年	潮州
210. 试论方言与共同语的关系	《方言与共同语论文集》，程祥徽主编，海峰出版社	香港
	《语文建设》第 4 期	北京
	《第五届国际闽方言研讨会论文集》，詹伯慧、王建设等著，暨南大学出版社，1999 年	广州
	《现代汉语通论参考文献精选》，邵敬敏主编，上海教育出版社，2002 年	上海
211. 回归前后的香港语言生活	《学术研究》第 5 期	广州
212. 对香港多元文化语言生活的思考	《岭南文史》第 2 期	广州
213. 广东客家方言研究之我见	《学术研究》第 7 期	广州
	《客家大观园》2000 年第 1 ~ 2 期	梅州
214. 认识—研究—再认识—再研究——对潮汕文化的一些想法	《文史知识》第 9 期	北京
215. 广东省中国语言学会举行学术年会	《中国语文通讯》第 43 期	香港
216. 要做有心人	《暨南大学》第 217 期	广州
217. 香港语言生活多元化	《广东盟讯》第 3 期	广州
218.《潮汕人学习普通话辨正》序	《潮汕人学习普通话辨正》，陈基藩主编，广东人民出版社	广州
219. 云南方言研究的又一佳作——《昆明方言词典》序	《昆明方言词典》，张华文、毛玉玲编著，云南教育出版社	昆明
220. 把语文工作推向 21 世纪	《语文建设》第 10 期	北京
221. 第六届国际粤方言研讨会在澳门举行	《中国语文通讯》第 44 期	香港
222. 略论香港多元文化语言生活的前景	《乙种：双语双方言》（五），陈恩泉主编，汉学出版社	香港
223. 一本地道“港味”的粤语词典——张励妍《港式粤语词典》序	《港式粤语词典》，张励妍，万里出版社	香港
	《语文建设通讯》第 54 期	香港

224. 中国语文现代化学会第二次学术会议开幕词	《语文现代化论丛》（第三辑），王均主编，语文出版社	北京

［1998 年］

225. 一篇探讨粤方言词语考释的佳作——陈伯辉《论粤方言词本字考释》评析	《论粤方言词本字考释》，陈伯辉著，中华书局（香港）有限公司	香港
226. 近二十年来汉语方言学学术活动述评——在香港大学中文系七十周年纪念国际学术研讨会上宣读论文	香港大学	香港
227. 《中国语言文字学通史》序言	《中国语言文字学通史》，班弨著，广东高等教育出版社	广州
228. 留住方言留住根	《源》第 2 期	新加坡
	《岭南文史》第 2 期（总 46 期）	广州
229. 略论语言规范与语言应用	《联合早报》5 月 9 日、5 月 11 日	新加坡
230. 《方言》二十年述评	《方言》第 3 期	北京
231. 我与《学术研究》	《学术研究》第 3 期	广州
232. 关于《广州话正音字典》	《学术研究》第 6 期	广州
	《第六届国际粤方言研讨会论文集》，邓景滨主编，澳门中国语文学会，2003 年	澳门
233. 现代汉语方言语音、词汇、语法的差异	《现代汉语教学参考与自学辅导》，黄伯荣、廖序东主编，高等教育出版社	北京
234. 广州话的审音工作	《广州话研究与教学》（三），郑定欧、蔡建华主编，中山大学出版社	广州
235. 结合教学应用，把粤语研究深入下去——为《广州话研究与教学》（三）而作	《广州话研究与教学》（三），郑定欧、蔡建华主编，中山大学出版社	广州
236. 怀念新魁	《李新魁教授纪念文集》，《李新魁教授纪念文集》编辑委员会编，中华书局	北京
	《澄海文史资料》（第十七辑），广东省澄海市人民政府侨务办公室、广东省澄海市政协文史资料委员会，澄海市人民印刷厂	广东澄海
	《汕头特区晚报》7 月 27 日	汕头
237. 《增城方言志》第二分册（客家方言）序	《增城方言志》（第二分册），王李英著，广东人民出版社	广州

[1999 年]

238. 近二十年汉语方言学学术活动述评	《学术研究》第 2 期	广州
239.《第五届国际闽方言研讨会论文集》前言	《第五届国际闽方言研讨会论文集》，詹伯慧主编，暨南大学出版社	广州
240. 开发中国语言资源的伟大成就	《江苏教育书讯》第 5 期	南京
	《方言》第 3 期	北京
241.《语言与方言论稿》序	《语言与方言论稿》，高然著，暨南大学出版社	广州
242. 再论语言规范与语言应用	《语言教学与研究》第 3 期	北京
	《乙种：双语双方言》（六），陈恩泉主编，汉学出版社	香港
	《澳门语言学刊》2000 年第 10、11 期	澳门
243. 广东语言科学在飞跃发展	《学术研究》第 10 期	广州
	《澳门日报·语林》第 265 期（11 月 28 日）	澳门
244. 粤语研究的回顾与展望	《暨南学报》（人文社科版）第 6 期	广州
	《人大复印资料·语言文字》第 3 期	北京
	《第七届国际粤方言研讨会论文集》（《方言》增刊），单周尧、陆镜光主编，商务印书馆，2000 年	北京
245. 客家方言研究的可喜成果——读王李英《增城方言志》第二分册	《语文月刊》第 11 期	广州
246. 研究生的培养要在“研究”上多下功夫	《现代汉语教学与研究》（第 2 辑），杨启光主编，暨南大学出版社	广州
	《世纪寄语——博士生导师谈治学》，李凤亮主编，暨南大学出版社，2000 年	广州

[2000 年]

247. 广东语言学者的学术交流	《澳门日报·语林》第 268 期（1 月 9 日）	澳门
248. 广东省中国语言学会举行学术年会	《中国语文通讯》第 53 期	香港
249.《汉语方言大词典》：取舍之间见功力	《复旦学报》（社会科学版）第 3 期	上海
	《人大复印资料·语言文字》第 8 期	北京

250. 提高香港中文教学水准之我见——兼论语文教学质量之评估	《中国语文通讯》第 54 期	香港
	《教学与测试：语文学习成效的评量》，李学铭主编，商务印书馆（香港）有限公司，2002 年	香港
251. 一部多有突破的语文词典	《辞书研究》第 4 期	上海
252. 谈谈语言规范与语言应用	《学丛》（新加坡国立大学中文系学报）第 5 期	新加坡
253. 语言学百花园里一朵绚丽的鲜花——读黄匡宇《电视新闻语言学》	中国广播电视出版社	北京
254. 师道悠悠——杂忆了一师	《人物》第 7 期	北京
	《王力先生百年诞辰纪念文集》，北京大学纪念王力先生百年诞辰筹备组，语文出版社	北京
	《澳门笔汇》第 16 期	澳门
255. “九五”广东的汉语方言研究	《中国语文通讯》第 55 期	香港
256. 二十年来汉语方言研究述评	《方言》第 4 期	北京
	《人大复印资料·语言文字》2001 年第 3 期	北京
	《现代汉语教学研究与探索》（第 3 辑），杨启光主编，暨南大学出版社，2002 年	广州
257. “推普”的欣喜与尴尬	《北京日报·理论周刊》第 80 期（12 月 4 日）	北京

[2001 年]

258. 不断进取，不断开拓，把客家方言的研究推向新的台阶	《暨南学报》（哲学社会科学版）第 2 期	广州
	《客家方言调查研究：第四届客家方言研讨会论文集》，谢栋元主编，暨南大学出版社，2002 年（书中改名为《不断进取，不断开拓》）	广州
259. 关于《广东粤方言概要》的编撰	《中国语文通讯》第 57 期	香港
260. 新加坡的语言政策与华文教育	《普通话教研通讯》第 14 期	香港
	《华文教学与研究》（暨南大学华文学院学报）第 3 期	广州
	《澳门日报·学海》双周刊第 260 期（2002 年 3 月 10 日）	澳门
261. 广西“平话”问题刍议	《语言研究》第 2 期	武汉
	《人大复印资料·语言文字》第 9 期	北京

262.	新奇“网语”是否文化垃圾	《北京日报·理论周刊》第101期（5月14日）	北京
263.	大力宣传，认真贯彻落实《国家通用语言文字法》	《广东教学报》5月16日	广州
264.	当前一些语言现象与语言规范	《暨南学报》（哲学社会科学版）第4期	广州
265.	社会语言文字应用的现象值得重视——广东语言文字应用调查的一些启示	《学术研究》第8期	广州
266.	重视语文教育，加强应用研究——詹伯慧教授访谈录	《语文教学与研究》第9S期	武汉
267.	汉语方言地图的绘制（与陈章太、伍巍合著）	《方言》第3期	北京
268.	新世纪潮汕文化研究之我见	《潮学研究》第9期	汕头
269.	《暨南大学汉语方言学博士研究生学术论文集》前言	《暨南大学汉语方言学博士研究生学术论文集》，詹伯慧主编，暨南大学出版社	广州
270.	汉语方言词典收词小议	《中国语文》第6期	北京
		《人大复印资料·语言文字》2002年第2期	北京
271.	二十一世纪汉语方言研究展望	《澳门理工学院学报》第4期	澳门
272.	《广州音北京音对应手册》新版序言	《广州音北京音对应手册》，施仲谋编著，暨南大学出版社	广州
273.	对当前语言运用中一些现象的看法	《乙种：双语双方言》（七），陈恩泉主编，汉学出版社	香港

[2002年]

274.	从实际出发思考香港的普通话教育问题	《语言文字应用》第1期	北京
		《普通话教研通讯》第15期节登（2001年6月）	香港
275.	把握优势，开展文化双向交流	《中国教育报·文化周刊》第260期（3月12日）	北京
276.	第八届国际粤方言研讨会	《方言》第1期	北京
277.	我所认识的王均先生	《语文建设通讯》第70期	香港
		《清风明月八十秋》，刘照雄等主编，吉林人民出版社	长春
		《汉语学报》第5期（2002年上卷），湖北教育出版社，2003年	武汉

278. 历届国际粤方言研讨会的回顾	《暨南学报》（哲学社会科学版）第3期	广州
279. 近两年粤语研究的实绩与新趋势	《学术研究》第6期	广州
280. 从历届研讨会看闽方言研究的当前课题	《闽语研究及其与周边方言的关系》，丁邦新、张双庆编，中文大学出版社	香港
281. 对培养博士研究生的几点想法	《现代汉语教学研究与探索》（第3辑），杨启光主编，暨南大学出版社	广州
282. 雷州方言与雷州文化（与甘于恩合著）	《学术研究》第9期	广州
	《岭峤春秋——雷州文化论文集》，广东炎黄文化研究会、中共湛江市委宣传部编，中山大学出版社，2003年	广州
	《人大复印资料·语言文字》2003年第1期	北京
283. 方言分区问题再认识	《方言》第4期	北京
	《百川汇海——文史译新探》，香港大学中文学院编，中华书局（香港）有限公司，2013年	香港
	《现代汉语参考资料精选》，殷树林、孙连刚主编，黑龙江大学出版社，2014年	哈尔滨
284. 略论广西“平话”	《纪念王力先生百年诞辰学术论文集》，《纪念王力先生百年诞辰学术论文集》编辑委员会，商务印书馆	北京
285. 詹安泰教授的生平与学术成就述略	《澳门日报·学海》第279期（12月1日）	澳门
	《河间天地》第2期（2004年1月15日）	深圳
286. “岭南词宗”詹安泰	《潮州日报·潮州文化》专版，12月31日	潮州

[2003年]

287. 广东粤方言的共同特点述略（与丘学强合著）	《汉语学报》第4期（2001年下卷），邢福义主编，湖北教育出版社	武汉
	《第八届国际粤方言研讨会论文集》，詹伯慧主编，中国社会科学出版社	北京

288. 语言学科建设也要与时俱进——“语言学科建设高级专家座谈会”纪要	《学术研究》第 2 期	广州
289. 背诵名篇，终生难忘	《广东教学报》（小学语文总第 3 期）5 月 16 日	广州
290. 关于广西“平话”的归属问题（与崔淑慧、刘新中、杨蔚合著）	《语文研究》第 3 期	太原
291. 不断攀登高峰，不断创造辉煌	《方言》第 3 期	北京
292.《马来西亚的三个汉语方言》序	《马来西亚的三个汉语方言》，陈晓锦著，中国社会科学出版社	北京
293.《广州话·普通话速查字典》序言	《广州话·普通话速查字典》（第 2 版），曾子凡编著，广东世界图书出版公司	广州
294. 挖掘汉语方言语法特点的一部力作（代序）——读方小燕《广州方言句末语气助词》	《广州方言句末语气助词》，方小燕著，暨南大学出版社	广州
295. 一部填补空白的客家方言著作——《中山客家方言》序	《中山客家方言》，甘甲才著，汕头大学出版社	汕头
296. 当前“推普”的一些思考	《澳门日报·学海》第 304、305、306 期（11 月 16 日、11 月 30 日、12 月 14 日）	澳门
	《学术研究》第 12 期	广州
297. 潮汕文化研究刍议	《海外潮人的移民经验》，李志贤主编，八方文化企业公司	新加坡

［2004 年］

298. 汉语方言语法研究的回顾与前瞻	《语言教学与研究》第 2 期	北京
	《汉语语法研究的新拓展》（二），邵敬敏、陆镜光主编，浙江教育出版社，2005 年	杭州
299. 当前汉语方言研究中的几个问题	《语文研究》第 2 期	太原
	《国际汉学集刊》（第 1 集），陈学超主编，中国社会科学出版社	北京
300. 粤语研究的当前课题	《暨南学报》（哲学社会科学版）第 3 期	广州
	《澳门日报·学海》第 321 期（7 月 11 日）	澳门
	《方言》2007 年第 3 期	北京
301. 一部考释古籍的上乘之作——读王建设《〈世说新语〉选译新注》（代序）	《世说新语》选译新注（附泉州方言证），王建设译注，社会科学文献出版社	北京
	《泉州晚报》7 月 31 日	泉州

302. 第九届国际粤方言研讨会在澳门举行	《中国语文通讯》第69期	香港
303. 中国大陆客家方言的研究与应用	《台湾文学评论》第4卷第3期（7月15日）	台南
304. 饶平上饶客家方言的两字组连读变调（与刘镇发合著）	《方言》第3期	北京
305. 语言文字研究突飞猛进的十年——为《广州市志》（1991—2000）而作	《汉语学报》（第2期），商务印书馆	北京
	《漫步语坛的第三个脚印——汉语方言与应用论集（增订本）》，詹伯慧著，暨南人学出版社，2006年	广州
306. 品尝潮州文化的独特韵味	《潮州日报·周日书屋》8月29日	潮州
307. 少当语言的警察，多当语言的导游——谈当前汉语中存在的三大问题	《羊城晚报·花地·百家》11月8日	广州
308. 深挖粤语特征的可喜成果（代序）——读彭小川《粤语论稿》	《粤语论稿》，彭小川著，暨南大学出版社	广州
309. 关于方言词的用字问题	《庆祝〈中国语文〉创刊50周年学术论文集》，《中国语文》编辑部编，商务印书馆	北京

[2005年]

310. 粤方言调查研究的新进展（代序）	《广西北海市粤方言调查研究》，陈晓锦、陈滔著，中国社会科学出版社	北京
311. 一部反映香港社区词的辞书	《学术研究》第1期	广州
312. 《山西方言亲属称谓研究》序	《山西方言亲属称谓研究》，孙玉卿著，山西人民出版社	太原
313. 汉语方言的研究及其应用——纪念吕叔湘先生	《语文研究》第2期	太原
314. 语言研究为语言应用服务的良好范例——读甘于恩《新闻语误评析》	《澳门日报》9月16日	澳门
	《深圳特区报》2006年6月13日	深圳
315. 小议方言区的双语应用问题	《乙种：双语双方言》（八），陈恩泉主编，汉学出版社	香港
	《语文研究》第4期	太原
316. 粤方言语法研究的当前课题	《暨南学报》（哲学社会科学版）第6期	广州
	《汉语方言语法研究》，汪国胜主编，华中师范大学出版社	武汉

[2006 年]

317. 同根同祖，同源同声——漫谈海内外汉语言文化的互动	《岭南文史》第 1 期	广州
318. 海南各语言的 - om、- ɔm、- op、- ɔp 等韵母的分布（与刘新中合著）	《民族语文》第 4 期	北京
319. 海南语言资源的开发大有可为——读《海南闽语语音研究》	《海南闽语语音研究》，刘新中著，中国社会科学出版社	北京
320. 我看客家方言与《中山客家话研究》	《学术研究》第 7 期	广州
321.《北流白话研究》序言	《北流白话研究》，杨奔著，广西教育出版社	南宁
322. 谈谈语言规范与语言应用——对时下语言应用中的一些现象的看法	《澳门日报·学海》第 370 期（7 月 30 日）	澳门
323. 语言规范与语言生活的多样化	《语言规划的理论与实践》，教育部语用所社会语言学与媒体语言研究室编，语文出版社	北京
324.《百炼成钢——饶平四中教育文集》序	《百炼成钢——饶平四中教育文集》，广州饶平四中校友会编，银河出版社	香港
325. 岭南词宗詹安泰	《潮州文化研究》总第 5 ~ 6 期	潮州
326. 略论共同语和方言并用中的主从关系——纪念现代汉语规范问题学术会议和全国文字改革会议五十周年	《乙种：双语双方言》（九），陈恩泉主编，汉学出版社	香港

[2007 年]

327. 结合“推普”开展方言研究的良好范例——喜读《桂北平话与推广普通话研究》丛书	《桂北平话与推广普通话研究》丛书首发式讲话集锦	桂林
	《桂林师范高等专科学校学报》第 1 期	桂林
	《当代广西》第 11 期	南宁
328. 对“平话”问题的再认识	《贺州学院学报》第 1 期	贺州
329. 略谈饶宗颐教授与“潮学”的兴起	《岭南文史》第 1 期	广州
	《饶宗颐学术研讨会论文集》，潮州市潮州文化研究中心编，海天出版社	深圳
330. 汉语方言语法研究再议	《汉语语法研究的新拓展（三）》，邵敬敏、张先亮主编，东北师范大学出版社	长春
331. 方言研究持续繁荣的又一信号——祝贺《粤语研究》创刊	《粤语研究》创刊号	澳门
	《澳门日报·新园地》2008 年 3 月 22 日	澳门

332. 粤语研究的当前课题——历届国际粤方言研讨会的回顾	《粤语研究》创刊号	澳门
333. 粤语研究的当前课题（压缩修订稿）	《方言》第3期	北京
334. 汉语方言“VXVX”动词重叠式比较研究（与王红梅合著）	《语言研究》第3期	武汉
335. 一次为语言研究提供服务的成功实践——甘于恩《粤语与文化研究参考书目》序	《粤语与文化研究参考书目》，甘于恩主编，广东科技出版社	广州
	《粤语研究》第2期	澳门
336. 海南语言资源的开发大有可为——读《海南闽语语音研究》	《暨南学报》（哲学社会科学版）第6期	广州
337. 回顾和期望	《广东学术通讯》第11期	广州
338. 语坛一棵不老的劲松（代序）——敬贺同窗好友唐作藩教授八十华诞	《语苑撷英（二）——庆祝唐作藩教授八十华诞学术论文集》，耿振生、刘家丰主编，中国大百科全书出版社	北京
339. 岭南方言的研究及其应用	《岭南学》（第一辑），左鹏军主编，中山大学出版社	广州

[2008年]

340. 有关语言学科建设的一些看法	《继往开来的语言学发展之路——2007学术论坛论文集》，陈燕、耿振生主编，语文出版社	北京
341.《普通话水平测试（新大纲）指导》序	《普通话水平测试（新大纲）指导》，《普通话水平测试（新大纲）指导》编写组编著，暨南大学出版社	广州
342. 略论闽语研究的“西进”	《湛江师范学院学报》第29卷第2期	湛江
343. 三足鼎立的岭南方言	《羊城晚报·花地》6月7日	广州
344. 家乡情结	《潮州日报·观潮》6月20日	潮州
345. 我的父亲詹安泰	《潮州日报·观潮》6月20日、6月27日、7月4日	潮州
	《饶平人》（广州饶平商会主办）总第14、15期，2009年10月、12月	广州
346. 粤语研究与粤语应用	《学术研究》第10期	广州
	《粤语研究》第3期	澳门
	《广东汉语方言研究的理论与实践》，刘新中、黄绮烨等编，世	广州

		界图书出版广东有限公司，2011 年	
347.	让汉语拼音在社会主义现代化中发挥更大的作用	《语言文字应用》第 3 期	北京
		《语言文字应用》2013 年第 A1 期（增刊，6 月 30 日）	北京
348.	略论汉语方言研究与方言应用	《中国语言学》（第 1 辑），郭锡良、鲁国尧主编，山东教育出版社	济南
349.	濒危方言的研究大有可为——读丘学强《军话研究》	《中国语文通讯》第 83 ~ 84 期合刊	香港
		《暨南学报》（哲学社会科学版）第 5 期	广州
350.	当前客家方言研究之我见——关于客家方言应用问题的一些思考	《客语纵横：第七届国际客方言研讨会论文集》，张双庆、刘镇发主编，香港中文大学中国文化研究所吴多泰中国语文研究中心	香港

［2009 年］

351.	汉语方言研究三十年	《云南师范大学学报》第 2 期	昆明
352.	揭示多方言交界地区方言接触现象的可喜成果（代序）	《赣东北方言调查研究》，胡松柏等著，江西人民出版社	南昌
353.	普通话和方言（《语文杂议》之一）	《文汇报》副刊《采风》（C3）4 月 13 日	香港
354.	繁体字和简体字（《语文杂议》之二）	《文汇报》副刊《采风》（C3）4 月 20 日	香港
355.	浅谈粤语正音（《语文杂议》之三）	《文汇报》副刊《采风》（C3）4 月 27 日	香港
356.	语言应用的规范化和多元化（《语文杂议》之四）	《文汇报》副刊《采风》（C3）5 月 4 日	香港
357.	少当语言警察，多当语言导游（《语文杂议》之五）	《文汇报》副刊《采风》（C3）5 月 11 日	香港
358.	“约定俗成”解（《语文杂议》之六）	《文汇报》副刊《采风》（C3）5 月 18 日	香港
359.	是兄弟不是父子（《语文杂议》之七）	《文汇报》副刊《采风》（C3）5 月 25 日	香港
360.	形形色色的方言字（《语文杂议》之八）	《文汇报》副刊《采风》（C3）6 月 1 日	香港
361.	琐议网络语言（《语文杂议》之九）	《文汇报》副刊《采风》（C2）6 月 8 日	香港

362. 杂议外来词（《语文杂议》之十）	《文汇报》副刊《采风》（C2）6月22日	香港
363. 保护和抢救濒危语言与方言（《语文杂议》之十一）	《文汇报》副刊《采风》（C2）7月20日	香港
364. 粤语水平的测试（《语文杂议》之十二）	《文汇报》副刊《采风》（C3）8月3日	香港
365. 方言特色拾零（《语文杂议》之十三）	《文汇报》副刊《采风》（C3）8月17日	香港
366. 中国语文工具书（《语文杂议》之十四）	《文汇报》副刊《采风》（C2）9月9日	香港
367. 中国古代的字书（《语文杂议》之十五）	《文汇报》副刊《采风》（C3）9月25日	香港
368. 见证文化建设的辉煌：六十年辞书编纂成就斐然（《语文杂议》之十六）	《文汇报》副刊《采风》（C2）10月7日	香港
369. 杂议香港的“社区词”——兼评《香港社区词词典》（《语文杂议》之十七）	《文汇报》副刊《采风》（C3）10月25日	香港
370. 湘西乡话的语音特点（与杨蔚合著）	《方言》第3期	北京
371. 湘西乡话的分布和分片（与杨蔚合著）	《语文研究》第4期	太原
372. 再谈粤语正音——为第十三届国际粤方言研讨会（香港）而作	《粤语研究》第4、5期合刊	澳门
	《粤语跨学科研究——第十三届国际粤方言研讨会论文集》，香港城市大学语言资讯科学研究中心	香港
373. 加强海外汉语方言研究之我见	《首届海外汉语方言国际研讨会论文集》，陈晓锦、张双庆主编，暨南大学出版社	广州
374.《南方语言学》序	《南方语言学》（第1辑），甘于恩主编，暨南大学出版社	广州
375. 略论香港的“社区词”——兼评《香港社区词词典》	《南方语言学》（第1辑），甘于恩主编，暨南大学出版社	广州
	《南国人文学刊》2011年总第1期	澳门
	《广东地方税务》2011年第6期（题目中“略论”改为“杂议”）	广州

［2010 **年**］

376. 杂议《通用规范汉字表》（《语文杂议》之十八）	《文汇报》副刊《采风》（C2）1月9日	香港

377. 海外华人使用的汉语及其方言（《语文杂议》之十九）	《文汇报》副刊《采风》（C2）5月3日	香港
378. 广东汉语方言研究的回顾与展望	《暨南学报》（哲学社会科学版）第3期	广州
	《南方语言学》（第2辑），甘于恩主编，暨南大学出版社	广州
379. 建设文化强省之我见	《广东地方税务》第7期	广州
380.《广东语言文字工作60年纪事》序言	《广东语言文字工作60年纪事》，李学明主编，广东高等教育出版社	广州
381. 实践出真知——读辜广生同志的《那一回》	《韩江文苑》第4期	潮州
	《潮州日报·学海泛舟》11月12日	潮州
382. 大力弘扬中国古典诗歌的人文精神	《广东地方税务》第9期	广州
383. 跟进语文发展，善待语文资源——跟青年朋友谈语文学习	《韩山师范学院学报》（社会科学版）第5期	潮州
384. 客家方言研究之我见	《客语千秋：第八届国际客方言学术研讨会论文集》，罗肇锦、陈秀琪主编，“国立中央大学”客家语文研究所、台湾客家语文学会	台北
	文鹤出版有限公司	台北
385. 粤语是绝对不会沦陷的——对出现“废粤推普”风波的一些思考	《粤语研究》第8期	澳门
	《语言学评论》第6期（语言文字网）	长沙
	《学术研究》2011年3期	广州
386. 王力教授和汉语方言学——在北京大学纪念王力先生学术讲座上的讲话	《第14届粤方言国际学术研讨会论文集》，义祥辉、刘村汉主编，桂林师范高等专科学校学报	桂林

[2011年]

387. 岭南词宗，风范永存	《广东地方税务》第1期	广州
	《岭南文史》第1期	广州
	《潮州文化研究》第2期	潮州
	《澳门日报·文化·视野》（略有删节）3月14日	澳门
	《岭南学》（第4辑），左鹏军主编，中山大学出版社	广州

388. 湖南乡话韵母的动态演变（与杨蔚合著）	《语言科学》第1期	徐州
389. 双语双方言理论的重大突破——读陈恩泉《潮·普双言语词典》	《南方语言学》（第3辑），甘于恩主编，暨南大学出版社	广州
	《乙种：双语双方言》（十），陈恩泉主编，海天出版社，	深圳
390. 听汪书记“三点希望”的感想	《广东地方税务》第7期（专题：《五名广东优秀社会科学家感言》）	广州
	《红枫》第9期	广州
391.《中华经典启蒙》序	《中华经典启蒙》，施仲谋主编，北京大学出版社	北京
392. 略谈饶宗颐教授与“潮学”的兴起	《潮州文化研究》第3期	潮州
393. 家父詹安泰及我与饶宗颐先生的两代交谊	《羊城晚报·博文周刊》12月17日	广州
	《潮学通讯》第2期（总第43期）	汕头

［2012年］

394. 发挥优势，开拓进取，再创汉语方言研究的新辉煌——在第二届湘方言国际学术研讨会上的发言	《湘语研究》（第2辑），谢奇勇主编，湖南师范大学出版社	长沙
395. 一位永远充满活力，永远不知疲倦的学者	《粤语研究》第11期	澳门
396. 进一步做好海外汉语方言的调查研究工作——兼评《首届海外汉语方言国际研讨会论文集》	《第二届海外汉语方言国际研讨会论文集》，王建设、孙汝建主编，云南大学出版社	昆明
397. 杂忆先父与饶宗颐的深情厚谊	《颐园学苑》第3期（总第7期）	潮州
	《潮州日报·潮州文化》10月11日	潮州
	《潮州社科》第3期	潮州
	《韩山师范学院学报》第4期	潮州
398. 难忘的深情，永远的记忆（代序）——写在《汉语语音史探索》付梓之际	《音韵学研究通讯》总第28期	合肥
	《粤语研究》第12期	澳门
	《汉语语音史探索》，［日］平山久雄著，北京大学出版社	北京
399. 岁月悠悠说大师——追忆我父子两代与饶公交谊的往事	《饶宗颐研究》（第2辑），林伦伦主编，沈启绵、赵松元、陈海忠副主编，暨南大学出版社	广州
	《传记文学》第10期（总第281期）	北京

400. 汉语言与中华文化漫谈	《华侨大学学报》（哲学社会科学版）第4期	泉州
401.《中国语文传意进阶》序	《中国语文传意进阶》，李东辉主编，人民教育出版社	北京
402. 第十五届国际粤方言研讨会开幕式讲话	《第十五届国际粤方言研讨会论文集》，汤翠兰主编，邓景滨副主编，澳门粤方言学会	澳门
403. 一部展示“活化石”面貌的方言研究佳作（代序）	《明弦之音——明刊闽南方言戏文中的语言研究》，王建设著，中国社会科学出版社	北京
404. 大力开展交界地区方言的调查研究	《赣方言研究（第二辑）——2009南昌赣方言国际学术研讨会论文集》，胡松柏主编，中国社会科学出版社	北京

［2013年］

405. 欧游杂记	《红枫》第1期（总第209期）	广州
406. 詹伯慧	《岭南文史》第1期	广州
407. 重游花都巴黎	《红枫》第5期（总第294期）	广州
408. 怀念华年师	《高华年文集》，植符兰编，高华年著，广东人民出版社	广州
409. 对汉语言学科建设的一些浅见	《学术研究》第5期	广州
410. 浅论汉语言学科建设和发展	《暨南学报》（哲学社会科学版）第6期	广州
411. 我的感想——序	《海陆丰历史文化丛书·语言》（卷9），《海陆丰历史文化丛书》编纂委员会编，广东人民出版社	广州
412. 一部展示闽南特色文化的学术佳作——读《明刊闽南方言戏文中的语言研究》	《泉州晚报·刺桐红》6月10日 《泉南文化研究》复刊第一期，2014年9月	泉州 泉州
413. 瑞士三日游踪	《红枫》第8期（总第297期）	广州
414. 首届“粤语论坛”开幕词	《澳门日报·新园地》9月3日	澳门
415. 汉语方言的研究和应用	《跨越古今——中国语言文字学论文集（现代卷）》（马来亚大学中文系学术文丛），潘碧丝、李锡锐主编	吉隆坡
416. 对香港今后“推普”的一些思考	《香港普通话报》第89期	香港
417. 岁月悠悠忆典老	《黄典诚教授百年诞辰纪念文集》，叶宝奎、李无未编，厦门大学出版社	厦门

418. 杂议方言词典编撰中的“与时俱进”——兼评《粤语香港话大词典》	《粤语研究》第 14 期 《澳门日报·新园地》9 月 3 日	澳门 澳门
419. 再接再厉，把海外汉语方言的研究持续深入地进行下去——在第三届海外汉语方言研讨会上的发言	《北方语言论丛》（第三辑），赵杰主编，阳光出版社	银川

［2014 年］

420. 大力加强汉语方言的应用研究	《暨南学报》（哲学社会科学版）第 4 期	广州
421. 意大利梵蒂冈六日游	《红枫》第 6 期（总第 307 期）	广州
422. 略论方言研究为方言应用服务问题	《粤语研究》第 15 期 《澳门语言文化研究 2013》（多元文化背景下的语言服务问题学术研讨会论文集），李向玉主编	澳门 澳门
423. 我与语言学结缘六十载	《中国社会科学报·学林》10 月 27 日	北京
424. 加强应用研究刻不容缓——在第二届《粤语论坛》上的讲话	《粤语研究》第 16 期	澳门

［2015 年］

425. 略论汉语方言与地域文化	《学术研究》第 1 期	广州
426. 为方言应用服务是方言研究当务之急（代序）——读甘甲才《轻松说粤语》	《轻松说粤语》，甘甲才编著，世界图书出版广东有限公司	广州
427.《汉语方言学大词典》与汉语方言学科建设	《暨南学报》（哲学社会科学版）第 9 期	广州
428. 继往开来，不断开拓，不断前进！	《第十八届国际粤方言研讨会论文集》，孙景涛、姚玉敏主编，暨南大学出版社	广州
429. 杂议粤方言与岭南文化	《粤语研究》第 18 期	澳门
430. 第三届粤语论坛开幕词	《粤语研究》第 18 期	澳门
431. 赣语研究的新突破（代序）	《湖南赣语语音调查研究》，李冬香著，中国社会科学出版社	北京

［2016 年］

432. 喜见澳门语坛繁花似锦、欣欣向荣！（代序）——读《语坛探心录》	《澳门日报·文化镜海》1 月 6 日	澳门
433. 饶公 20 岁左右已是有名的潮州才子（口述，詹树鸿文）	《潮州日报》第 12 版专题《潮人眼中的饶公》2 月 4 日	潮州

434. 把语言作为资源来认识	《人民日报》6月26日	北京
435.《粤西湛茂地区粤语语音研究》序	《粤西湛茂地区粤语语音研究》，邵慧君著，中山大学出版社	广州
436. 詹伯慧教授于第五届海外汉语方言国际学术研讨会大会发言——不断开拓进取，在可持续发展的大道上阔步前进	《粤语研究》第20期	澳门

［2017年］

437. 保护和善用语言资源	《语言战略研究》第2期（卷首语）	北京
438. 杂议语言资源的开发、利用和保护	《学术研究》第9期	广州
	《第十届海峡两岸现代汉语问题学术研讨会论文集》，侍建国、周荐、董琨主编，澳门大学出版社，2018年	澳门
439. 我所认识的单周尧教授——敬贺单兄七十华诞	《国文天地》第391期	台北

［2018年］

440.《汉语方言学大词典》说略	《方言》第1期	北京
441. 一本普及粤语知识的好书——读《粤语词汇讲义》	《粤语词汇讲义》，邵慧君、甘于恩著，商务印书馆（香港）有限公司	香港
	《南方语言学》（第十四辑），甘于恩主编，世界图书出版广东有限公司	广州
442.《汉语方言学大词典》前言	《南方语言学》（第十四辑），甘于恩主编，世界图书出版广东有限公司	广州

［2020年］

443. 詹伯慧教授专访口述整理稿（记录整理：沈阳师范大学教授张宜，2015年2月）	暨南大学汉语方言研究中心《语言资源通讯》6月10日、6月14日	广州
444. 谈谈汉语方言大型辞书的编纂	《光明日报》10月5日	北京

［2021年］

445. 当前闽南方言工作的一些想法	《集美大学学报》第1期	厦门

詹伯慧教授自述年谱

1931年7月10日（农历五月二十五日），出生于广东潮州。

1935年，开始在父亲督促下学习背唐诗。时父亲任教于潮州韩山师范学校。是年4月30日（农历三月二十八日），陈雅仙出生于浙江余姚。

1937年9月，在潮州韩山师范学校附属小学上一年级。是年3月5日（农历一月二十三日），大妹慧明出生。

1938年，日军攻陷广州，中山大学西迁云南澄江。当年10月，父亲詹安泰以“名士”身份受聘为中山大学中文系教授，入滇继岭南词家陈洵（述叔）讲授古典诗词。伯慧被送回饶平新丰老家，在启明小学继续读书。

1940年，中山大学自云南回迁粤北乐昌坪石。父亲回老家接伯慧到坪石，进入坪石汉德小学插班读五年级，直到小学毕业。

1942年，日军实行“打通粤汉线”战略，自湖南南侵粤北，中山大学文学院迁到粤东梅县。父亲再次送伯慧回老家。是年9月4日（农历七月二十四日），二弟仲昌在粤北乐昌坪石出生。

1943年春，进入刚创办不久的饶平上饶区立初级中学（现饶平四中），开始三年的初中学业。其间父亲曾在该校短期任教。

1945年7月21日（农历六月十三日），三弟叔夏出生。

1946年初，从上饶区立初级中学毕业。随即到潮州进入设于开元寺之金山中学补习一学期，准备投考高中。是年暑假到广州，考入中山大学附属中学读高中，直到1949年暑假高中毕业。其间多次参加由地下学联组织的反对国民党政府倒行逆施的民主运动（大游行）。

1947年3月15日（农历二月二十三日），二妹慧玲出生。

1949年9月，考入由王力教授创办、全国唯一的中山大学语言学系，名列榜首。10月14日广州解放，11月获通知到校注册入学。

1950年，在中山大学积极参与推动拉丁化新文字运动，经常在上海《新文字周刊》发表文章，并参与组织中山大学新文字研究会，成为该会骨干成员。是年9月10日（农历七月二十八日），三妹慧凡出生。

1951年，配合当时轰轰烈烈的世界和平运动，撰写了第一本书——《在反动统治下英勇斗争的和平战士》，由华南人民出版社出版。这一年开始在由广东省教育厅主办、作家秦牧主编的《广东教育与文化》月刊连续发表多篇论文及语言文字的文章，包括《关于汉字写法的横直行》（1951年第3卷第2期，广州）、《关于简体汉字的问题》（1951年第3卷第3期，广州）、《文教工作者要重视文字改革问题》（1951年第3卷第5期，广州）、《祖国的语言文字》（1952年第4卷第3期，广州）等。

1953年7月，大学毕业，由国家统一分配到武汉大学中文系任助教。

1954年，第一次在《中国语文》上发表文章《对争论语法理论问题的意见》（1954年第3期，北京）。是年8月10日（农历七月十二日），四妹慧萍出生。

1955年10月至1958年2月，经王力教授举荐，作为进修教师到北京大学师从袁家骅教授专攻汉语方言学。其间曾于1955年10月在北京西苑大旅社连续举行的“全国文字改革会议”“现代汉语规范问题学术会议”和“民族语文工作会议”等语言学界重要会议上旁听。

1956年，在湖北人民出版社出版《武汉人怎样学习普通话》，这是第一部语言学方面的著作。同年6月至12月，经袁家骅教授安排，在北京参加中国科学院少数民族语言第一调查工作队海南分队，在严子君（队长）、王少恭（副队长）的率领下赴海南岛调查黎语；在调查黎语的同时，于海南岛极南的崖县（现海南省三亚市）发现两种特别的汉语方言：军话和迈话，立即对这两种方言进行了初步的调查整理。其后又调查记录了海南闽语万宁话和文昌话，并初步探讨了海南闽语中的训读现象。是年发表了两篇书评：《介绍两本指导普通话学习的书》（《中国语文》1956年第4期，北京）、《评介〈语音常识〉（董少文著）》（《语文学习》1956年第5期，北京），又在武汉《长江日报》连载了《关于汉语规范化》一文（1956年12月15—17日，武汉）等。

1957年，在北京大学参与编写由业师袁家骅教授主持的我国第一部全面、系统论述汉语方言的专著《汉语方言概要》，负责撰写约占全书篇幅的三分之一（17万字）的“粤方言”和“闽南方言”两章。6月，在《中国语文》第6期上发表短文《海南方言中同义字的训读现象》。7—8月，作为袁家骅教授的助手，到青岛新新公寓参加高教部组织的、由王力教授与游国恩教授分别主持的高等学校语言、文学各门课程教材编写工作，为期一个月。父亲作为古代文学史专家也应邀从中山大学北来与会，父子在此相聚一个月。参加此次教材编纂的语言文学专家都是国内一流的学者，包括北京大学的王力、游国恩、周祖谟、袁家骅、余冠英、王瑶、林庚，复旦大学的赵景琛，武汉大学的刘绶松，中山大学的詹安泰、王起等。名单中原有武汉大学的程千帆，因会前“反右运动”开始，程千帆被划为右派，失去了前来与会的资格。

1958年2月，从北京大学回到武汉大学，开始以方言调查研究为主要方向的学术生涯。是年在《武汉大学学报》第1期上发表《万宁方音概述》一文。与此同时，还在《中国语文》月刊上发表了三篇研究汉语方言的文章：《粤方言中的虚词“亲、住、翻、埋、添”》（1958年第3期，北京）、《潮州话的一些语法特点》（1958年第5期，北京）和《收集和整理汉语方言词汇》（1958年第11期，北京）。这一年父亲被划为右派，从此成为“右派子女”。

1959年，《海南岛“军话”语音概述》在北京大学主办的《语言学论丛》第三辑刊出（上海教育出版社，上海）；《潮州方言》在丁声树、李荣主持的《方言和普通话丛刊》第二本刊出（中华书局，北京）。

1960年，主持完成编纂《湖北方言概况》初稿的工作，油印出版向国庆献礼。在《中国语文》上发表《有关编写〈学话手册〉的几个问题》（1960年第10期，北京）。《汉语方言概要》初版发行，执笔其中“粤方言”和“闽南方言”两章，约占全书50万字的三分之一。

1961年暑假，到湖北浠水调查方言，住在浠水博物馆一个多月，并记录了博物馆馆长王祖佑老先生的浠水话。是年再度受袁家骅师之邀，前往与他共商进一步修订《汉语方言概要》事宜，住在北京大学承泽园袁师家中。

1962年7月，在武汉与湖北宜昌专区医院小儿科医生陈雅仙结婚。是年在《中国语文》第8、9

合期上发表《浠水话动词“体”的表现方式》。

1963 年 7 月，福建省汉语方言科学讨论会在厦门鹭江大厦举行。会议期间，黄家教、陈世民、詹伯慧、陈章太、许宝华、施文涛、张盛裕、王福堂、李如龙等人按年龄依次排队合影，从此，有了“方言学界九弟兄”之说，一直延续下来。伯慧排第三，称为“老三”。此次会后，黄家教、陈世民、詹伯慧联名在《厦门大学学报》（哲学社会科学版）（1963 年第 4 期，厦门）上发表了《有关汉语方言分区的一些问题》，由詹伯慧执笔。同年詹、黄还联名在《武汉大学学报》上发表《关于汉语方言词汇调查研究的问题》（1963 年第 1 期，武汉）一文。

1964 年 4 月 10 日，女儿詹曼芸在宜昌出生。是年受聘为湖北省直属机关业余大学讲授语法课，与陈恩泉、钟隆林合作编写《语法知识》作为教材。

1965 年，与黄家教合作在《中国语文》上发表《谈汉语方言语法材料的收集和整理》（1965 年第 3 期，北京）一文。

1966 年，“文化大革命”开始，以“莫须有”的罪名被关入“牛栏”，抄了家，成为“牛鬼蛇神”，失去自由。每天除了劳动改造就是写检讨，接受批斗。国庆前夕，与武汉大学一批“牛鬼蛇神”被赶往武昌县东升公社集中关押，不让听到国庆的声音。

1967 年 4 月 6 日，父亲因罹癌症病逝于中山大学，享年 65 岁。父亲弥留之际，伯慧获红卫兵“恩准”，自“牛栏”兼程回穗，在父亲病榻前亲视含殓。

1969 年至 1972 年间，武汉大学以“办分校”为名将文科教师“下放”到湖北襄阳隆中。伯慧被编入基建队，当起泥瓦工，后期又兼当分校家属小学的英语教师，半天劳动、半天给小学生上英语课。

1973 年至 1975 年，武汉大学中文系教师自襄阳分校回武昌珞珈山校本部，招收工农兵学员入学。此后两三年间，屡屡下农村、下码头、上轮船、上工地，与工人、农民相结合，“接受再教育”。记忆深刻的几次：一次是 1974 年全国开展“批林批孔”之际，被派往长江航运公司，在来往沪汉的“东方红”客轮上生活了一个来月，向船员讲解“批林批孔”文件，一起学习，一起“批林批孔”；一次是到湖北枣阳跟农民“三同”几个月，日夜和农民一起下田干活；再一次是和工农兵学员到武汉港码头与码头工人一起“忆苦思甜”，控诉旧社会码头工人饱受压榨的血泪史，编写码头工人奋起斗争的工运史，集体完成《码头风云》一书，负责执笔书中《号子喧天》一篇。此外，还到湖北云梦县长江埠参加过一段时间修建汉丹铁路的劳动。

1975 年，参加鄂、川两省协作编纂《汉语大字典》的筹备上马工作，负责收字、审音工作，此后几年完全脱离中文系教学工作。作为《汉语大字典》专职编纂人员，经常奔走于鄂、川两省各《汉语大字典》编纂组之间，1979 年编委会成立，被任命为编委会委员，仍主持审音工作。

1979 年初，结合《汉语大字典》注音的实践，在《中国语文》上发表《汉语字典词典注音中的几个问题》（1979 年第 1 期，北京）；同时又在《光明日报·文字改革》上发表《略谈方言和普通话的语法差异》（1979 年 2 月 14 日，北京）。6 月，参加厦门大学方言科学研讨会，与会学者倡议成立全国汉语方言学会，并推举詹伯慧起草倡议书。是年年底，饶宗颐教授应湖北博物馆邀请到武汉访问，其间专程来珞珈山武大相聚，共游东湖胜景。饶先生十分关心伯慧父亲遗稿付梓刊行一事。谈及第二年彼此都将应邀赴日讲学，建议出国时将伯慧父亲遗稿带过去，届时在国外仔细商量如何实现遗稿梓印问世事宜。

1980年4月，经教育部推荐，受聘出任日本东京大学文学部第一位来自中国大陆的客座教授，任期两年。抵东京时，平山久雄教授到机场迎接，随后由东京大学安排租住其附近的本乡西片町三丁目，直到两年后离日回国。据介绍，当年鲁迅先生来东京，也曾在此地住过，东京大学的安排别具历史意义。5月，由东京大学田仲一成教授陪同，自东京赴京都造访受聘来京都大学讲学、客居京都三缘寺的饶宗颐教授。畅叙中，话题主要集中在伯慧父亲诗词遗稿付梓刊行之事。宗颐先生嘱将已带到身边之伯慧父亲诗词手稿抄本交其带回香港谋划刊行。同年秋，作为特邀学者再次前往京都，参加日本中国语学会在京都举行的学术年会，并受同窗唐作藩兄之托，登门造访京都产业大学池田武雄教授，承热情款待，在其寓所留宿。6月21日，在日本中国语学会主办的学术演讲会（东京）上作题为“30年来中国语言工作的一些情况”的专题演讲。讲稿在当年出版的日本中国语学会学术刊物《中国语学》（年刊）第227期上发表。国内《语文现代化》1980年第4期、《武汉大学学报》1981年第3期也先后刊出此文。是年暑假，在东京大学平山久雄教授和他的几位门生木村英树、岩田礼等的先后陪同下，遍游日本，北起北海道、南迄南九州各地名胜，访问了各地著名大学。并于“七夕节”期间在青叶城（仙台）遍访当年鲁迅先生在此习医的一些遗迹。瞻仰了日本人民于1960年在青叶山麓建立的鲁迅纪念碑。年底，因痔病住进东京厚生年金病院动手术，二十多天后出院。

1981年元旦晚上，应邀到平山久雄教授家中做客，第一次享用日本家庭的“年饭”。寒假春节期间回国度假。去日前应邀到湖南师范大学作短暂讲学，并于3月31日应香港大学中文系主任马蒙教授邀请，首次到香港大学作学术讲演。讲稿《汉语方言研究概况和有关的几个问题》在年底出版的香港《语文杂志》第8期上发表。3月，《现代汉语方言》由湖北人民出版社出版。是年夏天，全国汉语方言学会成立，当选为学会理事；此后两年一届改选理事会，一直蝉联，直至2010年，已连续担任全国汉语方言学会十五届理事。当年农历五月二十五日，在日本度过难忘的50岁生日。东京大学中文系全体“教官”（老师）和研究生在东京涉谷台湾人开的丽乡餐馆隆重设宴贺寿。6月18日，应日本亚非语言文化研究所邀请，到该所作题为“谈谈汉语方言的调查研究”的学术讲演，讲稿其后在该所主办的《亚非语言计数研究》（CAAAL）1982年第19期上发表。10月1日，应日本国际交流基金会和日中学院院长藤堂明保的邀请，恩师王力（了一）教授暨师母到达东京，对日本进行为期10天的学术访问，伯慧与平山久雄教授一起到成田机场迎接。其间曾遵了一师嘱咐，邀请波多野太郎教授等几位日本友人到东京寓所共进自制晚餐，与了一师暨师母欢聚，盛况难忘。12月10日，应邀到日本爱知大学作题为“谈谈汉字改革问题”的学术讲演，讲稿经整理后在《语文研究》1982年第1期上发表。12月17日，由平山久雄教授陪同南下访问九州大学，与九州大学中文系主任冈村繁教授及原籍台湾高山族的刘三富教授座谈畅叙，并由刘教授陪同遍游福冈名胜古迹。12月出席在东京举行之日本中国语学会1981年会。《汉语北方方言的一致性和差异性》一文在会刊《中国语学》（东京）第228期上发表。是年，经日本中国语学会会长波多野太郎教授推荐，《浠水方言纪要》在东京龙溪书舍出版。随后，第一本论文集《汉语方言文集》也于1982年由东京龙溪书舍出版。

1982年3月，结束日本讲学回国。在北京短暂逗留期间，应北京师范大学中文系主任钟敬文教授之邀向该校中文系全体师生作报告，介绍在日进行学术交流的体会。回到武汉大学，下车不久便到由严学宭教授在华中理工大学主办的“语言学短期学习班”为来自各地的年轻语言学人讲课。同年正式晋升为武汉大学教授。《现代汉语方言》获武汉大学科研优秀成果奖。在日期间为香港《文汇报》专栏撰写的40多篇散文《东瀛杂记》，也于当年由武汉大学出版社结集出版。8月，赴京出席由吕叔湘教授署名邀请的第十五届国际汉藏语言学会议。

1983年春，出任第五届湖北省政协委员。《现代汉语方言》被筑波大学汉语学者樋口靖翻译成日文在东京由光生馆出版。与黄家教合写的《广州方言中的特殊语序现象》在《语言研究》1983年第2期上发表。与此同时，《我心目中的语言学大师——纪念赵元任先生逝世一周年》一文亦在香港《语文杂志》1983年第11期上发表。5月，出席在安徽合肥举行的第二届全国汉语方言学会学术年会，会后与黄家教、饶秉才、许宝华、李如龙等同上黄山游览，由安徽师范大学年轻教师伍巍陪同导游。10月，自武汉大学调暨南大学任中文系教授。

1984年，创建暨南大学汉语方言研究室，成立现代汉语硕士点，开始招收4名攻读汉语方言学的硕士研究生。是年受聘为《中国大百科全书·语言文字卷》方言分科副主编。同年春，出任第五届广东省政协委员，1988年换届后继续担任第六届广东省政协委员，直到1992年，其间还任省政协文教委员会副主任。5月17日，香港《文汇报》刊出《记语言学家詹伯慧》。是年发表的论文有《谈汉语方言知识在现代汉语教学中的运用》（《语文月刊》1984年第4期，广州）、《略论划分汉语方言的条件》（《语文杂志》1984年第12期，香港），9—10月又在《长江日报》上连载《一衣带水情意浓》。

1985年2月至1989年2月，出任暨南大学在广州复办后首任文学院院长，享受相当于副校长的副厅级待遇。5月，出席在香港举行的普通话教学与测试研讨会。5月13日，香港《文汇报》刊出《访暨大最年轻教授：文学院新任院长詹伯慧》。7月，出席在山西忻州举行的第三届全国汉语方言学会学术年会。7月28日《南方日报》刊出专稿《"我是理所当然要忙的"——访〈每日一句话〉主编人詹伯慧教授》。是年秋，赴昆明出席中国语言学会第三届学术年会。12月，作为特邀嘉宾、讲者出席由香港教育署语文教育学院主办的首届国际语文研讨会。是年入选《中国现代语言学家》（第四分册）（河北人民出版社，石家庄）。

1986年5月，接替高华年教授担任广东省中国语言学会会长，此后一直连任五届至2008年12月。6月21—24日，广东省语言文字工作会议在深圳举行，应邀到会作"广东语言文字专业人员的光荣职责"专题发言。8月15日，与香港中文大学张日昇教授正式签署《珠江三角洲汉语方言调查研究协议书》。广东省社科"七五"重点项目"珠江三角洲方言调查"开始实施，暑假期间课题组成员到珠江三角洲各地开展方言调查工作。9月7—12日，赴京出席国家语言文字工作委员会召开的"七五"规划会议。10月，获香港大学授予荣誉教授衔，到香港大学讲课三个月。其间被聘为香港大学中文学会名誉会长。11月，出任广东省语言文字工作委员会委员。11月15—16日，应澳门中国语文学会邀请，首次到澳门进行学术访问，作"中国语言文字工作展望"学术讲演。11月29日，在香港语言学学会和香港中国语文学会联合主办的学术报告会上作"广东方言研究的几个问题"的学术讲演。12月，出席香港大学主办的"人的革命"研讨会。12月19日，应香港青年学艺讲座的邀请，在香港大会堂作题为"谈谈语文学习"的讲演。是年受聘为《中国语言学大辞典》顾问及"汉语方言卷"审订人。是年在《语文研究》上发表与黄家教合写的《有关汉语方言工作的一些认识》（1986年第3期，太原）；在香港语文教育学院《语文教师培训与语文教学》专集上发表《从社会的需要论语文教师的培训》；在《语文建设》上发表《就广东的情况谈推广普通话的一些问题》（1986年第4期，北京）；在《中山大学学报》上发表与黄家教合写的《谈汉语方言的语音调查》（1986年第4期，广州）。

1987年1月13日，应香港中文大学中国文化研究所邀请，首次到香港中文大学进行学术交流，作题为"广东汉语方言说略"的学术讲演。5月15日，香港《明报》报道《暨大文学院院长詹伯慧教授获港大授荣誉教授衔》。7 月 1—3 日，出席在香港中文大学举行的首届国际粤方言研讨会。8 月 2—15 日，广东省中国语言学会和暨南大学中文系联合举办的汉语讲习班在暨南大学开课，随后不久，前往福建泰宁、厦门为国家语言文字工作委员会开办的“普通话与方言”干部培训班讲课。9 月中旬，出席在浙江舟山举行的第四届全国汉语方言学会学术年会。10 月，《珠江三角洲方言字音对照——珠江三角洲方言调查报告之一》（广东人民出版社、新世纪出版社，广州）出版；《潮人》发表《潮籍语言学家詹伯慧》（1987 年第 5 期，汕头）。12 月，承办中国语言学会第四届学术年会，于 24—31 日在华南师范大学举行。是年秋，加入中国民主同盟，随后即被选为民盟广东省委会副主委，并赴京出席民盟全国代表大会，被选为中央委员。此后连续十年担任了两届民盟广东省委会副主委和中央委员，直到 1997 年卸任。是年夏，中山大学与广东省文学学会联合举行詹安泰教授逝世二十周年纪念会。香港大学中文学会《中文学会情报》创刊号详细介绍詹伯慧教授的文章。这一年发表的论文有《谈当前的语言文字工作》（《澳门日报·语林》1987 年第 3 ~ 8 期，澳门）、《广东方言说略》（提要）（《澳门日报·语林》1987 年第 11 期，澳门）、《谈谈新闻从业人员的语文修养》（《澳门日报·语林》1987 年第 18 ~ 25 期，澳门）、《评介〈中国大百科全书·语言文字卷〉》（香港大学《东方文化》1987 年第 2 期，香港）、《谈谈语文学习》（香港中文大学教育学院二十周年纪念专刊《教学集》，香港）、《鄂南蒲圻话的词汇语法特点》（与李元授合写）（《武汉大学学报》1987 年第 5 期，武汉）。

1988 年 1 月 1—15 日，应云南中国语言学会会长吴积才教授之邀，赴昆明参加审订《云南省志·汉语方言志》。1 月 17 日，《南方日报》发表专稿《愿携手弘扬中华文化——省政协委员詹伯慧教授一席谈》。3 月，被选为第七届全国人民代表大会代表，同时仍担任第六届省政协委员。4 月 15—25 日，应邀到新加坡华文研究会访问讲学，其间新加坡媒体《联合早报》《联合晚报》及《新明日报》等连续三次进行访谈，作为“时人语录”发表访谈内容。5 月，广州市成立普通话协会，受聘为顾问。7 月 9—10 日，广东省中国语言学会在中山大学举行 1987—1988 学术年会。7 月 24—30 日，参加在青岛举行的“现代汉语教学讨论会”。8 月 23—26 日，出席由深圳教育学院主办的深港片语言问题研讨会（国际）。10 月，《珠江三角洲方言词汇对照——珠江三角洲方言调查报告之二》（广东人民出版社、新世纪出版社，广州）出版。11 月 9 日，《汕头日报》发表《潮籍语言学家詹伯慧》。12 月，上海《社会科学报》记者前来访问，于该报第 135 期（1988 年 12 月 29 日）发表《正确理解方言共同语的关系——访汉语方言专家詹伯慧》。是年发表的文章主要有《进一步发挥汉语拼音的巨大作用》（《语文建设》1988 年第 1 期，北京）、《广东粤语分区刍议》（《学术研究》1988 年第 3 期，广州）、《小议高等教育改革中的几个问题》（《高教探索》1988 年第 3 期，广州）、《谈谈方言和普通话》（《华文研究》1988 年第 3 期，新加坡）、《新加坡的推广华语运动》（《语文建设》1988 年第 6 期，北京）、《闽方言的分布及其主要特征》（香港大学中文系六十周年纪念专刊《东方》，香港）、《结合重大科研项目培养研究生的几点体会》（《暨南教育》1988 年第 7 期，广州）。

1989 年 4 月，《珠江三角洲方言字音对照——珠江三角洲方言调查报告之一》获广东省第四次优秀社会科学研究成果奖二等奖。7 月 30 日至 8 月 2 日，主持在广州举行的第二届国际粤方言研讨会。8 月，出席在澳门举行的世界汉语教学研讨会以及在湖南大庸举行的第五届全国汉语方言学会学术年会。《华夏》发表《中国语言宝库里的撷英者》（1989 年第 5 期，广州），《暨南大学研究生学报》发表《语言学家詹伯慧教授》（1989 年第 5 卷第 1 期，广州）。12 月，出席香港大学主办的中国学术之承传与创新国际研讨会。12 月 19 日，香港《明报》刊出专访《方言有存在价值》。12 月 21 日，《羊城晚报》发表《“愿大家都学普通话”——詹伯慧教授谈推普工作》。是年入选《广州高校潮籍人才录》（广州高校潮汕文化促进会）。这一年发表论文主要有《汉语方言分区问题驳议》（《语言文字学术论文集——庆祝王力先生学术活动五十周年》，知识出版社，上海）、《学府决不能变成官府》（《群言》1989 年第 1 期，北京）、《广东方言研究述略》（《澳门日报・语林》1989 年第 67 期，澳门）、《方言和规范化杂议》（《双语双方言》，中山大学出版社，广州）、《谈谈对外汉语教学》（《语言教学与研究》1989 年第 3 期，北京）、《广东汉语方言研究四十年》（《学术研究》1989 年第 5 期，广州）、《珠江三角洲粤方言常用词述略》（《方言》1989 年第 4 期，北京）、《工厂标牌语言剖析》（《语文建设》1989 年第 6 期，北京）。

1990 年 1 月，率领广东省中国语言学会代表团访问澳门。5 月 3—4 日，出席广东省社会科学界联合会第三次代表大会，当选为主席团委员会委员。5—6 月，应邀作为客座教授到法国高等社会科学院访问讲学一个月。其间作了四次学术讲演，每次讲演均由法国著名汉学家李嘉乐教授主持。7 月，在校内被自行车撞伤骨折，在越秀区正骨医院住了一个月。8 月，出席第二届国际闽方言研讨会（汕头大学）。9 月 6 日，由粤、港、澳粤语专家联合组成的广州话审音委员会正式成立，詹伯慧、周无忌、林受之为召集人，并举行了第一次全体委员及审音编辑组会议，讨论审音方案及提出《关于进行广州话审音工作的意见》。9 月 23 日，《汕头日报》发表专稿《“越是地方性，就越有世界性”——记潮籍方言学家詹伯慧》。9 月 24—25 日，《广东百科全书》举行编纂工作会议，确定由詹伯慧主持“语言文字学”部分，组织力量编纂。10 月 1 日，《广州日报》发表专稿《语言学家詹伯慧教授》。10 月 9 日，香港《新晚报》发表专稿《记语言学家詹伯慧》。10 月 14 日，由香港《中国语文通讯》编辑部和广州话审音委员会联合主办的粤语正音问题座谈会在广州举行。11 月，国务院学位委员会发布学位办〔1990〕54 号文件，经学位委员会第九次会议批准，暨南大学设立以汉语方言为方向的现代汉语博士点，詹伯慧为该博士点博士生导师。12 月 28—30 日，广东省中国语言学会 1989—1990 学术年会在佛山举行，选出新一届学会理事会，詹伯慧蝉联会长。《珠江三角洲方言综述——珠江三角洲方言调查报告之三》（广东人民出版社、新世纪出版社，广州）出版。是年起出任广东省人民政府文史研究馆副馆长，连任两届，至 2000 年为止。是年发表的文章主要有《现代汉语方言研究的重大成就》（《云南方志》1990 年第 1 期，昆明）、《关于辞书学和辞书研讨会的通信》（《辞书研究》1990 年第 1 期，上海）、《怀念王了一师》（《中国语文通讯》1990 年第 7 期，香港）、《珠江三角洲方音说略》（《王力先生纪念论文集》，商务印书馆，北京）、《广东境内三大方言的互相影响》（《方言》1990 年第 4 期，北京）、《关于广州话审音问题的思考》（《中国语文通讯》1990 年第 11 期，香港）。

1991 年 1 月 3 日，出席首届港、澳、台、侨及海外中华文化与广州关系国际研讨会，作了大会发言。1 月 26 日，出席国家语委在人民大会堂举行的纪念《汉字简化方案》发表 35 周年座谈会。3 月 25 日至 4 月 9 日，在出席第七届全国人民代表大会第四次会议期间，提出《加强语言文字规范工作的意见》提案，联署代表有秦牧等 12 人。4 月 4 日，新加坡《联合早报》刊出其在北京的采访报道：《中国坚决推行汉字简化与汉语拼音》，副标题为《中国著名语言学家詹伯慧教授对本报说：……》。6 月 18—21 日，出席由新加坡国立大学主办的汉学研究之回顾与前瞻国际研讨会。7 月 31 日至 8 月 2 日，出席第三届国际粤方言研讨会（澳门）。8 月 5—7 日，在深圳出席第二届双语双方言研讨会（国际）。8 月，《汉语方言及方言调查》（湖北教育出版社，武汉）出版。9 月，首批 4 位博士研究生入学。10 月，出席由泰国南甘杏大学和清迈大学主办的第二十四届国际汉藏语言学会议。10 月 10 日，《暨南学报》第 119 期发表《一位为我国语言科学作出重要贡献的学者——记博士生导师詹伯慧教授》。11 月，出席在南京举行的第六届全国汉语方言学会学术年会。是年入选《中国语言学大辞典》（江西教育出版社，南昌）、《潮汕人物辞典》（文史艺术分册）（中山大学出版社，广州），并受聘为《广东百科全书》编委会委员、“潮汕文化丛书”顾问。《现代汉语方言》繁体字版由新学识文教出版中心（台北）出版。这一年发表的文章主要有《访法归来谈潮人》（《华夏》1991 年第 1 期，广州）、《坚持简化方向，坚持规范化原则》（《语文建设》1991 年第 1 期，北京）、《群策群力，把广东的语言文字规范工作做好》[《暨南学报》（人文科学与社会科学版）1991 年第 2 期，广州]、《汉语促进国际文化交流》（《澳门日报・语林》1991 年第 112 期，澳门）、《粤语研究中几个问题的思考》（《中国语文通讯》1991 年第 15 期，香港）、《推行共同语和双语并用》（《深圳教育学院学报》1991 年第 2 期，深圳）、《弘扬中华文化的盛会——汉学研究之回顾与前瞻国际会议（新加坡）综述》（《澳门日报・语林》1991 年第 131、132 期，澳门）。

1992 年 3 月 2 日，在《人民日报》上发表《推广普通话适应改革开放》。3 月 8 日，出席汕头语言学会和潮汕方言研究会举行的 1992 年学术讨论会。4 月 16 日，广东电视台播放《詹伯慧教授谈推普》专访节目。4 月 22—24 日，出席在北京举行的“中国语文研究四十年”，作专题发言《四十年来汉语方言研究的回顾》，讲稿全文在台北《大陆杂志》第 85 卷第 3 期（9 月 15 日）发表。7 月 3—6 日，出席在香港大学举行的第二届中文科课程教材教法国际研讨会。广东省社科“八五”重点项目“北江、西江流域粤方言调查研究”开始实施；8 月 7 日，与张日昇教授一起率领课题组成员赴粤北进行实地方言调查，为期一个月。9 月 3—12 日，应邀到武汉三所大学作短期讲学。10 月 1 日获国务院颁发有突出贡献证书，享受政府特殊津贴。10 月 2 日起受香港中文大学中国文化研究所之聘，前往进行四个月的研究工作。10 月 16 日，唯一的外孙女在香港出生。12 月，被国家语言文字工作委员会评为全国语言文字先进工作者。受聘为《中国语言学年鉴》编委会委员。是年入选《中华当代文化名人大辞典》（中国广播电视出版社，北京）、《中国当代教育名人传略》（香港未来中国出版社，香港），并被英国剑桥世界名人传记中心选入《世界名人传记》1992 年 22 版和《世界杰出人物》1992 年 15 版；与此同时，美国传记研究所（ABI）亦在多种世界名人词书中收入传略。是年，负责校订的《中国文化专题精编》（校订本）在香港伟文出版社出版。该年发表的文章主要还有《汉语方言研究中的几个问题——在第 24 届国际汉藏语言学会议（曼谷、清迈）上宣读论文》[《暨南学报》（人文科学与社会科学版）1992 年第 2 期，广州]、《汉语方言研究的回顾与前瞻》（《学术研究》1992 年第 1 期，广州）、《改变广东方言环境小议》（《羊城晚报》1992 年 3 月 25 日，广州）、《海南岛语言资源的开发大有可为》（《华夏》1992 年第 2 期，广州）、《饶平上饶客家话语言特点说略》（《中国语文研究》1992 年第 10 期，香港）、《谈谈汉语方言与语文教学》（《澳门日报・语林》1992 年第158 ~ 162 期，澳门）、《略论广东的推广普通话工作》（《普通话》1992 年第 2 期，香港）、《群策群力，把广东的“推普”工作推向前进》（《韶关大学学报》1992 年第 3 期，韶关）、《略论方言、共同语与双语制问题》[《双语双方言》（二），彩虹出版社，香港]。

1993 年 1 月 11—12 日，出席由香港中文大学主办的第三届国际闽方言研讨会。1 月 16—17 日，应澳门中国语文学会邀请，率领博士研究生到澳门进行学术交流。3 月，被选为第八届全国政协委员。5 月 6—9 日，在惠州主持广东省中国语言学会 1992—1993 学术年会，其间开始广州话的审音工作。

6—7月，率领西江流域粤语调查组一行8人到西江流域10个县（市）进行为期一个月的实地调查。7月21—25日，出席在青岛召开的第七届全国汉语方言学会学术年会。8月17—20日，出席在深圳、珠海举行的第三届双语双方言研讨会（国际）。是年入选《珞珈撷英（之一）》（武汉大学出版社，武汉）。12月，应香港理工学院中文系及翻译系之邀，带领研究生赴港开展西江流域粤语调查资料之协作整理工作。12月12日，《中国教育报》刊登专稿《詹伯慧：一位杰出的语言学家》。《暨南学报》（哲学社会科学版）亦在第3期刊出《博士导师詹伯慧教授》。12月17—19日，出席由香港城市理工学院（现香港城市大学）、香港语言学学会主办的第四届国际粤方言研讨会。12月20—22日，出席由香港中文大学主办的潮州学国际研讨会。12月27—28日，应澳门华夏文化中心和香港伟文出版社之邀，前往澳门作学术讲演。第二本论文选集《语言与方言论集》由广东人民出版社出版。是年，入选《中国专家大辞典》（广东卷）（广东人民出版社，广州）。是年发表的文章主要有《语文杂议》（《中国语文通讯》1993年第24期，香港）、《专名的简缩》（《中国语文通讯》1993年第25期，香港）、《普通话"南下"与粤方言"北上"》（《语文建设通讯》1993年第39期，香港）、《小议香港中文科教学的问题和对策》[《暨南学报》（人文科学与社会科学版）1993年第2期，广州]、《广东省饶平方言记音》（《方言》1993年第2期，北京）、《广州话审音方案》（《中国语文通讯》1993年第27期，香港）、《四十年来汉语方言研究工作的回顾》（《中国语文研究四十年纪念文集》，北京语言学院出版社，北京）、《经济发展与推广普通话》（《语文建设》1993年第12期，北京）、《再论方言、共同语与双语制问题——在第三届双语双方言研讨会（国际）的讲话》（《语文建设通讯》1993年第42期，香港）。

1994年3月26—29日，广州话审音委员会在深圳寰宇大酒店举行审音会议，会后参观大亚湾核电厂。4月3日，广东省中国语言学会在广东教育学院举行学术沙龙活动，受邀在会上作工作报告。6月，首批4位博士研究生毕业，全部获得文学博士学位。6月25日，《学术研究》在第3期发表专稿《方言沃土绵延，翰林勃发荣枝——访暨大博士导师詹伯慧》。7月，《珠江三角洲方言词汇对照——珠江三角洲方言调查报告之二》和《珠江三角洲方言综述——珠江三角洲方言调查报告之三》获广东省第五次社会科学研究成果奖一等奖。7月8—11日，在深圳贝岭居宾馆举行广州话审音工作会议，继续进行审订广州话字音工作。9月，出席在厦门大学举行的海峡两岸闽南方言学术研讨会。10月18—20日，中国语文现代化学会在北京成立，当选为副会长。10月25日，暨南大学正式下文成立暨南大学汉语方言研究中心，给了三个编制。11月11—16日，在澳门皇都酒店举行广州话审音工作会议，继续审订广州话字音。12月29日至1995年1月1日，在暨南大学举行广州话审音委员会工作会议，成立《广州话正音字典》编纂委员会及编纂部，《广州话正音字典》编纂工作启动。是年，入选《中国现代社会科学家大辞典》（书海出版社，太原）、《广东高级专家大辞典》（第一卷）（广东人民出版社，广州），受聘为《中国语言学人名大辞典》顾问。12月，《粤北十县市粤方言调查报告》由暨南大学出版社出版。这一年发表的文章主要有《为辞书学界的打假批劣叫好！——中国辞书学会第一届年会（广州）述评》（《澳门日报·语林》1994年第189、190期，澳门）、《我谈语文规范化》（《语文建设》1994年第5期，北京）、《小议潮汕方言的宏观研究》（《学术研究》1994年第5期，广州）、《詹安泰教授的生平与学术成就述略》（《潮学研究》1994年第2期，汕头）、《珠江三角洲粤方言述要》（与张日昇合著）（《第一届国际粤方言研讨会论文集》，现代教育研究社，香港）、《粤北十县市白话语音特点述略》（《方言》1994年第4期，北京）、《汉语方言语法研究大有可为——〈汉语方言语法调查手册〉序》（《语文研究》1994年第4期，太原）、《广州话审音工作的进展及有关问题的认识》(《中国语文通讯》1994年第32期，香港)、《饶平县志》(第三十一篇“方言”)(饶平县地方志编纂委员会，广东人民出版社，广州)。

1995年，《方言·共同语·语文教学》由澳门日报出版社出版。《中国语文研究》第11期(第三届国际闽方言研讨会专刊)出版(香港中文大学中国文化研究所，香港，担任主编)。1月19日，《广州话正音字典》编纂部首次工作会议在广东省社会科学界联合会举行。3月，《珠江三角洲方言调查报告》(三卷本)获广东省高等教育1995年人文社会科学研究优秀成果奖一等奖。3月18日，《广州话正音字典》编纂部在暨南大学开会，汇报开始编写的情况。3月20—22日，出席在珠岛宾馆举行的广东省社会科学界联合会第四次代表大会，被选为广东省社会科学界联合会主席团委员。4月7—12日，出席在海南大学举行的第四届国际闽方言研讨会。5月27—30日，广东省中国语言学会1994—1995学术年会暨换届选举大会在韶关举行，蝉联会长。6月19—26日，应台湾“中央研究院”历史语言研究所之邀前往台湾进行学术交流，其间作了题为“汉语方言研究的回顾与前瞻”的学术讲演，讲稿于当年12月在香港《中国语文通讯》第36期发表。6月30日至7月2日，出席在深圳举行的第四届双语双方言研讨会(国际)。8月14日，担任广东新闻广播电台当晚直播座谈会嘉宾，谈广州“推普”工作并回答听众提出的问题。8月18日至9月8日，率领几位博士生到香港理工大学合作进行《粤西十县市粤方言调查报告》定稿工作。10月4—6日，广东省中国语言学会与广东省语言文字工作委员会办公室联合举行两场纪念全国文字改革和现代汉语规范化四十周年学术报告会，詹伯慧、唐启运、陈炜湛、曾国忠分别作了专题讲演。10月21—26日，出席在武汉举行的第八届全国汉语方言学会学术年会，趁便于25日上午应邀到湖北大学作学术讲演，下午应邀到武汉大学与语言学教师、研究生座谈。10月30—31日，主持中山市直属机关干部普通话大赛评判工作，并以“方言与共同语及推普问题”为题向全市中小学教师作学术讲演。12月9—11日，出席在香港举行的“1997与香港中国语文”学术研讨会，会上宣读论文《对香港语言问题的几点思考》，随后在《中国语文》(1996年第2期)发表。12月19日，在《南方日报》上发表特约专论《要进一步搞好广东的推普工作——纪念全国文字改革和现代汉语规范化40周年》。12月21—23日，在暨南大学主持第五届国际粤方言研讨会。12月25—28日，出席在北京举行的首届全国语言文字应用学术研讨会，被会上筹备成立的中国应用语言学会聘为顾问。是年入选《当代中国科学家与发明家大辞典·第一卷》(当代中国出版社，北京)、《广东百科全书》(中国大百科全书出版社，北京)。《粤北十县市粤方言调查报告》获国家教委第二届全国高等学校出版社优秀学术著作奖；《珠江三角洲方言调查报告》(三卷本)获国家教委全国高等学校人文社会科学研究优秀成果奖二等奖；《汉语方言及方言调查》获国家教委第三届普通高等学校优秀教材二等奖。《潮州》第4期刊出《一门双教授，两代皆英才》。这一年发表的文章主要有《〈广州话正音字典〉编写细则》(《澳门日报·语林》1995年第212期，澳门)、《海峡两岸开展闽南方言研究之我见》(《学术研究》1995年第4期，广州)、《对方言和普通话性质的再认识》(《语文建设通讯》1995年第49期，香港)、《〈东莞方言词典〉引论》(与陈晓锦合著)(《方言》1995年第3期，北京)、《第四届国际闽方言研讨会述评》(《中国语文》1995年第5期，北京)、《汉语方言调查与汉语规范化》(《语文建设》1995年第10期，北京)、《关于闽方言研究的几点思考》[《中国语文研究》1995年第11期(第三届国际闽方言研讨会专刊)，香港]、《〈广州话正音字典〉编辑出版方案及〈凡例〉》(澳门中国语文学会《语丛》1995年第2期，澳门)、《为促进语文现代化而努力奋斗——纪念全国文字改革和现代汉语规范化40周年》(《广东语文报》(推普版)1995年第135期，广州）、《汉语方言词汇差异述略》（澳门中国语文学会《语丛》1995年第28期，澳门）。

1996年1月6—8日，出席由澳门语言学会主办的“语言与传意”国际研讨会。3月3—13日，出席全国政协八届四次会议。3月14日，北京《中国新闻》总13821号刊出《詹伯慧委员谈香港语言问题》，4月4日，《广州文摘报》第14期第1版转载。3月24日，在暨南大学举行《广州话正音字典》编纂工作会议。3月26日，出席全省文化文物会议。4月8日，《粤港信息日报》第2882期刊出《“九七”后香港讲什么话？詹伯慧谈香港语言问题》。8月7日，《文化参考报》第288期刊出《做语言的警察还是语言的导游（专家访谈）》。8月18—19日，出席在潮州举行的饶宗颐学术研讨会（国际）。8月21—23日，出席在广东增城举行的第二届国际客家方言研讨会。10月14—17日，出席在桂林举行的中国语文现代化学会第二次学术会议。11月9—12日，出席在新加坡举行的第二届国际客家学研讨会。12月11日，出席省社科“九五”规划会议。12月18日，出席在澳门举行的“方言与共同语”国际研讨会。12月20—22日，出席在暨南大学举行的第一届东南亚华人语言学术研讨会。《普宁文艺》冬季号刊出《为了汉语方言这块沃土》。是年，“广东粤方言概要”经省社科规划组讨论通过列为广东省社科“九五”重点项目。是年，入选《中国高级专业技术人才辞典》（中国人事出版社，北京）、《历届全国政协委员人名辞典》（中国国际广播出版社，北京）。参与主编的《第四届国际闽方言研讨会论文集》由汕头大学出版社出版。这一年发表的文章主要有《“1997与香港中国语文”研讨会述评》（《学术研究》1996年第4期，广州）、《语言规范与语言应用》（《语言与传意》，海峰出版社，香港）、《闽粤琼语词汇比较研究》（与李如龙、高然、甘于恩合著）（《第四届国际闽方言研讨会论文集》，汕头大学出版社，汕头）、《试论粤方言地区的推广普通话工作》（《学术研究》1996年第9期，广州）、《方言和普通话杂议》[《乙种：双语双方言》（四），汉学出版社，香港]。

1997年2月20—23日，出席在泉州华侨大学举行的第五届国际闽方言研讨会。2月28日，赴京出席全国政协八届五次会议。3月25—27日，出席在深圳举行的、由深港语言研究所主办的第五届双语双方言研讨会（国际）。3月28—29日，出席由香港大学语言及听觉学系主办的香港多语多文化研讨会。4月20日，《信息时报》刊出专访《香港渐成三语社会——詹伯慧教授谈回归后多元语言生活》。5月5—11日，香港《亚洲周刊》刊出《回归后语言多元化》，悉尼《澳华时报》5月15日转载。6月5日，广东卫星电视在《港澳台之窗》节目中播出专题访谈《詹伯慧教授谈香港语言问题》。6月12日，《潮州日报》刊出《光辉的业绩——记著名语言学家詹伯慧》。7月4—6日，广东省中国语言学会1996—1997学术年会在中山举行。会议期间还举行《汉语方言论集》（现代教育研究社，香港）首发式座谈会。8月4—6日，出席在澳门举行的第六届国际粤方言研讨会。其间应澳门电视台邀请在该台直播谈论有关粤方言研究的情况及未来发展趋势。9月1日，《暨南大学》第221期刊出《汉语方言学专家詹伯慧》。10月，《潮学研究》第6期刊出《潮籍方言学家詹伯慧教授与汉语方言学》。11月15—17日，出席由汕头大学主办的第二届潮学国际研讨会。11月29—30日，出席由香港启思出版社主办的普通话教学研讨会。12月10—12日，出席香港大学中文系七十周年纪念国际学术研讨会。是年4月，获评暨南大学“八五”期间杰出科研工作者。12月，再次被国家语言文字工作委员会评为全国语言文字先进工作者。是年，入选《中国高等教育专家名典》（中国经贸出版社，北京）、《中国语言学人名大辞典》（岳麓书社，长沙）、《中国百科学者传略》（三）（巴蜀书社，成都）。是年撰写和主编的著作有《粤港澳学生用普通话常用词手册》（暨南大学出版社，广州）、《东莞方言词典》（与陈晓锦合著）（江苏教育出版社，南京）、《汉语方言论集》（与黄家教等合著）（北京语言文化大学出版社，北京）、《第五届国际粤方言研讨会论文集》（主编）（暨南大学出版社，广州）、《詹安泰词学论集》（主编）（汕头大学出版社，汕头）。发表的论文主要有《粤西十县（市）粤方言语音与广州语音比较》（与邵宜、伍巍合著）（《方言》1997年第1期，北京）、《我所认识的饶宗颐教授》（《东方文化》1997年第4期，广州）、《试论方言与共同语的关系》（《方言与共同语论文集》，海峰出版社，香港）、《回归前后的香港语言生活》（《学术研究》1997年第5期，广州）、《对香港多元文化语言生活的思考》（《岭南文史》1997年第2期，广州）、《广东客家方言研究之我见》（《学术研究》1997年第7期，广州）、《认识—研究—再认识—再研究——对潮汕文化的一些想法》（《文史知识》1997年第9期，北京）、《把语文工作推向21世纪》（《语文建设》1997年第10期，北京）、《略论香港多元文化语言生活的前景》[《乙种：双语双方言》（五），汉学出版社，香港]。

1998年，受聘为新加坡国立大学客座教授一年。2月春节期间，从新加坡乘火车前往马来西亚吉隆坡探望年过九旬的三叔力泰。三叔侨居马来西亚逾半个世纪，一直未能回唐山与亲人相聚。此番在异国他乡共度春节，乐也何如！年初二参加旅游团到槟城游览，年初四晚乘大巴返新加坡。不久即传来噩耗，三叔于是年4月仙逝。3月7日，应邀到南洋理工大学（新加坡）作关于汉语规范化的学术讲演。3月28日，在新加坡国立大学中文系主办的学术讨论会上作《从〈方言〉杂志看中国方言研究的走势》讲演。是年3月，再度被选为第九届全国政协委员。因身在国外，不能出席。此为担任两届全国政协委员十次全会中唯一一次请假缺席。5月22日，应邀在新加坡中文与东方语言信息处理学会主办的语言学与语言信息处理学术研讨会上作《中国的语言规范工作》专题讲演。《潮州》杂志于第4期刊出《潮籍著名学者詹伯慧》一文。11—12月，应美国加州（伯克利）大学之邀，到该校东方语文系、赵元任中国语言研究中心作一个月访问讲学，其间作了《二十年来汉语方言研究述评》的学术讲演，并到美国东部纽约、华盛顿、费城和西部洛杉矶、大峡谷、拉斯维加斯等地游览，其间还在门生林柏松陪同下参观了斯坦福大学和国防语言大学，并到新泽西州三妹慧凡家中做客小住数天。圣诞节前夕，结束新加坡国立大学一年讲学回到广州。《粤西十县市粤方言调查报告》于12月由暨南大学出版社出版。是年发表的文章主要有《留住方言留住根》（《源》1998年第2期，新加坡）、《略论语言规范与语言应用》（《联合早报》1998年5月9日、11日，新加坡）、《〈方言〉二十年述评》（《方言》1998年第3期，北京）、《关于〈广州话正音字典〉》（《学术研究》1998年第6期，广州）、《现代汉语方言语音、词汇、语法的差异》（《现代汉语教学参考与自学辅导》，高等教育出版社，北京）、《结合教学应用，把粤语研究深入下去——为〈广州话研究与教学〉（三）而作》[《广州话研究与教学》（三），中山大学出版社，广州]、《怀念新魁》（《李新魁教授纪念文集》，中华书局，北京）。

1999年1月26日，出席广东省社会科学界联合会全体委员会议。2月10日，出席广东省社会科学界联合会主席团成员及顾问迎春茶话会。3月1日，赴京出席全国政协九届二次会议。4月5日，应邀出席在北京人民大会堂举行的《现代汉语方言大词典》（41卷）出版座谈会。5月31日，庆祝詹伯慧教授从教45周年暨《立说传薪风雨人》（暨南大学出版社，广州）出版发行大会在暨南大学学术报告厅举行，到会有关领导、海内外学术界人士以及亲友、门生等三百多人，省、市、港、澳广播电视媒体及相关刊物作了详细报道，主要有《敬贺詹伯慧教授从教45周年特辑》（澳门中国语文学会《语丛》1999年第39、40期，澳门）、《詹伯慧从教45周年》（《南方日报》1999年6月1日，广州）、《穗庆祝詹伯慧从教45周年》（《澳门日报》1999年6月2日，澳门）、《辛勤耕耘，桃李满园》（《羊城晚报》1999年6月3日，广州）、《詹教授老泪纵横》（《新快报》1999年6月5日，广州）、《辛勤耕耘四十五载，著作等身桃李满园》（《暨南大学》第261期，广州）、《语言学家，诲人不倦》（《澳门日报》1999年6月20日，澳门）、《客座教授詹伯慧》（《北京日报》1999年6月25日，北京）。此外，《语文教学与研究》在1999年第1期刊出了邢福义教授的《我心底里的方言学家詹伯慧教授》，广东省委统战部的刊物《粤海同心》在第12期刊出了《立说传薪　风雨人生》的专稿。6月11—13日，出席由深圳市语言文字工作委员会办公室和深港语言研究所主办的第六届双语双方言研讨会（国际）。6月23—25日，出席由香港科技大学和香港中文大学主办的第六届国际闽方言研讨会。6月26—28日，出席由香港大学中文系和语言学系主办的第七届国际粤方言研讨会。7月5—7日，出席由澳大利亚墨尔本大学主办的第八届汉语语言学国际会议。9月，《珠江三角洲方言调查报告》（三卷本）获“七五”“八五”广东省社科规划课题优秀成果奖二等奖，《粤西十县市粤方言调查报告》获第六届广东省社会科学研究成果奖二等奖。9月2—21日，应日本学术振兴会之邀到日本早稻田大学与平山久雄教授进行学术合作研究，其间分别在东京大学、日本中国语学会关东分会、筑波大学作学术讲演，并到京都、天理、奈良、大阪、神户、名古屋等地与日本汉学家进行学术交流。11月5—8日，出席在广西师范大学举行的第十届全国汉语方言学会学术年会。11月26—29日，广东省中国语言学会1998—1999学术年会暨新一届理事会换届大会在肇庆举行，继续蝉联会长。是年有多部人物辞书录入传略：《中外名人辞典》（新世纪卷）（中国新闻出版社，北京）、《世界文化名人辞海·华人卷》（五）（中国言实出版社，北京）、《二十一世纪人才库（1）》（中国世界语出版社，北京）、《世界优秀专家人才名典》（第一卷中）（中国国际交流出版社、世界科技出版社，香港）。是年出版了作为主编之一的《第五届国际闽方言研讨会论文集》（暨南大学出版社，广州）。发表的文章主要有《近二十年汉语方言学学术活动述评》（《学术研究》1999年第2期，广州）、《再论语言规范与语言应用》（《语言教学与研究》1999年第3期，北京）、《广东语言科学在飞跃发展》（《学术研究》1999年第10期，广州）、《粤语研究的回顾与展望》[《暨南学报》（人文社科版）1999年第6期，广州]。

2000年1月6—10日，出席在香港理工大学举行的语文测试与语文教学国际研讨会。6月26—28日，出席在新加坡举行的第九届汉语语言学国际会议。8月14日，出席由北京大学主办的纪念王力先生百年诞辰国际学术研讨会。11月15—17日，出席在梅州举行的第四届客家方言国际研讨会。应香港大学语言学系的邀请，自2000年11月至2001年2月到香港大学访问讲学三个月。是年入选香港世界人物出版社、中国国际交流出版社的《世界名人录》（新世纪卷）。出版了主编的《广东地区社会语言文字应用问题调查研究》（暨南大学出版社，广州）。发表的文章主要有《〈汉语方言大词典〉：取舍之间见功力》[《复旦学报》（社会科学版）2000年第3期，上海]、《提高香港中文教学水准之我见——兼论语文教学质量之评估》（《中国语文通讯》2000年第54期，香港）、《一部多有突破的语文词典》（《辞书研究》2000年第4期，上海）、《谈谈语言规范与语言应用》[《学丛》（新加坡国立大学中文系学报）2000年第5期，新加坡]、《师道悠悠——杂忆了一师》（《人物》2000年第7期，北京）、《“九五”广东的汉语方言研究》（《中国语文通讯》2000年第55期，香港）、《二十年来汉语方言研究述评》（《方言》2000年第4期，北京）、《“推普”的欣喜与尴尬》（《北京日报·理论周刊》2000年第80期，北京）。

2001年1—2月，应香港中文大学普通话教育研究及发展中心的邀请，作了四场关于普通话学习的专题讲演。1月17—19日，出席香港大学主办的21世纪中国学术研究前瞻国际研讨会。2月1—3日，出席香港城市大学主办的21世纪首届现代汉语语法国际研讨会。2月12日，应邀到香港科技大学作学术讲演。2 月 17—18 日，应澳门中国语文学会和澳门语言学学会的邀请，前往进行学术交流，其间作了学术讲演。2 月 19 日，应邀到香港城市大学作专题学术讲演。5 月 18—20 日，出席在天津南开大学举行的中国语言学博士点专家座谈会。7 月 1—4 日，出席在深圳（前期）和澳门（后期）举行的第七届双语双方言研讨会（国际）。7 月 7 日，出席由澳门理工学院主办的语言与方言国际研讨会。7 月 12 日，为香港中文大学的“名家名师谈普通话教与学”系列讲座作专题讲演。10 月 9—13 日，出席在西安举行的第十一届全国汉语方言学会学术年会。11 月 3—5 日，出席在厦门大学举行的第七届国际闽方言研讨会。11 月 22—24 日，出席由香港中文大学主办的第四届潮学国际研讨会。12 月 21—24 日，主持在暨南大学举行的第八届国际粤方言研讨会。12 月 25—29 日，广东省中国语言学会 2000—2001 学术年会在湛江市举行。是年 6 月 30 日，《广东地区社会语言文字应用问题调查研究》获 1999—2000 年度中国大学版协优秀学术著作一等奖。9 月 7 日，获暨南大学“优秀研究生导师”奖。同年，报刊上相关文章、报道有《锲而不舍，团结协作——詹伯慧回顾广东粤方言研究工作》（《澳门日报》2001 年 2 月 18 日，澳门）、《詹伯慧教授》（《暨南学报》2011 年第 2 期，广州）、《视学术为生命，以服务社会为己任——语言学家詹伯慧成功之路》（《侨教之光——群星荟萃暨南园》，广东人民出版社，广州）、《一位语言学家的情怀》（《潮州日报》2001 年 8 月 21 日，潮州）、《从教半世纪，桃李满天下 ——记著名语言学家、博士生导师詹伯慧教授》（《 红枫》2001 年第 9 期，广州）、《汉语方言学家詹伯慧》（《同舟共进》2001 年第 10 期，广州）、Paris dans ie coeur du professeur Zhan Bohui（*LA CHINE AU PRÉSENT*, 2001）。是年出版了主编的《暨南大学汉语方言学博士研究生学术论文集》（暨南大学出版社，广州）。发表的文章主要有《不断进取，不断开拓，把客家方言的研究推向新的台阶》[《暨南学报》（哲学社会科学版）2001 年第 2 期，广州]、《关于〈广东粤方言概要〉的编撰》（《中国语文通讯》2001 年第 57 期，香港）、《新加坡的语言政策与华文教育》（《普通话教研通讯》2001 年第 14 期，香港）、《广西“平话”问题刍议》（《语言研究》2001 年第 2 期，武汉）、《新奇“网语”是否文化垃圾》（《北京日报 · 理论周刊》2001 年第 101 期，北京）、《当前一些语言现象与语言规范》[《暨南学报》（哲学社会科学版）2001 年第 4 期，广州]、《社会语言文字应用的现象值得重视——广东语言文字应用调查的一些启示》（《学术研究》2001 年第 8 期，广州）、《新世纪潮汕文化研究之我见》（《 潮学研究》2001 年第 9 期，汕头）、《汉语方言词典收词小议》（《中国语文》2001 年第 6 期，北京）、《二十一世纪汉语方言研究展望》（《澳门理工学院学报》2001 年第 4 期，澳门）、《对当前语言运用中一些现象的看法》[《乙种：双语双方言》（七），汉学出版社，香港]。

2002 年 1 月 20 日至 2 月 8 日，应香港大学语言学系的邀请，带领几名博士研究生前往协作建立粤方言研究网站第一阶段的工作，同时受聘为香港大学语言学系名誉教授（2002 年 1 月至 2004 年 12 月）。1 月 25—26 日及 2 月 1—2 日，应香港中文大学普通话教育研究及发展中心的邀请，为“普通话作为教学语言专业证书课程”作两次专题讲演。2 月 6 日，应香港大学中文系邀请，作题为“汉语方言分区问题再认识”的学术讲演。3 月 12—14 日，出席香港大学主办的第一届中国语言文字国际学术研讨会。6 月 21—22 日，出席由香港理工大学主办的首届汉语方言书写国际研讨会。6 月 28 日至 7 月 2 日，出席在南昌由中国社会科学院语言研究所等单位主办的庆祝《中国语文》创刊 50 周年国际学术研讨会。7 月 3—6 日，在南昌出席由南昌大学主办的第五届客家方言暨首届赣方言学术研讨会（国际）。《广东粤方言概要》（暨南大学出版社，广州）和《广州话正音字典》（广东人民出版社，广州）都在 7 月出版发行。参加编写粤方言部分的《现代汉语方言概论》（侯精一主编）由上海教育出版社出版。9

月28日，由广东人民出版社和广东省中国语言学会联合主办的《广州话正音字典》出版座谈会在广东社会科学界联合会举行，穗、港、澳三地语言专家，出版传媒人士约50人出席会议。11月2—3日，出席由暨南大学主办的语言学科建设高级专家座谈会。11月9—12日出席在长沙由湖南师范大学主办的湘南土语与周边语言国际研讨会。11月27—29日出席由新加坡国家历史博物馆等主办的海外潮人社会文化国际研讨会。12月15日，纪念詹安泰教授百年诞辰学术研讨会在中山大学举行，到会300多人，饶宗颐先生、陈伟南先生及《澳门日报》总编辑李鹏翥先生专程与会，一批内地（大陆）及港、台学者到会宣读词学研究方面论文。是年9月，获暨南大学2002年“十佳先进个人”称号。10月22日，以在全国政协九届三次会议上所提“中小学减负不能够形式主义，不能一哄而上，必须充分认识，全社会配合，以求实效”提案获评为九届全国政协优秀提案，受邀出席在京举行的表彰大会。《检察文学》第2期（陕西咸阳）发表了许慈航的纪念文章《呵，恩师的眼睛……》。11月25日，《潮州日报》刊出专稿《展示客家民俗风采——省级文物保护单位新丰镇润丰楼剪影》。是年发表的文章主要有《从实际出发思考香港的普通话教育问题》（《语言文字应用》2002年第1期，北京）、《把握优势，开展文化双向交流》（《中国教育报·文化周刊》2002年第260期，北京）、《我所认识的王均先生》（《语文建设通讯》2002年第70期，香港）、《历届国际粤方言研讨会的回顾》[《暨南学报》（哲学社会科学版）2002年第3期，广州]、《近两年粤语研究的实绩与新趋势》（《学术研究》2002年第6期，广州）、《从历届研讨会看闽方言研究的当前课题》（《闽语研究及其与周边方言的关系》，中文大学出版社，香港）、《对培养博士研究生的几点想法》[《现代汉语教学研究与探索》（第3辑），暨南大学出版社，广州]、《方言分区问题再认识》（《方言》2002年第4期，北京）、《略论广西“平话”》（《纪念王力先生百年诞辰学术论文集》，商务印书馆，北京）、《詹安泰教授的生平与学术成就述略》（《澳门日报·学海》2002年第279期，澳门）、《“岭南词宗”詹安泰》（《潮州日报·潮州文化》专版，2002年12月31日，潮州）。

2003年3月28—29日，出席由澳门理工学院主办的汉语（普通话）教学与测试国际研讨会。4月11—14日，出席由暨南大学和香港大学主办的第二届现代汉语语法国际研讨会。7月10—11日，出席在北京举行的《新编中国语言地图集》（汉语方言部分）规划会。7月13日，出席由北京师范大学主办的岑麒祥教授诞辰一百周年纪念会。7月28日至8月1日，出席在贵阳举行的全国汉语方言学会第十二届学术年会。10月16日至11月2日，带领6位博士生到香港大学语言学系进行粤方言研究网站更新内容的协作工作。其间于10月16日和29日两度访问香港科技大学人文学部，受到丁邦新、张洪年等语言学家的热情接待。29日还聆听了到访该校的美国学者余蔼芹教授的学术演讲会，并参加了香港科技大学“中国语言学研究中心”的成立典礼。10月24日，带领6位博士生访问香港普通话研习社，与该社主要领导进行座谈、交流。11月10—12日，出席由新加坡国立大学主办的第三届肯特岗国际汉语语言学圆桌会议。11月15—18日，主持在梅州嘉应学院举行的广东省中国语言学会2002—2003学术年会暨学会理事会换届选举大会，再次蝉联学会会长。12月22—24日，出席由澳门中国语文学会主办的第九届国际粤方言研讨会。是年出版了《漫步语坛的第三个脚印——汉语方言与语言应用论集》（暨南大学出版社，广州）和《饶平客家话》（合著）（广东饶平客属海外联谊会、澳门环球文化传播有限公司，澳门），并出版了主编的《第八届国际粤方言研讨会论文集》（中国社会科学出版社，北京）。3月，《广东粤方言概要》获广东省哲学社会科学“九五”规划优秀成果奖三等奖，该书又在9月获中国大学出版社协会2001—2002年度中南地区大学出版社优秀学术著作一等奖。

潮州市广播电视中心《潮州风情》在1月5日播出《父子双佼，史传佳话——潮州市近、现代文化名人简述之八》；香港《大公报》驻广州记者于7月7日发表访谈报道《粤方言研究方兴未艾》。是年发表的文章主要有《广东粤方言的共同特点述略》（与丘学强合著）（《汉语学报》2003年第4期，武汉）、《语言学科建设也要与时俱进——“语言学科建设高级专家座谈会”纪要》（《学术研究》2003年第2期，广州）、《关于广西“平话”的归属问题》（与崔淑慧、刘新中、杨蔚合著）（《语文研究》2003年第3期，太原）、《当前“推普”的一些思考》（《澳门日报·学海》2003年第304、305、306期，澳门）、《潮汕文化研究刍议》（《海外潮人的移民经验》，八方文化企业公司，新加坡）。

2004年4月3日，应香港大学中文系邀请，为查良镛学术讲座作题为“粤语的研究与应用”的讲演。6月16—17日，出席在北京由中国社会科学院语言研究所主办的纪念吕叔湘先生百年诞辰国际学术研讨会。7月9—17日，应邀访问台湾一周，出席在新竹“义民庙”举行的“2004饶平客家文化研习营”，用饶平客家话作“饶平上饶客家话”专题讲演，并遍访台湾各地饶平客家宗亲，拜谒台北阳明山詹氏大宗祠。其间还先后到台湾“中央研究院”语言学研究所、台湾大学、成功大学、台湾中山大学等学术机构与同行学者聚会交流，参观了星云大师建立的佛教名刹台南佛光山。8月13—16日，出席由深圳深港澳语言研究所在深圳举行的第八届双语双方言研讨会（国际）。10月16—18日，出席在中国传媒大学举行的第四届全国社会语言学学术研讨会。10月23—25日，出席在南宁举行的桂北平话及周边语言研讨会。11月6—7日，出席由暨南大学举办的第二届语言学科建设高级专家论坛。12月3—6日，出席由华中师范大学主办的第二届国际汉语方言语法学术研讨会。2004年9月起，受香港大学之聘，以名誉教授身份，开始每学年为中文系“学位教师中文学科知识深造文凭课程”学员讲授“中文资讯检索”课程中的“中国语文工具书说略”10周，“现代汉语”课中词汇部分两周，一连三届，于2008年6月完成此项教学任务。2004年10月，《广东粤方言概要》获第七届“广东省优秀图书、期刊、作品奖”（优秀图书政府奖）二等奖。同年，入选《中国现代语言学家传略》（河北教育出版社，石家庄），出版了作为学术委员会委员参与编写的《普通话水平测试实施纲要》（普通话水平测试国家指导用书）（商务印书馆，北京）。《岭南文史》第1期发表了《从广东走向世界的语言学家詹伯慧》，《河间天地》2004年第2期发表了《方言泰斗——詹伯慧》。是年发表的文章主要有《汉语方言语法研究的回顾与前瞻》（《语言教学与研究》2004年第2期，北京）、《当前汉语方言研究中的几个问题》（《语文研究》2004年第2期，太原）、《粤语研究的当前课题》[《暨南学报》（哲学社会科学版）2004年第3期，广州]、《中国大陆客家方言的研究与应用》（《台湾文学评论》2004年第4卷第3期，台南）、《饶平上饶客家方言的两字组连读变调》（与刘镇发合著）（《方言》2004年第3期，北京）、《语言文字研究突飞猛进的十年——为〈广州市志〉（1991—2000）而作》（《汉语学报》2004年第2期，商务印书馆，北京）、《品尝潮州文化的独特韵味》（《潮州日报·周日书屋》2004年8月29日，潮州）、《少当语言的警察，多当语言的导游——谈当前汉语中存在的三大问题》（《羊城晚报·花地·百家》2004年11月8日，广州）、《关于方言词的用字问题》（《庆祝〈中国语文〉创刊50周年学术论文集》，商务印书馆，北京）。

2005年1月4—5日，出席由香港理工大学主办的香港普通话水平考试（PSK）词汇大纲鉴定会。1月26日至6月15日，受聘为香港科技大学人文学部中国语言学研究中心研究生讲授“粤语研究”课程。4月5—17日，应邀到山西大学进行访问交流，其间出席由山西大学和山西省社会科学院语言所主办的“新世纪中国语言学科建设与发展研讨会”，在会上作学术讲演，并参观了乔家大院、平遥古城、晋祠、五台山等名胜。4月26日，出席由林伦伦教授在广东技术师范学院召开的南方少数民族语言与文化研讨会。5月，由广东省人民政府主办的广东省首届哲学社会科学优秀成果奖（政府奖）揭晓，《广东粤方言概要》获著作一等奖。6月3—6日，作为特邀代表出席在浙江师范大学（金华）举行的第三届现代汉语语法国际研讨会，在会上作学术讲演。会后到千岛湖、绍兴、宁波等地观光。8月5日，作为澳门首届社会科学成果奖评委，前往澳门出席颁奖仪式，澳门特首何厚铧亲临大会颁奖。8月初，随广东省文史研究馆同仁到甘肃、新疆考察观光，首次踏足敦煌莫高窟、新疆喀纳斯湖等名胜古迹。8月13日，出席由暨南大学与教育部语言文字信息管理司联合主办的“语言与国家”高级论坛。9月23—25日，出席在苏州举行的全国汉语方言学会第十三届学术年会暨汉语方言国际学术研讨会，会后访问上海，与许宝华伉俪共游城隍庙、豫园。10月24—26日，出席在福州举行的第九届国际闽方言研讨会。11月13日，应邀赴澳门为澳门粤方言学会开设粤语讲座，作题为“谈谈粤语研究”的学术讲演。12月12—14日，出席由香港中文大学主办的第十届国际粤方言研讨会，在会上作主题报告。12月16—18日，主持在深圳大学举行的广东省中国语言学会2004—2005学术年会。是年发表的文章主要有《汉语方言的研究及其应用——纪念吕叔湘先生》（《语文研究》2005年第2期，太原）、《小议方言区的双语应用问题》[《乙种：双语双方言》（八），汉学出版社，香港]、《粤方言语法研究的当前课题》[《暨南学报》（哲学社会科学版）2005年第6期，广州]。

2006年1月4—5日，作为专家组成员（副组长）出席由香港理工大学主办的香港普通话水平考试（PSK）入门等级审定会。2月中旬，香港语文教育与研究常设委员会职员在王培光教授引荐下于“又一城”见面，商谈担任专题调研顾问，提供广东“推普”工作经验，撰写咨询报告供香港决策参考用。2月22日，由李颖思代表发来语文教育与研究常设委员会秘书胡德英签署的正式邀请函，随后签订协议，于一年内完成题为“从广东的‘推普’看香港的推普工作”的咨询报告。结果于2007年年初如期完成任务，撰写约8万字的报告送香港语文教育与研究常设委员会。3月31日至4月1日，出席在北京由国家语言文字工作委员会等主办的语言文字规范化工作学术研讨会，开幕式在人民大会堂听取许嘉璐、陈至立的报告。4月12—14日，作为广东省一类城市语言文字工作评估组成员在深圳对深圳市语言文字工作进行预评估。4月15—17日，出席在韶关学院举行的汉语语法南粤论坛。4月19—21日，出席在广东阳江举行的全国高师现代汉语教学研究会第十一届年会暨教学研讨会。5月中旬，作为专家组成员参加对深圳市进行一类城市语言文字工作评估验收。5月24日，应邀出席香港《大公报》在广州国际大酒店举行的“百年看广东”专题论坛，作“岭南文化谈”专题发言。6月上旬，作为南昌大学“211工程”验收组成员前往南昌参与评估验收工作。其间于6月2日在南昌大学作题为“当前语言规范工作的几点思考”的学术报告，并借此机会与江西省语言学会会长刘焕辉教授等同行学者交流两省语言学会工作，还游览了景德镇、婺源等名胜。6月8—10日，作为专家评估组成员在深圳对深圳市语言文字工作进行正式评估。6月中旬，应广西玉林师范学院邀请，前往该院讲学，其间于6月18日为该院作学术报告，并专程前往博白瞻仰恩师王力教授故居。7月7—10日，出席在深圳举行的第九届双语双方言研讨会（国际）。8月，随省文史研究馆同仁前往湘鄂两省考察观光，连续登览了湖南张家界天门山、湖北神农架和湖北武当山等名山，还游览了湖南凤凰古城、湖北三峡等地。9月，受香港大学之聘，以名誉教授身份为该校新设立的中国语言文学研究生班（M. A.）讲授“现代汉语专题研究”课程，此后每学年讲授一次（15周）。9月上旬在暨南大学庆祝教师节大会上，被授予暨南大学终身贡献奖。10月29日至11月3日，应邀出席先后在重庆市及重庆—宜昌三峡游轮上举行的《中国语言文字大词典》座谈会，会上决定将该大词典分七卷编纂出版。被推为“汉语方言卷”主编，乔全生为副主编。“汉语方言卷”计划编300万字左右。会后着手组织编纂班子，争取第二年正式启动。11月29日至12月7日，应邀出席由复旦大学和深圳大学联合在深圳举行的首届国际上海方言学术研讨会 。12月8—10日，出席由广西大学主办、在广西南宁举行的第十一届国际粤方言研讨会。12月13—16日，出席由香港九所大学联合举办的“学艺兼修，汉学大师——饶宗颐教授九十华诞学术研讨会”，前期在香港举行，后期应潮州市政府邀请参加潮州主办的研讨会和潮州市“饶宗颐学术馆”开馆仪式。是年11月，暨南大学庆祝建校一百周年。作为百年校庆系列出版物之一的《漫步语坛的第三个脚印——汉语方言与语言应用论集》一书在7月出版了增订本，内容由初版的48篇45.9万字扩充到70篇近69.8万字，与此同时，与丘学强等合作的《新时空粤语》（上册）亦于7月出版。此书一出即深受读者欢迎，出版后获中国大学出版社协会2005—2006年度中南地区大学出版社优秀教材一等奖（2007年）、广东省人民政府文史研究馆2006年度优秀作品奖（2007年）。是年发表的文章主要有《同根同祖，同源同声——漫谈海内外汉语言文化的互动》（《岭南文史》2006年第1期，广州）、《海南各语言的-om、-ɔm，-op、-ɔp等韵母的分布》（与刘新中合著）（《民族语文》2006年第4期，北京）、《我看客家方言与〈中山客家话研究〉》（《学术研究》2006年第7期，广州）、《谈谈语言规划与语言应用——对时下语言应用中的一些现象的看法》（《澳门日报·学海》2006年第370期，澳门）、《语言规范与语言生活的多样化》（《语言规划的理论与实践》，语文出版社，北京）、《岭南词宗詹安泰》（《潮州文化研究》2006年总第5~6期，潮州）、《略论共同语和方言并用中的主从关系——纪念现代汉语规范问题学术会议和全国文字改革会议五十周年》[《乙种：双语双方言》（九），汉学出版社，香港]。

2007年1月19—22日，出席由香港中文大学及香港崇正总会举办的第七届国际客家方言研讨会。3月11—13日，出席在广西贺州举行的第四届平话及周边语言研讨会。4月7—9日，出席在杭州举行的第十四届全国汉语方言学会学术年会暨汉语方言国际学术研讨会，会后到浙江奉化溪口旅游，参观了蒋氏故居等名胜古迹。5月12—14日，出席在天津由天津师范大学文学院和北京大学中文系联合主办的继往开来的语言学发展之路——2007学术论坛，发表了题为“有关语言学科建设的一些看法”的论文。会后赴京参加中山大学语言学系在京校友为唐作藩兄八十华诞的祝寿宴会。5月26—27日，应邀到番禺莲花山出席由华南师范大学岭南文化研究中心主办的文科基地与相关学科建设学术研讨会，作专题发言。6月，由澳门粤方言学会创办的、以粤语研究为内容的期刊《粤语研究》问世，担任名誉主编，主编与副主编分别为门生邓景滨博士和汤翠兰博士。6月中旬，作为专家组成员参加对广州市进行国家一类城市语言文字工作的评估验收。7月11日，经校长办公会议决定，暨南大学校办发文恢复暨南大学汉语方言研究中心。7月14—16日，以詹伯慧为主编、乔全生为副主编的《中国语言文字大词典·汉语方言卷》顾问、编委联席会议在暨南大学行政楼会议厅隆重举行，校长胡军和校党委书记蒋述卓出席会议，并设宴招待与会专家学者，《中国语言文字大词典·汉语方言卷》编纂工作宣告正式启动。会议期间还在暨南大学文学院门口举行了编委会的挂牌仪式。8月3—6日，出席在青海西宁举行的21世纪第四届现代汉语语法国际研讨会。中秋节前夕，不幸因叠凳取物摔伤，经急诊照片确诊为腰椎压缩性骨折，9月25日（中秋节）住进华侨医院骨科，11月初方可走动即出院，边工作边在院外休息治疗。11月22日，应邀作为嘉宾出席香港中文大学中国文化研究所成立四十周年庆祝大会。12月1日，作为顾问出席香港中国语文学会一年一度的理事会改选及讨论当前香港语言文字问题的学术座谈会。12 月 15—17 日，主持由中山学院承办、在中山市富华酒店举行的第十二届国际粤方言研讨会。12 月 20—23 日，主持在广州大学举行的广东省中国语言学会 2006—2007 学术年会。为退出会长职务准备的述职报告《回顾和期望》在学会《通讯》第 12 期和《广东学术通讯》第 11 期刊出。12 月 24—26 日，《中国语言文字大词典·汉语方言卷》各编写组召集人及部分特邀顾问在暨南大学举行工作会议，初步汇总各组提交的“入典条目”，讨论并解决了一些编写中可能遇到的问题。是年发表的文章主要有：《结合“推普”开展方言研究的良好范例——喜读〈桂北平话与推广普通话研究〉丛书》（《桂北平话与推广普通话研究》丛书首发式讲话集锦，桂林）、《对“平话”问题的再认识》（《贺州学院学报》2007 年第 1 期，贺州）、《略谈饶宗颐教授与“潮学”的兴起》（《岭南文史》2007 年第 1 期，广州）、《汉语方言语法研究再议》［《汉语语法研究的新拓展（三）》，东北师范大学出版社，长春］、《方言研究持续繁荣的又一信号——祝贺〈粤语研究〉创刊》（《粤语研究》创刊号，2007 年 6 月，澳门）、《粤语研究的当前课题——历届国际粤方言研讨会的回顾》（《粤语研究》创刊号，2007 年 6 月，澳门）、《粤语研究的当前课题》（压缩修订稿）（《方言》2007 年第 3 期，北京）、《汉语方言“VXVX”动词重叠式比较研究》（与王红梅合著）（《语言研究》2007 年第 3 期，武汉）、《一次为语言研究提供服务的成功实践——甘于恩〈粤语与文化研究参考书目〉序》（《粤语与文化研究参考书目》，广东科技出版社，广州）、《海南语言资源的开发大有可为——读〈海南闽语语音研究〉》［《暨南学报》（哲学社会科学版）2007 年第 6 期，广州］、《语坛一棵不老的劲松（代序）——敬贺同窗好友唐作藩教授八十华诞》［《语苑撷英（二）——庆祝唐作藩教授八十华诞学术论文集》，中国大百科全书出版社，北京］、《岭南方言的研究及其应用》［《岭南学》（第一辑），中山大学出版社，广州］。

2008 年 1 月，南方日报出版社出版了《我的一九七六》一书，刊入原发表在《南方都市报》（2006 年 11 月 10 日）上的口述文章《“岭南词宗”之子、语言学家詹伯慧：我与父亲的运动劫》。《继往开来的语言学发展之路：2007 学术论坛论文集》（陈燕、耿振生主编）一书由语文出版社出版，收入《有关语言学科建设的一些看法》一文。2 月 20—22 日，应邀出席在北京燕郊举行的《中国语言文字大词典》编纂工作会议，出席会议的是部分总编委会委员、顾问和各分卷主编。在会上作了“汉语方言卷”2007 年工作回顾的发言，会后在京逗留三天，参加了在京中山大学语言学系老校友的迎春欢叙。2 月 29 日，广州市黄埔区教育局网站刊出詹伯慧谈深入学习领会《国家通用语言文字法》的访谈录。4 月 21 日，应教育部语言文字信息管理司邀请，出席在北京香山饭店举行的纪念《汉语拼音方案》颁布五十周年学术研讨会。4 月 22 日，应邀在北京大学中文系作题为“方言研究与方言应用”的学术讲演。4 月 25 日，出席由广东省委宣传部和广东省社会科学界联合会主办、暨南大学汉语方言研究中心和广东省中国语言学会共同承办的第 33 期“岭南学术论坛：广东的语言与广东的文化”，作《方言与共同语关系》主题讲演，讲演录音整理稿于 5 月 5 日在南方网岭南大讲坛的岭南学术论坛第 33 期上发表。河南《寻根》杂志社于 4 月出版书法题词汇集《寻根寄语：名家墨宝》一书，收入 2002 年为该杂志题写的“寻根问祖，继往开来”墨迹，并附刊小传及相片。5 月 31 日，应邀在广东省委宣传部和广东省社会科学界联合会主办、《羊城晚报》和广东人文学会承办的“岭南大讲坛·艺术论坛”作题为“岭南方言的研究及其应用”讲演，讲演实录于 6 月 12 日在南方网岭南大讲坛的艺术论坛第 33 期上发表。6 月 15—19 日，应潮州市有关领导邀请访问潮州。其间于 6 月 15 日晚在潮州电视台出席《韩江论坛》的《名家对话》，谈论岭南文化与潮州文化，6 月 16 日晚出席由中共潮州市委宣传部和潮州市社会科学界联合会主办的《韩江论坛》讲演会，作题为“我的父亲詹安泰”的专题讲演，讲稿在《潮州日报·观潮》分三期（6月20日、27日及7月4日）刊出。访潮期间还先后到饶平县、汕头市访问，由饶平县副县长与汕头市人大常委会副主任设宴款待。7月4—7日，出席由暨南大学汉语方言研究中心主办的首届海外汉语方言国际研讨会，作题为“加强海外汉语方言研究之我见”的专题发言。7月11日，《潮州日报·观潮》刊出记者舒小梅专访《平易之中见深邃——詹伯慧印象》。10月20日，召开广东省中国语言学会第六届常务理事会换届前最后一次会议，研究确定换届、推荐新一届领导层候选人名单及换届大会日程等。11月7日，应邀出席由省社会科学界联合会、佛山市委宣传部及羊城晚报社在南海仙湖联合主办的广府文化与改革开放学术研讨会，作大会发言“粤方言与广府文化”。11月14日，受聘为“汕尾（海陆丰）文化系列丛书”编纂工作委员会学术顾问。11月20日，暨南大学校报《暨南大学》第504期发表了专访《方言的研究是几辈子的事——访文学院原院长、博士生导师、语言学家詹伯慧教授》。11月21—24日，赴台湾中坜出席由台湾“中央”大学主办的第八届客家方言国际研讨会，作《客家方言研究之我见》专题讲演。12月8日，受聘为广东文史学会理事。12月15—17日，出席由香港中文大学主办的“历时演变与语言接触：中国东南方言国际研讨会”作题为“从广东三大方言的相互影响看语言接触的走向”专题报告。12月18—20日，出席由香港城市大学主办的第十三届国际粤方言研讨会，宣读题为“再议粤语正音”论文。12月22日，暨南大学汉语方言研究中心、中国语言文学系举行庆祝詹伯慧教授从教55周年大会，当年大学同班同学唐作藩、麦梅翘、欧阳觉亚、王予远等到会，饶秉才因签证问题滞留香港，23日始赶来。会议隆重热烈，到会有相关领导、内地和港澳学者及来自各地的门生等近百人。《詹伯慧语文评论集：庆祝詹伯慧教授从教五十五周年（1953—2008）》（103.6万字）作为庆祝会专书同时出版，分赠与会来宾。《羊城晚报》《南方日报》于23日分别刊出该报记者会议报道消息；《深圳特区报》亦于24日刊出该报记者的会议报道消息。12月28—30日，应邀赴汕尾出席“汕尾（海陆丰）文化系列丛书”编纂工作会议。是年发表的文章主要有：《有关语言学科建设的一些看法》（《继往开来的语言学发展之路——2007学术论坛论文集》，语文出版社，北京）、《〈普通话水平测试（新大纲）指导〉序》[《普通话水平测试（新大纲）指导》，暨南大学出版社，广州]、《粤语研究的又一研究成果——读曾子凡〈香港粤语惯用语研究〉》（香港城市大学出版社，香港）、《略论闽语研究的“西进”》（《湛江师范学院学报》2008年第29卷第2期，湛江）、《三足鼎立的岭南方言》（《羊城晚报·花地》2008年6月7日，广州）、《家乡情结》（《潮州日报·观潮》2008年6月20日，潮州）、《我的父亲詹安泰》（《潮州日报·观潮》2008年6月20日、6月27日、7月4日，潮州）、《粤语研究与粤语应用》（《学术研究》2008年第10期，广州）、《让汉语拼音在社会主义现代化中发挥更大的作用》（《语言文字应用》2008年第3期，北京）、《略论汉语方言研究与方言应用》[《中国语言学》（第1辑），山东教育出版社，济南]、《濒危方言的研究大有可为——读丘学强〈军话研究〉》（《中国语文通讯》2008年第83~84期合刊，香港）、《一部揭示湘西乡话的方言佳作——〈湘西乡话音韵研究〉序》（《湘西乡话音韵研究》，广东人民出版社，广州）、《当前客家方言研究之我见——关于客家方言应用问题的一些思考》（《客语纵横：第七届国际客方言研讨会论文集》，香港中文大学中国文化研究所吴多泰中国语文研究中心，香港）。

2009年1月10日，《暨南大学》第509期在第一版刊出报道：“新时期语言学研究生培养专题研讨会暨詹伯慧教授从教55周年学术研讨会隆重召开。”1月14日，在香港大学与单周尧教授一起和商务印书馆（香港）有限公司领导商洽编纂重点在于提供粤语正音的繁体字本粤语常用词正音字典问题，准备参与此项工作之香港大学中文学院陈以信博士参加商谈。1月15日，《詹伯慧语文评论集：庆祝詹伯慧教授从教五十五周年（1953—2008）》获广东省人民政府文史研究馆2008年度优秀作品奖。2月1日，《羊城晚报》在A2版《牛眼探春·名人会》以整版篇幅刊出记者夏阳、孙璇的专访，冠以“詹伯慧痛批研究生批量生产”及“学生论文乱写，老师居然通融，我真‘佩服’”上下两个标题。此文同日在新浪、搜狐、大学校园、寒泉BBS、中学联等网站转载刊出。2月3日，《澳门日报》在B2版刊出专访《詹伯慧五十五载方言情结》。3月，《暨南学报》开辟专栏《中国当代语言学家学术思想研究专题》，约写栏目主持人语，并在本专栏第一篇刊出刘新中编纂的《詹伯慧学术思想初探》。同月，与单周尧教授、陈以信博士一起开始启动《当代粤语正音字典》（繁体字本）编纂工作，此后每两周到港一次，逐字会审陈博士先行写出之初稿，此字典拟在一年左右完成。4月上旬，应香港《文汇报》副刊《采风》编辑之约，开始为该刊《百家廊》撰写语言文字方面专稿。以“语文杂议”为总题，第一篇《普通话和方言》于4月13日刊出；随后，于4月20日刊出第二篇《繁体字和简体字》；4月27日刊出第三篇《浅谈粤语正音》；5月4日刊出第四篇《语言应用的规范化和多元化》；5月11日刊出第五篇《少当语言警察，多当语言导游》；5月18日刊出第六篇《“约定俗成”解》。5月17日，应澳门大学之邀，前往出席18—20日在澳门大学举行之冲突对话与文明建设国际学术研讨会，发表题为“略论文明建设与文明碰撞”的论文。5月25日《采风》刊出第七篇《是兄弟不是父子》；6月1日刊出第八篇《形形色色的方言字》；6月8日刊出第九篇《琐议网络语言》。6月10日，受广东省文史研究馆领导之托，代表省文史研究馆飞往西安，出席于11—12日在西安由中央文史研究馆主办、西安文史研究馆承办之小型正确使用祖国语言文字调研座谈会，出席的有来自北京、上海、安徽、广东及承办单位的十几位文史研究馆专家。6月10日，澳门谭仁杰（武汉大学门生）于《澳门日报·新园地》发表《云路又丰碑》一文，副标题为“初读《詹伯慧语文评论集》”。6月22日，《采风》刊出第十篇《杂议外来词》。7月1日下午，趁赴港之便，路过深圳到访詹氏经济文化交流协会驻深办事处。7月20日，《采风》刊出第十一篇《保护和抢救濒危语言与方言》；8月3日，刊出第十二篇《粤语水平的测试》；8月17日，刊出第十三篇《方言特色拾零》；9月9日，刊出第十四篇《中国语文工具书》；9月25日，刊出第十五篇《中国古代的字书》；10月7日，刊出第十六篇《见证文化建设的辉煌：六十年辞书编纂成就斐然》；10月25日，刊出第十七篇《杂议香港的“社区词”——兼评〈香港社区词词典〉》。11月7—9日，应邀出席由南昌大学客赣方言与语言应用研究中心主办的第二届赣方言学术研讨会，在第一天的大会学术报告中作题为“大力开展江西多方言地区的方言研究”的学术报告。11月11—15日应邀偕雅仙访问北京大学，于11月13日为北京大学王力学术讲座作题为“王力教授与汉语方言学”的学术讲演。访京期间还在李鸿简陪同下参观了“鸟巢”和国家体育馆这两座举行过奥运会的雄伟建筑。11月20—21日，应邀出席由华南师范大学岭南文化研究中心主办的岭南文献与岭南学国际研讨会，在大会上作题为“我对文献运用的一点认识”的发言。12月1—3日，在澳门作为特邀嘉宾参加汉语方言国际学术研讨会暨全国汉语方言学会第十五届学术年会，宣读《略论香港的“社区词”——兼评〈香港社区词词典〉》论文。同时举行理事会进行换届工作，再次连任学会理事。其间《澳门日报》记者作专题采访，于12月2日，刊出专题报道《詹伯慧：潮语体现社会文化》。12月7—9日，在桂林作为特邀嘉宾出席第十四届粤方言国际学术研讨会暨第五届土话平话国际学术研讨会，作题为“王力教授与汉语方言学”大会讲演。其间会议安排游览了漓江景色，并由梁金荣联系安排到龙胜多民族聚居县参观，又于游阳朔时观看了张艺谋导演的著名大型歌舞《印象·刘三姐》。12月11—14日，出席在潮州市由韩山师范学院承办的广东省中国语言学会2008—2009学术年会暨语言接触国际研讨会，其间与潮州有关领导及韩山师范学院、潮学院领导商量次年举行纪念詹安泰学术研讨会及由上海古籍出版社出版《詹安泰全集》事宜；并带同几位门生应邀到饶平参观游览，其间也曾与人在外地的潮州市汤锡坤市长通电话，他表示会支持举行纪念詹安泰学术研讨会及出版《詹安泰全集》之事。是年发表的文章除上述《语文杂议》外，尚有《汉语方言研究三十年》（《云南师范大学学报》2009年第2期，昆明）、《我的父亲詹安泰》（《饶平人》双月刊2009年10月及2009年12月两期连载，转自《潮州日报》2008年6月20日、27日，7月4日）、《湘西乡话的语音特点》（与杨蔚合著）（《方言》2009年第3期，北京）、《湘西乡话的分布和分片》（与杨蔚合著）（《语文研究》2009年第4期，太原）、《再谈粤语正音——为第十三届国际粤方言研讨会（香港）而作》（《粤语研究》2009年第4、5期合刊，澳门）、《加强海外汉语方言研究之我见》（《首届海外汉语方言国际研讨会论文集》，暨南大学出版社，广州）。

2010年1月9日，香港《文汇报》副刊《采风》中《百家廊》专栏刊出《语文杂议》之十八《杂议〈通用规范汉字表〉》。1月27日至2月1日，列席省政协会议，其间会晤省政协委员、省工商联副会长、乡亲詹玉湘，谈及《詹安泰全集》出版需筹集经费事，玉湘表示可由他出资赞助出版，此事终于有了着落。1月30日，《广东地方税务》第1期发表了该刊编辑部主任及记者钟云珊的长篇专访《“文脉”薪火相传的詹氏父子》，2月4日，香港《大公报》刊出驻广州记者袁秀贤的专访报道《〈广州话正音字典〉料明年出版》。2月8日，专程赴深圳出席詹玉湘的企业“友和公司”春节联欢会。2月11日，香港《大公报》刊出驻广州记者袁秀贤的专访报道《经济优势　地域因素：全球讲粤语人数不减反增》。2月27日至3月1日，应邀在泉州出席第二届海外汉语方言国际研讨会，作题为“进一步做好海外汉语方言的调查研究工作”的大会发言。同时出席元宵节期间在泉州举行的“首届海峡两岸闽南文化节”活动，观看了由中央电视台（第四频道）主办的“中华情，闽南风”大型文艺晚会及歌舞剧《光明之城》的精彩演出。3月7—8日，与甘于恩一起前往湛江师范学院举行暨南大学汉语方言研究中心（省汉语方言研究重点基地）湛江师范学院工作站的挂牌仪式，并向该院学生作题为“谈谈语言学习”的学术报告。3月18日，潮州市方志办主办的《潮州》2010年第1期（总第77期）发表了许慈航曾在《检察文学》2009年第12期上刊出的《告别暨大教坛以后——记恩师詹伯慧教授》一文。4月7日，应《广东客家》主编邓开颂之邀出席编委座谈会，答应执笔撰写书中“广东客家话”一章，约4万字。4月10日，出席暨南大学出版社“广府文化丛书”编委、专家座谈会，该丛书为省委宣传部重点项目，资助经费100万元，计划两年内完成，其中《广府方言》一书将由詹伯慧、甘于恩负责组织编写。4月24—25日，出席暨南大学汉语方言研究中心和中文系主办的广东汉语方言研究的理论与实践暨《广东粤方言地图集》专题研讨会，作题为“继往开来，把广东方言研究推上新的台阶”的发言。该发言于2010年5月《暨南学报》（哲学社会科学版）第3期以“广东汉语方言研究的回顾与展望”为题发表。由暨南大学汉语方言研究中心主办的《南方语言学》第一辑（2009年12月出版）在会议期间分发给与会学者。5月3日，香港《文汇报》副刊《采风》中《百家廊》专栏继续刊出《语文杂议》之十九《海外华人使用的汉语及其方言》。5月16—19日，与甘于恩、陈晓锦、邵宜等访问饶平、潮州、汕头等地，主要议程一是到韩山师范学院为暨南大学汉语方言研究中心（基地）在韩山师范学院设立分基地（中心）挂牌；二是落实当年12月中旬在潮州由市政府和韩山师范学院主办纪念詹安泰学术研讨会邀请名单及相关会务。其间在饶平承辜广生县长设宴款待，在潮州与汤锡坤市长晤叙约一小时，具体商量有关纪念詹安泰学术研讨会及计划出版《詹安泰全集》事宜，归途顺访汕头半天，与余国樑、黄挺在汕晤叙。5 月 22 日，到麓湖大厦庄福伍家写字。5 月 27 日，接受中央人民广播电台广州记者站副主任邓文华专访，谈论岭南文化与岭南方言。5 月 28 日，应詹玉湘之约，专程赴深圳落实《詹安泰全集》出版经费事宜。此事总算有了着落，可以请上海古籍出版社李保民同志来穗具体商定出版计划。6 月 7 日晚，接受《羊城晚报》记者电话专访，谈对近期网络上议论“广州话萎缩”并有网民提出“保护粤语”一事的看法。专访以“普通话是粤语的敌人吗?”为题，于6 月 9 日在《羊城晚报》A8 版《都市圈》上刊出。6 月 18 日晚，张洪年教授伉俪约叙香港湾仔南洋酒店，当时张教授坚辞香港中文大学讲座教授职，将提前退休并于暑假期间回加州伯克利。6 月 20 日晚，与甘于恩飞汕头转潮州，应林伦伦院长之邀，出席 21 日举行之韩山师范学院潮学研究中心获评为省人文社科重点研究基地之基地揭牌仪式，当晚九时飞返广州。6 月 28—30 日，与甘于恩、曾建生前往阳江职业技术学院为暨南大学汉语方言研究中心（基地）在该院设立分基地（中心）挂牌，妻子陈雅仙陪同前往。其间到闸坡参观举世闻名的“南海Ⅰ号”宋代沉船博物馆（挂牌“海上丝绸之路博物馆”）。阳江市人大常委会副主任郑尤坚同志（民盟阳江市委主委）前来酒店晤叙。7 月 10 日晚，一众门生及家人、亲属共 40 余人欢聚马会唐苑酒家，庆贺八十寿诞（虚岁），作为“大家小书”丛书第一本、集合近期在香港《文汇报》发表杂文二十篇之《语文杂记》亦由暨南大学出版社赶在寿宴前夕出版，席间分赠门生及亲朋好友。8 月 9—10 日，上海古籍出版社编辑部主任李保民前来商定《詹安泰全集》编辑出版具体事宜，确定该书分五卷于第二年 8 月 31 日前出齐全书，并于 8 月 10 日签订了图书约稿出版合同。8 月 19 日，在香港会见洪楚平，商量有关 11 月在广东画院举行的“詹伯慧书法展”筹备工作。8 月 27—29 日，应邀出席北京大学中文系为庆祝北京大学中文系一百周年系庆、纪念王力教授一百一十周年诞辰暨庆祝郭锡良教授八十华诞在北京邮电会议中心举行的中国语言学发展之路——继承、开拓、创新国际研讨会，作为三位大会报告人之一在会上作题为“大力加强汉语方言的应用研究——纪念王力教授一百一十年诞辰”学术报告。8 月 30 日，在北京与刘家丰先生签署《中国语言文字大词典 · 汉语方言卷》编纂出版协议书，商定 2011 年底完成编纂定稿交中国大百科全书出版社出版，由詹伯慧、张振兴担任主编，乔全生、甘于恩担任副主编。8 月 30 日出版的《广东地方税务》刊出 2010 年 7 月在《广东建设文化强省》专题笔谈的《建设文化强省之我见》一文。9 月 3 日，潮州电视台六集纪录片《饶宗颐》拍摄组前来暨南大学采拍讲述与饶公交往相关往事，历时两个多小时。9 月 13 日，在香港九龙荷里活广场请张洪年伉俪吃上海菜，为张兄即将返美提前践行。9 月 21—24 日，应邀出席由澳门特区政府高等教育辅助办公室与澳门大学社会科学及人文学院主办的古典诗歌研究与人文精神思考国际学术研讨会，在开幕式上致辞，题为“大力弘扬中国古典诗歌的人文精神”。10 月 2 日，到麓湖大厦庄福伍家中挥毫三个小时。福伍出示饶宗颐先生为即将举行之书法展题字“詹伯慧书法展，选堂，庚寅”。10 月 14 日，与甘于恩、彭志峰一起到深圳大学与李凤亮副校长共同主持暨南大学汉语方言研究中心深圳大学工作站揭牌仪式，揭牌后向文学院师生作了题为“语海弄潮”讲演。10 月 15 日，上午在深圳游览东部华侨城，下午登莲花山谒邓小平铜像，晚饭与永强、慈航、翼翔等欢聚“顺德佬”酒楼，晚 10 点返回广州。10 月 23—25 日，第二届湘方言国际学术研讨会在湘潭举行，本已决定作为特邀学者出席会议，已发去论文《发挥优势，开拓进取，再创汉语方言研究的新辉煌》，不料临行前因右眼受创出血住进华侨医院，只好终止赴湘计划，论文由会务组安排在全体大会上全文代读。10 月 29 日，出席由暨南大学汉语方言研究中心主办的汉语方言研究发展战略研讨会暨工作站联席会议的欢迎晚宴。12 月 13—15 日，出席由澳门中国语文学会、澳门粤方言学会和澳门理工学院联合主办的第十五届国际粤方言研讨会，在会上作题为“粤语是绝对不会沦陷的”的大会学术报告。12 月 20—22 日，出席由潮州市人民政府和韩山师范学院联合主办的纪念詹安泰先生国际学术研讨会。会议有来自海内外学者约 80 人出席，宣读论文近 40 篇，会议期间由饶平县人民政府接待与会人士前往饶平新丰楼子角故居等地参观考察一天，县长辜广生设晚宴招待全体来访人员。是年发表的文章有《杂议〈通用规范汉字表〉》（《语文杂议》之十八）（《文汇报》副刊《采风》，2010 年 1 月 9 日，香港）、《海外华人使用的汉语及其方言》（《语文杂议》之十九）（《文汇报》副刊《采风》，2010 年 5 月 3 日，香港）、《广东汉语方言研究的回顾与展望》［《暨南学报》（哲学社会科学版）2010 年第 3 期，广州］、《建设文化强省之我见》（《广东地方税务》2010 年第 7 期，广州）、《〈广东语言文字工作 60 年纪事〉序言》（《广东语言文字工作 60 年纪事》，广东高等教育出版社，广州）、《实践出真知——读辜广生同志的〈那一回〉》（《韩江文苑》2010 年第 4 期，潮州）、《大力弘扬中国古典诗歌的人文精神》（《广东地方税务》2010 年第 9 期，广州）、《跟进语文发展，善待语文资源——跟青年朋友谈语文学习》［《韩山师范学院学报》（社会科学版）2010 年第 5 期，潮州］。

2011 年 1 月 9 日晚与甘于恩、刘新中一起抵广西梧州。10 日上午在广西梧州学院与该院副院长杨奔教授共同主持暨南大学汉语方言研究中心梧州学院工作站揭牌仪式。揭牌后向该院中文系及政治教育系学生 300 余人作题为“谈谈语文学习”的讲演。午后参观梧州名胜古迹及李济深故居。晚饭后回广州，11 点多才到家。1 月 11—12 日，省参事室、省文史研究馆全体人员到阳江温泉度假村进行当年工作总结。1 月 13—14 日，出席两次校离退休处之新年茶话会，1 月 14 日晚出席中文系领导宴请系里离退休教职工的宴会。1 月 19—24 日列席省政协十届四次会议。1 月 22 日，“文士情怀——詹伯慧书法展”（饶宗颐题）在广东画院揭幕，《文士情怀——詹伯慧书法展》一书同时印出分赠开幕式与会嘉宾。1 月 27 日上午，出席省参事室、省文史研究馆在珠江宾馆举行的迎春茶话会，会上由副省长肖志恒和副秘书长江海燕向获 2010 年各种奖项的参事和馆员颁奖；詹伯慧同时获得广东省人民政府文史研究馆 2010 年度积极贡献奖和 2010 年优秀作品奖（《语文杂记》）。1 月 27 日晚，出席由省委统战部在广东大厦举行的党外人士团拜晚宴。1 月 28 日上午，出席广东省社会科学界联合会举行的顾问座谈会，会后设宴款待到会的二十多位顾问。2 月 8 日，“文士情怀——詹伯慧书法展”在广东画院闭幕。2 月 13 日，在香港大学中文学院与单周尧教授等一起审议近期完成的《当代广州话正音字典》部分字目初稿。2 月 18 日，接受《中国社会科学报》（人文岭南版）记者江丽芝采访，2 月 24 日，采访专稿以“詹伯慧：一生献给方言学”为题在《中国社会科学报》（人文岭南版）刊出。2 月 27 日、3 月 27 日、4 月 10 日、4 月 23 日、5 月 1 日、5 月 22 日、6 月 12 日均在香港大学中文学院与单周尧教授等一起审议近期完成的《当代广州话正音字典》部分字目初稿。6 月 22—29 日，“文士情怀——詹伯慧书法展”在暨大艺术学院美术馆展出。6 月 27—30 日，暨南大学举行“庆祝詹伯慧教授八十华诞暨从教五十八周年汉语方言国际学术研讨会”，纪念文集《田野春秋：庆祝詹伯慧教授八十华诞暨从教五十八周年纪念文集》出版发行。与此同时，获评为首届广东省优秀社会科学家（16 位之一，语言学界唯一）。7 月 18 日，广东省委举行首届优秀科学家颁奖大会，时任省委书记汪洋同志亲自授牌，并在会前接见 16 位获奖者，发表重要讲话。各报及广东卫视均以头版显著位置刊登消息，认为这是迄今为止广东社会科学界最高的荣誉。《中国社会科学报》(7 月 14 日) 和《南方日报》(7 月 19 日) 均以整版篇幅刊登 16 位获奖者照片及简介。7 月 18 日下午至 19 日晚，赴汕尾出席汕尾市“历史文化丛书”审订稿会议。7 月 31 日，应邀出席由广州作协和海丰县委在广州举行的“纪念丘东平烈士殉国 70 周年暨《丘东平纪念文集》出版座谈会”。8 月 16—21 日，在香港与全家一行 5 人参加港中旅的东北两省（吉林、黑龙江）6 天旅行团，参观了长春、吉林、哈尔滨三大城市，并游览了长白山。9 月 1 日，《中国社会科学报》在《学林》版《名师风范》栏目下发表刘新中写的《詹伯慧：“爱”字当头做学问》一文。9 月 3 日，香港大学新学年开学，为新一届 M. A. 班上的“中国语言与中国文化”专题开始第一讲，共讲 5 次，9 月 6 日完成任务。9 月 7 日晚，应邀出席省委统战部照例每年为退下来的民主党派领导举行的中秋宴会，见到许多民主党派的老朋友，感慨大家都老了，时不我与，不免唏嘘叹息！9 月 9 日破例出席多年未参加的学校教师节暨表彰大会，因为获评为广东省首届优秀社会科学家，学校特别礼遇，通知与会接受表彰，奖予 3 万元奖金。10 月，经过近两年的筹划和编辑，《詹安泰全集》6 卷 230 万字由上海古籍出版社出版发行，每套售价 380 元，初版印 1 300 册。10 月 13 日，接受《信息时报》记者为《我的书房》专刊组稿上门采访，在书房兼卧室谈了近 1 小时，并拍摄了书房的特写照，10 月 16 日以“詹伯慧：学问要让更多人受益”为题用 C12 一整版篇幅发表。10 月 17 日以主编、副主编 4 人名义向大词典方言卷各编写组发出通知，催各组抓紧工作，争取在 11 月底前送来初稿，以便组织审订稿工作。10 月 31 日晚，应剧作家陈中秋之邀到广东歌舞剧院观看由他执笔创作、海丰县西秦剧团演出之大型戏曲《留取丹心照汗青》，剧中集中展现了文天祥在南宋灭亡前夕于粤东组织义军、英勇抗元的动人事迹，剧本和演出都堪称成功。次日（11 月 1 日）还出席了在广东大厦举行的专家座谈会，与会者发言一致赞赏这次演出。11 月 5 日偕老伴与甘于恩及其门生一起动身乘火车前往泉州“挂牌”，并于 11 月 7—8 日两天分别为华侨大学及泉州师范学院各作一场面对学生的学术报告。在华侨大学讲演的题目是“谈谈中国语言与中国文化”，在泉州师范学院讲演的题目是“和青年朋友谈语文学习”。11 月 10 日离泉州到福州出席第十六届全国方言学会学术会议，并参加理事会换届会议（11—14 日），再次蝉联理事。11 月 16 日晨回到广州。12 月 10—15 日，出席由泉州市人民政府与华侨大学、香港大学主办，华侨大学文学院、香港大学饶宗颐学术馆承办的饶宗颐与华学研究国际研讨会，在会上发表题为“岁月悠悠说大师——追忆与饶公两代交谊的往事”，会议还组织与会学者游览了武夷山胜景，并观看了张艺谋“印象系列”的新作《印象大红袍》，12 月 16 日下午返抵广州。12 月 17—18 日，应邀出席由华南师范大学文学院主办的 2011 年中国语言文学创新人才培养高峰论坛，发表论文《对当前语言学科建设的一些浅见》。12 月 17 日《羊城晚报》在《博文周刊·讲述（B6 版）》整版发表《家父詹安泰及我与饶宗颐先生的两代交谊》一文，潮汕历史文化研究中心（汕头）的《潮学通讯》2011 年第 2 期转载此文。12 月 15—16 日，第十六届国际粤方言研讨会在香港理工大学举行，因会期与泉州之会议重叠，无法分身，请张群显博士在会议开幕式上代读事先写好之开幕词。12 月 20 日，出席《广东客家》一书首发式。该书属广西师范大学出版社“客家区域文化丛书”的一种，由温宪元等著，詹伯慧负责编写第七章“方言”，约 5 万字。书中第八章“杰出人物”在“精英版”一节中介绍了詹安泰的简历，在“群英表”中列入了詹伯慧。潮州市老干部局主办的《秋晖》，于 12 月 31 日第 7 期在《名人传记》栏目中刊出谢振泽、叶小珍的文章《詹伯慧：留住方言留住根》。《粤语研究》第 10 期于 12 月出刊，在《庆祝詹伯慧教授八十华诞暨从教五十八周年专辑》中刊出当年 6 月底祝寿会贺信、题词、贺联、诗词及相关报道、专稿等共 53

页，占该刊2/3篇幅。是年发表的文章主要有《岭南词宗，风范永存》（《广东地方税务》2011年第1期，广州）、《双语双方言理论的重大突破——读陈恩泉〈潮·普双言语词典〉》［《南方语言学》（第3辑），暨南大学出版社，广州］、《听汪书记“三点希望”的感想》（《广东地方税务》2011年第7期，广州）、《略谈饶宗颐教授与“潮学”的兴起》（《潮州文化研究》2011年第3期，潮州）、《〈中华经典启蒙〉序》（《中华经典启蒙》，北京大学出版社，北京）、《家父詹安泰及我与饶宗颐先生的两代交谊》（《羊城晚报·博文周刊》2011年12月17日，广州）。

2012年2月，应邀参加香港能仁书院为副学士课程设计的“文字学”“现代汉语”等四门科目大纲的评审工作，2月25日，出席该校组织之评审会议。3月，应香港岭南大学之邀，参加评审该校李东辉主编、人民教育出版社出版之书稿《中国语文传意基础》，3月17日出席在北京友谊宾馆举行之评审会议。4月5日，清明节后一日，母亲在广州荣军医院安详病逝，享年100周岁，是日恰与45年前父亲逝世同为清明后一天（父亲于1967年清明后一天，即4月6日逝世）。4月12日，百岁母亲逝世追悼会在广州殡仪馆仙鹤厅举行，到会100多人，极尽哀荣。4月14日至5月1日，与家人（夫人、三弟叔夏、小妹慧萍、侄儿敦一夫妇）赴欧洲，先到荷兰为二弟仲昌扫墓，随后遍游荷兰、比利时、法国、德国、瑞士、意大利和梵蒂冈七国的风景名胜。5月5日，家人按既定计划为母亲骨灰举行了安葬仪式，从此父母一起长眠于广州东郊的中华永久墓园。5月12日，上海电视台为“大师王力”的影视拍摄前来专访取材，历经两个多小时才完成任务。5月20日，在香港大学出席《当代广州话正音字典》恢复停顿数月之审稿讨论会。5月31日，作为顾问出席香港能仁书院拟正式列为高校、设计副学士的课程方案接受香港考评局评审的会议，并受聘担任由单周尧主编的《能仁学报》的顾问。在第二届湘方言国际学术研讨会上书面发言《发挥优势，开拓进取，再创汉语方言研究的新辉煌》收录于《湘语研究》第2辑中，并于5月由湖南师范大学出版社出版。6月2日，到中山大学中文系与系主任李炜及吴承学、彭玉平教授一起商量是年纪念詹安泰诞辰110周年学术会议事宜。该会原在春天商议过，后一直搁浅，遂决定重启筹备工作，是年11月于中山大学举行。6月8—11日，出席在韶关由李冬香主持的第六届土语平话国际学术研讨会。6月12—14日，与甘于恩等访问江门新会，在江门与五邑大学文学院领导教师座谈，并赠送图书，还参观了内容丰富、设计有创意的华侨华人博物馆；在新会，向景堂图书馆赠书，该馆建于1925年，为全国县级图书馆所少见；还与新会从事民俗方言工作之代表人物座谈，并参观小鸟天堂、葵博园、陈皮博物馆等地。6月17日，在香港大学出席《当代广州话正音字典》审稿讨论会。6月28—30日，出席广东省民盟第十四次代表大会，会议选出新一届民盟省委会领导班子，温思美蝉联第十四届省委会主任委员。其间于30日上午作为顾问到二沙岛岭南会展览馆出席由叶选平任会长的广东省中华民族文化促进会成立20周年盛会，会上叶选平作20年回顾总结报告，执行会长之一黎子流作财务报告。促进会多年来得到捐款过亿元，做了许多实事、好事。是年起计划每三年一次奖励省内300名乡村优秀教师，每人1万元奖金，光这一点，就很值得称道。《广府方言》（与甘于恩合著）一书于6月由暨南大学出版社出版。7月1日下午在家中为《潮韵〈唐诗宋词〉》影视片书写马致远元曲《天净沙·秋思》，并题写《简报》刊头。7月25日，《颐园学苑》2012年第3期（总第7期）刊出《杂忆先父与饶宗颐的深情厚谊》一文，同时刊出编辑部辑录的《选堂论詹安泰》，此文又在10月11日《潮州日报·潮州文化》及《潮州社科》2012年第3期上发表。7月24—26日，赴扬州出席第六届中国文字学国际学术研讨会暨单周尧教授六十五华诞祝寿会，其间游览了扬州瘦西湖、古运河、个园、鉴真纪念堂及两个博物馆，尽览扬州名胜。后在7月27日抵南京，初晤南京大学从事诗词研究的学者张宏生教授。当晚乘游艇游览了秦淮河，7月29号晚乘机回到广州。8月22日接受《中国社会科学报》记者刘宁的电话采访，讲述了对方言与文化问题、濒危方言问题的看法。随后记者以“保卫方言，需要民众有语言自觉”为题撰写综合稿在9月5日发表，内容为曹志耘、张振兴和詹伯慧三人所谈的见解。在中国音韵学研究会会刊《音韵学研究通讯》总第28期发表《难忘的深情，永远的记忆（代序）——写在〈汉语语音史探索〉付梓之际》一文，该文于当年年底出刊的《粤语研究》第12期再次刊出，向平山久雄教授八十华诞祝寿。8月28日，应邀到香港岭南大学评审由该校编写、人民教育出版社出版的《中国语文传意进阶》书稿，一同与会的专家有专程南来的北京大学陆俭明、马真夫妇及人民教育出版社的三位编辑。该书为此前已出版的《中国语文传意基础》一书的后续教材。前书为香港岭南大学一年级上学期开设课程用的教材，审订中的这一册为一年级下学期开设课程所用教材。9月16—19日，出席在宁夏银川举行的第三届海外汉语方言国际研讨会，其间游览了银川一些名胜古迹，包括西夏王墓、中华回族文化园等，在会上发表了题为“再接再厉，把海外汉语方言的研究持续深入地进行下去”的讲话。由韩山师范学院饶宗颐研究所主办的《饶宗颐研究》（第2辑）（暨南大学出版社，2012年）刊出《岁月悠悠说大师——追忆我父子两代与饶公交谊的往事》一文。10月2—7日，应印尼苏北省华联的邀请，赴棉兰参加庆祝华联所办的亚洲国际友好学院中文系、英文系首届毕业生的毕业联欢感恩活动，并到巴达山、多巴湖等名胜观光。10月11日，参加暨南大学民盟组织的秋游活动，到罗浮山游览。10月18—19日，在潮州出席由韩山师范学院和汕头、潮州、揭阳三市社科联联合主办的陈伟南先生人生价值观研讨会，以“伟南精神是建设潮州文化名城的财富”为题作大会发言。10月27日，在香港大学为M. A. 第六期学员上完本学年“中国语言与中华文化”五讲专题课中的最后一讲“岭南文化与岭南方言”。10月29日与夫人一起约请当时在香港浸会大学客席任教的南京大学程千帆教授门生张宏生教授在九龙塘又一城茶叙，吴夏郎作陪。11月2日，由汤翠兰率领的澳门粤方言学会交流团一行21人到访，下午在暨南大学汉语方言研究中心座谈，即席发表关于方言研究、粤语研究等相关问题的意见。11月25—26日，作为特邀嘉宾到澳门出席由澳门大学主办的汉语人文学术的现状与前瞻国际学术研讨会，发表论文《对汉语语言学科建设的一些浅见》，会后于27日应邀访问澳门理工学院澳门语言文化研究中心，会见了李向玉院长；中心执行主任周荐教授设宴款待。12月2日，出席由中山大学中文系及《中山大学学报》主办的纪念“岭南词宗”詹安泰先生诞辰110周年国际学术研讨会，在开幕式上发言。12月7—10日，出席由暨南大学汉语方言研究中心及华文学院主办的第十七届国际粤方言研讨会，在会上致开幕词。12月18—19日，代表暨南大学汉语方言研究中心赴揭阳职业技术学院与该院签署在该院建立语言文化工作站的协议书，同时举行工作站揭牌和向工作站成员授予聘书的仪式。该院党委副书记李文升自始至终参与接待与座谈活动，还亲自陪同参观揭阳著名名胜关帝庙和学宫（孔庙）。是年发表的文章主要有《发挥优势，开拓进取，再创汉语方言研究的新辉煌——在第二届湘方言国际学术研讨会上的发言》[《湘语研究》（第2辑），湖南师范大学出版社，长沙]、《一位永远充满活力，永远不知疲倦的学者》（《粤语研究》2012年第11期，澳门）、《进一步做好海外汉语方言的调查研究工作——兼评〈首届海外汉语方言国际研讨会论文集〉》（《第二届海外汉语方言国际研讨会论文集》，云南大学出版社，昆明）、《杂忆先父与饶宗颐的深厚情谊》[《颐园学苑》2012年第3期（总第7期），潮州]、《难忘的深情，永远的记忆（代序）——写在〈汉语语音史探索〉付梓之际》（《音韵学研究通讯》2012年总第28期，合肥）、《岁月悠悠说大师——追忆我父子两代与饶公交谊的往事》[《饶宗颐研究》(第2辑),暨南大学出版社,广州]、《汉语言与中华文化漫谈》[《华侨大学学报》(哲学社会科学版)2012年第4期,泉州]、《〈中国语文传意进阶〉序》(《中国语文传意进阶》,人民教育出版社,北京)。

2013年1月1日,受聘为澳门语言文化研究中心顾问委员会委员。1月5日晚,出席香港大学中文学院在太古广场采蝶轩为M. A. 校外兼课教师举行的晚宴,这是自2004年香港大学中文系开办第一届M. A. 班以来首次校外兼课教师的聚会。1月19日,到广州市财经职业学校出席由范俊军主办的中国濒危语言有声资源采集与立档技术研讨会,并在开幕式上致辞,回忆30多年前自己在海南调查黎语时接触到濒危方言军话并加以整理发表、备受学术界瞩目的情况;中国社会科学院民族与人类学研究所所长黄行和孙宏开教授专程从北京前来研讨会作专题讲演。1月26日,作为校外顾问应邀出席香港能仁书院为申办学士学位课程而举行的校内评议会议,校内自评的目的是为当年5月香港政府考评局对其进行的考评做好准备。1月29日,广东省委统战部同志上门作节前慰问。1月30日上午,中文系领导和广东省文史研究馆同志先后来家中慰问。下午与三弟到广东画院晤洪楚平书记,商量撤回上月在中山大学纪念先父会议期间展出的先父手迹墨宝归还原借出者,并研究筹划在当年出版先父书法作品事宜。2月1日,广东省社科联副主席林有能及姜波同志在暨南大学社科处领导潘启亮同志陪同下登门慰问,此次慰问对象为16位获评为首届广东省优秀社会科学家的学者(暨南大学有两位:詹伯慧与饶芃子)。2月3日,出席在广州东方宾馆举行的历届省政协委员联谊会春节茶话会。2月6日,出席广东省参事室、省文史研究馆举行的春节茶话会。3月9日晚,全家出席门生吴夏郎(任职于《星岛日报》)与罗若安(香港无线电视翡翠台主播)在香港世贸中心举行之婚宴。3月18日,商务印书馆(香港)有限公司毛永波在力宝轩宴请《当代广州话正音字典》全体编纂人员,席间一致认为有必要总结前段情况,写一篇文章论述该书编纂的论点和思路,看看社会反应如何。推举陈以信起草初稿,众人准备材料,4月21号再集中讨论,补充修改后公开发表。3月21日,作为中文课程顾问应邀出席香港能仁书院申办学士学位课程之“院校办学条件评估”。3月23日,全家约20人提前到东郊中华永久墓园清明扫墓,此为首次祭拜父母合穴。3月25日,潮州社科联洪永杰主席来电,告知正在筹划詹伯慧书法展事,可能要一个多月后实行,具体事宜容后再酌。是年为黄典诚教授逝世20周年,其门人欲编辑纪念文集,多次来电催稿,当天完成《岁月悠悠忆典老》一文寄去。4月初,广东教育出版社社长应中伟等一行前来洽谈准备为《汉语方言学大词典》向省和国家申请作为重大项目出版事宜,要求立即草拟有关材料供上报用。随即日夜赶工,在4月15日草拟了《〈汉语方言学大词典〉的设计与内容框架》《〈汉语方言学大词典〉编纂流程及进度安排》和《〈汉语方言学大词典〉编纂阶段所需经费预算》等3份材料发予广东教育出版社;与此同时,发信张振兴、乔全生和甘于恩3位主编、副主编,附去上述材料;另去函各编写组,告知联系出版近期发展情况,让其抓紧重新开始编纂工作。4月16日,应广东画院洪楚平书记之约,前往书写供7月1日为庆祝“十八大”举行的“四人书法展”所需书法作品(詹伯慧、陈传誉、洪楚平、陈小奇,每人18幅)。4月21日,参加搁浅多时之《当代广州话正音字典》在香港大学中文系举行的恢复讨论审订字音会议,并讨论由陈以信执笔撰写一篇说明该字典情况的文章。4月27日,暨南大学出版社拟于是年出版的纪念詹伯慧从教60周年的《走近詹伯慧——庆祝詹伯慧教授从教六十周年纪念文集》一书目录最后定稿。同日收到马来亚大学发来拟于是年10月初举行的中国语言文字国际学术研讨会的邀请信,随即发去回执,拟以“略论汉语方言的研究及其应用”为题撰写论文与会。4月底,《岭南文史》2013年第1期在封三以

“岭海名流”为题刊出文章介绍文史研究馆馆员詹伯慧。5月20—23日，中山大学语言学系1953届的同学齐聚广州庆祝毕业60周年活动，同班7人中，许绍早兄于1997年英年早逝，剩下麦梅翘（1926）、王予远（1926）、唐作藩（1927）、饶秉才（1927）、欧阳觉亚（1930）和“小弟弟”詹伯慧（1931）6人，此次聚会除王予远未能前来外，5人于20日在暨南大学参加汉语方言研究中心为此专门组织的语言学高端论坛，并由唐作藩向研究生及年轻教师作题为“音韵与方言”学术报告。21日与众同学一起回中山大学母校重温60年前大学生活，到了一师故居及其他几处有纪念意义的建筑物前摄影留念；中午中文系领导盛宴招待，高华年师母植符兰、黄家教夫人龙婉云及当年语言学系助教宋长栋、1957年留校之傅雨贤等前来相聚；下午游览大学城，晚上回暨南大学，由暨南大学出版社李战和华文学院张军夫妇在招待所设宴款待；5月22—23日，到珠海游览新圆明园及海泉湾等地；5月24日结束此次不寻常聚会，各奔前程。5月25日，在香港大学出席香港10所院校联合举办的普通话教学研究交流研讨会，作为特邀嘉宾作大会发言。5月26日，《当代粤语正音字典》在香港大学中文学院讨论审订字音。5月30日，应邀作为顾问出席香港考评局对能仁书院进行申办学位课程之评审活动。6月9—16日，与女儿、女婿及外孙女一行4人参加香港美丽华旅行社的8日旅行团到俄罗斯旅行，游览了圣彼得堡和莫斯科两大城市，尽览沙皇时代的瑰丽皇宫（圣彼得堡）和苏联时代的社会主义建设辉煌成就（莫斯科），对这个以往号称“超级大国”、1991年苏联解体后仍是世界最大的国家，有了一些感性认识，收获良多。6月28日至7月2日，广东画院举行“饮水思源——庆祝‘七一’名家书法展”，参展的书法名家近20位，由广东画院遴选詹伯慧的8幅作品参加展出。6月30日和7月21日，分别在香港大学讨论《当代粤语正音字典》审订字音。7月23日，在暨南大学出席第四届岭南汉语方言研究理论与实践研讨会暨首届地理语言学培训班开幕式并致辞。7月26—31日偕夫人访问潮州、饶平：7月28—29日应邀在潮州出席由韩山师范学院主办的饶学国际学术研讨会，在开幕式上发言；7月29—31日由韩山师范学院詹必富副书记全程陪同回饶平老家，到了饶平县城和新丰镇、母校饶平四中等地，承新丰镇镇长、饶平四中校长及县委宣传部林部长及洪副部长、县教师进修学校詹继武校长等热情接待；7月31晚返抵广州。8月25日，在香港大学讨论《当代粤语正音字典》审订字音。8月26日，应邀出席《南方日报》“世纪广东学人”系列报道总结研讨会，会上获赠内含历经4年完成的对20世纪广东学术界51位尖端学者系列报道的两册《世纪广东学人》，先父詹安泰教授名列其中。8月30日上午，接受国家语委“语言文字规范标准建设”项目专家访谈，发表对今后语言文字工作的意见。8月30日下午至9月1日，偕夫人出席由澳门粤方言学会主办的首届粤语论坛，在会上致开幕词，并发表题为“杂议方言词典编撰中的‘与时俱进’——兼评《粤语香港话大词典》”的论文，该论文于9月3日在《澳门日报》副刊《新园地》刊出。9月15日，在香港大学出席《当代粤语正音字典》讨论审订字音的会议。9月27—29日，应邀出席在济南由《方言》杂志社、山东大学文学院和山东省语言文学工作委员会联合举办的方言学国际高端论坛暨庆祝《方言》创刊35周年国际学术研讨会，宣读题为“大力加强汉语方言的应用研究”的论文。10月4—10日，应邀到吉隆坡出席由马来亚大学主办的中国语言文字国际研讨会，发表题为“汉语方言的研究和应用”的论文，并向马来西亚学生作专题讲演，题目是“谈谈汉语方言”。访马期间还与堂弟士苑后人欢聚话旧，并由堂妹士珑儿子开车前往广东义山拜祭三叔三婶。10月15—18日，出席由澳门理工学院主办的“多元文化下的语言服务问题”研讨会，发表题为“略论方言研究为方言应用服务问题”的论文。10月25日，偕雅仙应邀出席在汕尾市举行的十卷《海陆丰历史文化丛书》首发式，会议前夕，念丰侄来宾馆陪同前往市中心探望退休在汕尾家中的文选弟夫妇，向其介绍在吉隆坡与三叔后人聚会情况。11月2日，本学年香港大学M. A. 班的“中国语言与中国文化”开始第一课。11月9日，在香港大学M. A. 班上第二课。11月10日，在香港大学讨论《当代粤语正音字典》审订字音。11月14日，在雍裕请林柏松饮茶，林应方言中心邀请，自美国来校访问研究四周，将于11月29日返美。11月15日，申请国家重大项目已获通过，开始在网上公示。11月16日，在香港大学M. A. 班上第三课。11月23日，在香港大学M. A. 班上第四课，课后赴湾仔美利坚京菜馆出席香港中国语文学会年终晚宴。11月27日，母亲逝世后第一个生日，到中大老家祭拜，与弟妹们聚餐。11月28日，参加暨南大学离退休办组织之一日游，游览号称世界最大的科学馆——广东科学中心，及广州新景区海珠湖。11月30日，在香港大学M. A. 班上第五课，本学年香港大学教学任务完成。12月6日晚，出席单周尧教授门生每年一度为乃师生日而设的晚宴。12月7日，出席在香港科技大学举行之第十八届国际粤方言研讨会，应邀在会上致开幕词。12月8日，在香港大学出席《当代粤语正音字典》讨论审订字音的会议。12月9—10日，在香港出席第二届华学研讨会暨香港大学饶宗颐学术馆成立十周年盛会。12月13—15日，第十七届全国汉语方言学会学术年会在暨南大学举行，由暨南大学汉语方言研究中心承办。在13日上午的开幕式上致开幕词。会议期间举行理事会会议，调整理事会机构，继续担任理事。《走近詹伯慧：庆祝詹伯慧教授从教六十周年纪念文集》在会议前夕由暨南大学出版社出版（主编李战、甘于恩），分赠与会学者。是年发表的文章主要有：三篇欧游文章《欧游杂记》《重游花都巴黎》和《瑞士三日游踪》，先后刊于《红枫》2013年第1、5、8期；《怀念华年师》（《高华年文集》，广东人民出版社，广州）、《对汉语言学科建设的一些浅见》（《学术研究》2013年第5期，广州）；《一部展示闽南特色文化的学术佳作——读〈明刊闽南方言戏文中的语言研究〉》（《泉州晚报·刺桐红》2013年6月10日，泉州）、《浅论汉语言学科建设和发展》[《暨南学报》（哲学社会科学版）2013年第6期]、《首届“粤语论坛”开幕词》（《澳门日报·新园地》2013年9月3日）；《汉语方言的研究和应用》[《跨越古今——中国语言文字学论文集（现代卷）》，吉隆坡]、《对香港今后“推普”的一些思考》（《香港普通话报》2013年第89期，香港）、《岁月悠悠忆典老》（《黄典诚教授百年诞辰纪念文集》，厦门大学出版社，厦门）、《杂议方言词典编撰中的“与时俱进”——兼评〈粤语香港话大词典〉》（《粤语研究》2013年第14期，澳门）

2014年1月12日、2月9日，在香港大学出席《当代粤语正音字典》讨论审订字音的会议。3月8日，参与主持在暨南大学汉语方言研究中心举行的国家社科基金重大项目“汉语方言学大型辞书编纂的理论研究与数字化建设”东南子课题编辑会议，会上讨论了“《汉语方言学大词典》的设计与内容框架”“关于《汉语方言学大词典》编纂流程和时间进度的安排”等文件，并落实了各编写组的任务。3月14日下午，出席省社科联举行的社科联顾问座谈会，会上颁发新一届的顾问聘书。3月15—16日，在暨南大学举行国家社科基金重大项目“汉语方言学大型辞书编纂的理论研究与数字化建设”开题会及学术委员会扩大会议，在会上作开题报告。此次会议特邀校外专家唐作藩、许宝华和鲁国尧前来与会评审。学术委员会扩大会议讨论了亟须落实的一些问题，达成共识后写成会议纪要，分发全体参加大词典编纂人员执行。会议还给部分到会学术委员会委员发放了聘书。3月23日，在香港大学讨论《当代粤语正音字典》审订字音。4月10日，以《汉语方言学大词典》学术委员会名义拟出《汉语方言学大词典》补充编写条例，并发送给编写人员。4月15日，暨南大学人事处安排陈晓锦应届博士毕业生肖自辉担任国家社科基金重大项目“汉语方言学大型辞书编纂的理论研究与数字化建设”的科研助理，安排其协助处理大词典的相关工作。5月4日、6月1日、6月28日，在香港大学出席《当代粤语正音字典》讨论审订字音的会议。5月21日，与广东教育出版社商谈并签署《汉语方言学大词典》出版合同。6月24—25日，赴深圳出席暨南大学社科处主办的各类重大、重点项目汇报交流会。7月11—13日，赴澳门出席以“应用研究”为主题的第二届粤语论坛。其间参观了刚落成的澳门大学横琴校区。8月7—8日，出席由暨南大学汉语方言研究中心与佛山科技学院在广州、佛山联合主办的第三届中国地理语言学国际学术研讨会，在会上致开幕词。8月9日，出席中国濒危语言有声资源采录与立档技术高级研习班（第三期）开幕式并讲话。8月10日，在香港大学出席《当代粤语正音字典》讨论审订字音的会议。8月21—26日，赴南昌出席第十一届国际客家方言研讨会，在大会上作题为“客家方言的应用研究刻不容缓”的学术报告。8月27日至9月3日，在从化主持《汉语方言学大词典》工作交流及首次审稿会议。9月6日，给2014—2015年新一届香港大学M. A. 班上第一次课。9月7日，上午在香港大学例行讨论《当代粤语正音字典》，下午与天地图书公司总编辑及《香港话大辞典》作者会谈有关接受担任该书审订事宜，会后与出版社签订出版合同。9月13日、20日，给香港大学M. A. 班上第二、三次课。9月14日、21日，在香港大学出席《当代粤语正音字典》讨论审订字音的会议。9月26日，应香港教育学院中国语言学系之邀，为该系名家讲座系列作题为“谈谈汉语方言与地域文化”的学术讲演。9月27日、10月4日，给香港大学M. A. 班上第四、五次课。10月5日、19日，在香港大学出席《当代粤语正音字典》讨论审订字音的会议。10月24—27日，与刘新中、汤志祥到上海，由陈忠敏安排在复旦大学召开吴语学者座谈会，讨论有关《汉语方言学大词典》“吴语条目”的遴选和编写工作。10月27日，《中国社会科学报·学林》发表《我与语言学结缘六十载》。11月14—17日，在深圳出席海外汉语方言第四次国际研讨会，会议最后一天组织前往东部华侨城游览。会议期间，于11月16日上午在香港大学出席《当代粤语正音字典》讨论审订字音的会议。当天下午即回深圳继续参加海外汉语方言的研讨会。11月28日，应邀出席“2014年广东省研究生学术论坛中国语言文学分论坛”，作题为“在‘研究’上下足功夫”学术报告。11月30日，在香港大学出席《当代粤语正音字典》讨论审订字音的会议。是年，发表的文章主要有《大力加强汉语方言的应用研究》[《暨南学报》（哲学社会科学版）2014年第4期，广州]、《意大利梵蒂冈六日游》[《红枫》2014年第6期（总第307期），广州]、《略论方言研究为方言应用服务问题》（《粤语研究》2014年第15期，澳门）、《加强应用研究刻不容缓——在第二届〈粤语论坛〉上的讲话》（《粤语研究》2014年第16期，澳门）。

2015年1月4—5日，出席暨南大学2014年国家社科基金重大项目四项的开题会议，参加以陈晓锦为首席专家的“海外华人社区的汉语方言和文化研究”项目的审议。1月4日晚，会同张振兴、甘于恩与广东教育出版社负责《汉语方言学大词典》出版事宜的同志在暨南大学汉语方言研究中心举行会议，商议首批条目编写稿终审工作及补充遴选条目、落实编写工作等事宜。1月6日上午，应邀访问恭和斋文化艺术馆并挥毫，为其题写“恭和斋”招牌，同时为饶平著名海战英雄麦贤得母校纪念馆题写“英雄母校图书馆”牌匾。1月10日，作为嘉宾应邀出席中山大学新华学院在东莞麻涌校区举办的“周有光与中国语文现代化”学术研讨会，作题为“向周有光先生学习什么”的大会发言。1月11日，在香港大学出席《当代粤语正音字典》讨论审订字音的会议。1月17日中午，与张双庆、徐宇航在荷里活广场联邦酒楼茶叙，商量落实《汉语方言学大词典》港澳组条目编写问题。1月20日晚，应省语委办张毅之约再度到恭和斋挥毫。1月24—25日，出席在广西贺州学院举行的第十九届国际粤方言研讨会，作题为“一部全面揭示粤语特征的著作”的大会报告，推介陶原珂即将问世的《广州话表意范畴研究》一书。会议期间游览了姑婆山、黄姚古镇等贺州名胜。2 月 3 日上午，出席广东省小语会杨建国在百乐门酒楼举行的新春座谈会。2 月 3 日下午，出席省参事室、省文史研究馆在广东迎宾馆举行的总结座谈会。2 月 4 日上午 9 点，广东电视台教育频道记者到家中就举办全省小学生妙语连珠成语比赛问题进行访谈。十点半，省民盟秘书长一行到家中进行新年慰问。2 月 5 日上午九点半，出席省委统战部在珠岛宾馆举行的广东统一战线新春慰问座谈会，半小时后，提前离开赶往中山大学新建招待所“学人馆”出席由省委宣传部、省社科联召开的首届广东省优秀社会科学家慰问座谈会。2 月 7 日，出席香港中国语文学会在湾仔举行的庆祝周有光 110 岁华诞座谈会及随后举行的香港几个语文团体交流协作的座谈会。2 月 8 日，在香港大学出席《当代粤语正音字典》讨论审订字音的会议。2 月 10 日，沈阳师范大学张宜教授专程前来作有关中国语言学发展历史的口述访谈，历时三个多小时。2 月 14 日，出席省历届政协委员联谊会在东方宾馆举行的 2015 年春节茶话会。3 月 7—11 日，举行《汉语方言学大词典》主编组终审及第二次编写工作会议。3 月 12 日，应省语委办之聘，到东山宾馆参加评议推荐广东申报国家语委年度科研项目。3 月 14—15 日，中国民族语言学会第十一届年会在暨南大学举行，应范俊军之邀，作为主席台上嘉宾出席 14 日上午的开幕式。3 月 20 日，向胡军校长汇报去年八月受骗之事，他表示将嘱咐校保卫处跟公安联系争取早日破案。3 月 22 日，在香港大学出席《当代粤语正音字典》讨论审订字音的会议。3 月 23 日，在香港约见张双庆教授，向他传达高明会议之决议，落实香港地区未完成之《汉语方言学大词典》条目编写事宜。3 月 24 日，在深圳约见汤志祥教授，商谈由其承担之《汉语方言学大词典》条目编写事宜。3 月 25 日，校保卫处许科长带警察上门，再次了解去年受骗情况，表示会尽量早日破案。3 月 27 日，到广东省哲学社会科学界联合会出席社科联顾问会议。4 月 8 日，出席校统战部召开的暨南大学历届各级人大代表、政协委员座谈会，主题为依法治国问题。4 月 19 日，在香港大学出席《当代粤语正音字典》讨论审订字音的会议，与商务印书馆（香港）有限公司毛永波编辑共同确认有关本书版式及出版流程等问题。5 月 11—12 日，应东莞市教育局、语委办邀请，前往东莞麻涌为全市中学老师作有关语文学习的报告。5 月 17 日，在香港大学出席《当代粤语正音字典》讨论审订字音的会议。5 月 19 日，将《汉语方言学大词典》的 2 095 个条目的书稿交广东教育出版社周副社长，并与之确认接下来的工作安排。6 月 23 日，到香港大学饶宗颐学术馆会晤副馆长郑炜明，托其将祝贺饶公百岁华诞书法横幅转奉，并请饶公为筹备中的詹安泰詹伯慧书法集题签。6 月 25 日，应邀出席广东省语言文字工作协会成立大会，被选为荣誉会长，在会上作了即席讲话。7 月 8 日，广东教育出版社周副社长等一行四人前来交流《汉语方言学大词典》工作进展情况，双方拟定于 7 月 15 日在暨南大学举行一次小型工作会议，汇报各方情况，并为开学前后举行第三次工作会议做准备。7 月 10 日（农历五月二十五日）是 84 岁双生日，当晚门生十余人，连同部分家属在同甘共味酒家设两席寿宴，气氛十分热烈。7 月 12 日，在香港大学出席《当代粤语正音字典》讨论审订字音的会议。7 月 15 日，在暨南大学文学院汉语方言研究中心举行小型工作会议，与广东教育出版社编辑人员相互汇报工作进展及存在问题，并商定 8 月底举行第三次工作会议。陈汉东主编的《凤凰飘香》一书于 7 月出版，书中除刊有题词外，在“现代著名文化名人”一章中以“父子享誉文坛——岭南词宗詹安泰和当代语言学家詹伯慧”为题作详尽的介绍。8 月 4—7 日，到兰州出席第十八届全国汉语方言学会学术年会，其间举行理事会。8 月 8 日飞往北京，探望年届 91 的阮绍光兄，又看望了章太兄，并与李鸿简和刘麟伉俪相聚，其间还拜访了张振兴夫妇。8 月 15

日，在香港大学出席《当代粤语正音字典》讨论审订字音的会议。8月22日，参加由香港粤方言学会主办的第三届粤语论坛。8月30—31日，于肇庆高要碧桂园主持《汉语方言学大词典》第三次工作会议。9月5日，为新学年香港大学M. A. 班上第一课。9月7日，校长胡军和校党委书记蒋述卓率领人事处、宣传部领导等一行到家中进行教师节慰问。9月12日，为香港大学M. A. 班上第二课。9月19日，应岭南大学之邀，到该校为M. A. 班学员作题为“谈语文学习与语文研究”的演讲。9月26日、10月3日，为香港大学M. A. 班上第三、四课。10月14日为全国扶贫日，应邀出席由省老区建设协会等单位在鸣泉居举办的“反哺老区、助解医疗困境书画捐赠义卖”活动，捐赠一副对联义卖了2万元，全场五十多位书画家的作品共义卖得1 000万元。这是第一次参加此类慈善活动，很有意义。10月16日下午，在暨南大学汉语方言研究中心接受《中国社会科学报》记者李永杰长达三个多小时的访问。10月26日，以“学术科研永远没有尽头——记暨南大学中文系教授詹伯慧”为题在该报第一版和第二版刊出。11月10日，暨南大学文学院网站在“学院新闻”中全文转载。10月18日、11月1日，在香港大学出席《当代粤语正音字典》讨论审订字音的会议。10月20日晚，出席陆镜光教授来暨南大学作关于语法研究新思路的学术报告会。11月21日，在广州大学城华南理工大学出席广东省中国语言学会2014—2015学术年会，作为名誉会长在开幕式上致辞。11月27日，与暨南大学出版社签订詹伯慧、肖自辉编《汉语方言辞书编纂的理论与实践》一书的出版合同。11月28日，在香港大学为M. A. 班上第五课。12月5—7日，参加在香港大学举行的饶宗颐教授百岁华诞国际学术研讨会，其间获饶公题赠《詹氏父子书法选》题签。12月11—12日，出席由香港中文大学主办的第二十届国际粤方言研讨会，在开幕式上致辞，并提交论文《杂议粤方言与岭南文化》。12月25—27日，在潮州出席韩山师范学院主办的第十四届国际闽方言研讨会，提交论文《闽方言工作的今后路向》，被作为开幕致辞在开幕式上宣读。12月27—28日，与雅仙应邀在韩山师范学院詹必富副书记陪同下前往饶平，与县委林书记、新丰镇廖书记、丰联村詹书记及詹继武校长、力诚酒店李董事长等人商量在新丰镇建立詹安泰纪念馆及在故居原址重建学文堂等事宜，并促成建立由上述同志及广东人民出版社骆妮、新丰中学谢校长、广东画院洪书记等人组成的筹备小组，詹伯慧、林伦伦担任顾问。是年发表的文章有《略论汉语方言与地域文化》（《学术研究》2015年1期，广州）、《为方言应用服务是方言研究当务之急（代序）——读甘甲才〈轻松说粤语〉》（《轻松说粤语》，世界图书出版广东有限公司，广州）、《〈汉语方言学大词典〉与汉语方言学科建设》[《暨南学报》（哲学社会科学版）2015年第9期，广州]，《继往开来，不断开拓，不断前进!》（《第十八届国际粤方言研讨会论文集》，暨南大学出版社，广州）。

2016年1月2日，为父亲农历冥诞，家人在中山大学家中拜祭并聚餐。1月10日，在香港大学出席《当代粤语正音字典》讨论审订字音的会议。1月14日，出席暨南大学“一带一路”语言工程联合研究所（筹备）在华文学院举行的成立大会，担任专家指导委员会荣誉主任。1月15日，到广东省社会科学界联合会出席广东南方软实力研究院2016年工作会议，在会上即席发言。1月16日，到广东画院与庄福伍、洪楚平一起共商编辑出版父子书法集事，确定了出版方案，马上开展遴选作品及联系出版社等筹备工作。1月21日，出席省委统战部在珠岛宾馆举行的党外人士迎春茶话会。1月28日，出席历届省政协委员联谊会在东方宾馆举行的迎春茶话会，会后回暨南大学出席学校统战部招待午宴。1月31日，作为唯一顾问到香港大学为中文学院评审供非中文专业测试中文水准用之语文试题。此测试计划拟先在香港大学及香港教育学院试行，再推广至全港各大学。2月1日，上午出席省参事室、省文史研究馆在广东迎宾馆举行之2015年总结座谈会，常务副省长徐少华到会讲话。下午到庄福伍家写字，为《詹氏父子书法选》遴选作品做初步准备。2月3日，广东教育出版社送来《汉语方言学大词典》初排版，要求二月底审校毕，当即电约彭小川、刘新中一起分工，帮忙赶在寒假期间突击完成此任务。2月5日上午，宋副校长与社科处潘处长来家中慰问。2月21日，在香港大学出席《当代粤语正音字典》讨论审订字音的会议。2月22—23日，为香港大学中文学院评审供非中文专业测试中文水准用之语文试题。2月28日，到中山大学出席由省委宣传部主持的“广东省优秀社会科学家文库（系列一）”出版座谈会。3月18日，华南理工出版社拟出版一套丛书“广东文化世家”，第一批选择詹安泰父子为中心内容，请曾经在2006年、2007年先后两度采写过专访稿的《南方都市报》记者担任此次撰写“家族文化”的撰稿人。下午，三位出版社人员连同《南方都市报》记者来暨南大学做首次约谈。4月6日，广东教育出版社周勋初、黄倩、唐娓娓等来和《汉语方言学大词典》编务组及审稿的几位同仁开会研究近期需抓紧完成的事宜，商量任务落实到人，限期完成。4月11日，到香港大学中文学院交回作为研究生黄冬梅毕业考试校外委员，对其论文《符号学角度汉字性质研究》的评审报告，论文答辩考试将在5月初举行。4月24日，在香港大学出席《当代粤语正音字典》讨论审订字音的会议，同时讨论经反复修改的“凡例”。5月3日，作为校外考试委员，在香港大学中文学院出席研究生黄冬梅的论文答辩会。5月17—19日，在暨南大学主持召开小型《汉语方言学大词典》专家审校会，到会的有张振兴等《汉语方言学大词典》常务编委、出版社编辑周伟励等，以及甘于恩、刘新中、彭小川、侯兴泉等约20人。5月22日，在香港大学出席《当代粤语正音字典》讨论审订字音的会议。6月12日，在香港大学出席《当代粤语正音字典》讨论审订字音的最后一次会议，审订了最后一批字音稿及修改后的“凡例”。6月21—27日，《汉语方言学大词典》在暨南大学举行最后一次审校工作。6天的会议基本完成了预定任务，尚有少量未审完的字、词表，要求于7月10日以前完成。与此同时，作为国家社科基金重大项目“汉语方言学大型辞书编纂的理论研究与数字化建设”阶段性成果之一的《汉语方言辞书编纂的理论与实践》一书，由暨南大学出版社出版。6月26日，《人民日报·学术版》刊出《把语言作为资源来认识》一文。7月14至8月7日，偕雅仙访美24天。7月14—17日，在美国旧金山出席由旧金山大学（即天主教私立大学）与暨南大学汉语方言研究中心联合主办的第五届海外汉语方言国际研讨会。7月18日至8月7日，与雅仙在加州湾区进行访友旅游活动。8月16日，出席由暨南大学汉语方言研究中心举办的“中国濒危语言有声资源采录与立档技术高级研习班”闭幕式，作即席讲话。8月20日，出席“南国书香节”华南理工出版社隆重举行的“岭南文化世家”传记丛书第一辑《詹安泰家族》等三本书的首发式并与众多读者互动，并即席挥毫。8月22日，记者黄樱及摄制组成员一行5人来到暨南大学汉语方言研究中心进行了近两个小时的采访。9月21日，先出席广东语保工程在暨南大学举行的中期检查会，并在开幕式上讲话。随后又出席文学院举行的新学年迎新大会。9月23日，出席在员村金融城大酒店举行的由省委宣传部、省社科联主办，省老区建设促进会、饶平县委、饶平县政府协办，饶平商会、南方软实力研究院、广东青年社会科学工作者协会承办的“弘扬红色文化，加快老区振兴”学术研讨会。9月24日，詹必富夫妇、饶平二中校长等人来访，商量在饶北办一所安泰学校之事宜，大家一致同意立即筹备。9月26日，到庄福伍家写字，为河南省某乡村图书馆“养正楼图书馆”开馆题写“弘扬传统文化，促进农村建设”匾幅。9月28日，到华文学院出席作为校庆110周年学术活动、由邵宜主持的“中国语言学发展高端论坛”（2016）。10月10日，参加全校在研国家社科重大项目及学校宁静致远工程汇报总结会。10月15日，作为特邀嘉宾在香港教育服务中心参加由招祥麒校长组织的，请香港多位中文学者进行粤语韵文吟诵的粤语吟诵艺术分享会。暨南大学汉语方言研究中心作为协办单位，由侯兴泉、谢伟国两位出席并登台吟诵。10月19日，出席由暨南大学文学院主办、汉语方言研究中心范俊军主持的“濒危语言数字博物馆建设暨城镇民族社区语言服务与教育研讨会”开幕式并应邀致辞。11月3日，为庆祝校庆110周年，校研究生报记者前来进行专访，并送来以“遇见詹教授”为题的稿子。11月4日，接受新华网记者邓晓等一行4人的视频专访。11月11—12日，作为嘉宾前往惠州博罗凯泉高尔夫度假酒店出席首次珠三角詹氏商企座谈会暨企业资讯展示会。11月16—17日，为修订《汉语方言学大词典》中54个方言点对照的字音表列问题，特邀请刘村汉教授前来具体指点，并作关于方言与文化的精彩讲演。11月17日下午广东教育出版社提出《汉语方言学大词典》需安排最后一次主编通审，为此马上分请张振兴、乔全生、刘纶鑫、刘村汉等人帮忙审订上卷约800页条目，侯兴泉、李冬香帮忙审订下卷词汇对照表。此项工作要求12月7日以前完成。11月20日，应邀出席香港普通话研习社成立四十周年暨其所办的香港唯一一所除英语课外其余课程均用普通话教学的小学——科技创意小学成立十五周年庆典。12月11—13日，赴澳门出席第二十一届国际粤方言研讨会，在开幕式上致开幕词。12月15日，新华网同时发表两篇《文化名人看广东》访谈专稿：《詹伯慧：一世情缘予方言》《詹伯慧：我们要少做语言警察，多做语言导游》。是年，发表的文章主要有《喜见澳门语坛繁花似锦、欣欣向荣！（代序）——读〈语坛探心录〉》（《澳门日报·文化镜海》2016年1月6日，澳门）、《饶公20岁左右已是有名的潮州才子》（口述，詹树鸿文）（《潮州日报》第12版专题《潮人眼中的饶公》，2016年2月4日，潮州）、《把语言作为资源来认识》（《人民日报》2016年6月26日，北京）。

2017年1月6—9日，主持在暨南大学举行的《汉语方言学大词典》专家咨询及审订会议。出席的有骨干编委及出版社编辑共约20人，这是最后一次审稿定稿的会议，预计是年夏天出版。1月12日，出席在珠岛宾馆举行的2017年广东统一战线新春慰问座谈会。1月23日，出席在东方宾馆举行的由广东省政协历届委员联谊会主办的2017年迎春茶话会。2月8日，应佛山石景宜、刘紫英伉俪文化艺术馆之邀，与庄福伍赴该馆参观，由该馆美术组主任邱建彬策划，与该馆签订合同，定于是年8月上旬在该馆举办詹伯慧书法展。2月14日，应邀在香港出席于会展中心举行之陈伟南百岁华诞寿宴，省委统战部部长林雄暨潮汕三市市委书记及韩山师院一批师生专程来港庆贺。2月17日，于钻石山荷里活广场与岭南大学M.A.班研究生陈彩玲会晤，讨论有关撰写论文《粤方言“嘅”》事宜。2月18—26日，与女儿一家到埃及旅行，其间收到国家语委的聘请，出任中国语言资源保护工程专家咨询委员会委员，因时间冲突，未能出席在北京举行的委员会启动及颁发聘书仪式。3月5日，应邀出席佛山潮州商会举行的千人春茗晚宴，捐出一幅五言律诗的书法作品供会上拍卖助学。3月17日，赴香港与筹备是年12月庆祝单周尧教授七秩华诞国际学术研讨会的成员聚会，商量有关事宜，送去供制作研讨会横幅及印制研讨会信封信笺用的书法题字。3月20日，与岭南大学M.A.班研究生陈彩玲第三次见面，对其论文目录及提要进行修改。3月22日，主持召开暨南大学汉语方言研究中心骨干会议，研究重大项目下一阶段数字化建设启动问题，决定由侯兴泉负责设计草拟有关方案，将于5月邀请相关专家举行咨询讨论会，修改确定实施方案。4月9—11日，应邀在澳门大学出席由澳门大学承办的第十届海峡两岸现代汉语问题学术研讨会，发表论文《杂议语言资源的开发、利用和保护》。4月15日，出席在广州图书馆举行的题为“走进选堂，走近传统，走向未来”的有关饶宗颐教授的学术活动。该会由广东省文艺批评家协会、广东省文艺研究所、广州图书馆等单位联合主办。5 月 3—6 日，与雅仙赴徐州出席中国音韵学会为庆祝唐作藩教授九秩华诞举行的学术研讨会暨祝寿活动。写了《老骥伏枥、壮志未已》祝寿文章，此文将作为祝寿文集的代序。祝寿会期间，参观了窑湾古镇、徐州汉画像石艺术馆、徐州博物馆和淮海战役纪念馆、淮海战役烈士纪念塔等古今胜迹。6 月 9—10 日，主持召开“汉语方言学大型辞书编纂数字化建设高端论坛”，邀请近十位相关专家前来共商数字化建设大计，历经三年多的国家重大项目“汉语方言学大型辞书编纂的理论研究与数字化建设”第二阶段的数字化建设正式启动。6 月 16—18 日，作为省民盟老领导（提名代表）在珠岛宾馆出席省民盟第十五次代表大会，选举第十五届委员会委员，决定新一届省盟领导班子。6 月 29 日，出席由刘新中组织在暨南大学举行的“汉语方言声调的描写与感知专题研讨会”，在会上致辞。此次会议特邀三位校外嘉宾：施其生、王英利和金健，他们分别作了主题讲演。7 月 9 日，门生设宴祝贺 86 岁华诞。7 月 10 日，《老人报》记者前来专访，专稿以“詹伯慧：没有工作的生活是枯燥的”为题于 7 月 19 日 A6 人物版整版刊出。7 月 21 日，在香港荷里活广场辅导岭南大学 M. A. 班研究生陈彩铃撰写论文，并到香港大学取来一篇论文，作为第二评阅人评阅。8 月 9 日，在珠岛宾馆出席由广东广播电视台南方卫视牵头组建的岭南方言文化传承保护中心的成立启动暨陈星工作室学术研讨会，被聘为该中心首席顾问。8 月 12—13 日，与曼芸、之颖到佛山出席在石景宜、刘紫英伉俪文化艺术馆由省文史研究馆、省书协及佛山文联、佛山书协主办，艺术馆承办之“文士情怀詹伯慧书法展”并作演讲。到会一百余人，新华网、《南方日报》、《羊城晚报》、广东广播电视台、《佛山日报》、暨南大学新闻网等媒体进行了详细报道。9 月 17 日，在香港大学出席《当代粤语正音字典》讨论审订字音的会议。9 月 23 日，出席广东省中国语言学会 2016—2017 学术年会开幕式并致辞。9 月 26 日，出席由省社科联、暨南大学和广东教育出版社联合主办的《汉语方言学大词典》首发座谈会，会议在珠岛宾馆举行，与会者有来自全国各地的专家和相关领导、传媒记者等 80 余人。此次会议深受传媒的重视，新华网、《南方日报》、《羊城晚报》、《澳门日报》和《老人报》等都进行了报道，南方卫视还对大会进行了直播。10 月 6 日，指导岭南大学 M. A. 班研究生陈彩玲撰写论文。10 月 8 日，在香港大学出席《当代粤语正音字典》讨论修订“凡例”的会议，商务印书馆（香港）有限公司总编辑毛永波带编辑前来与会。10 月 11—12 日，到南昌大学出席第十九届全国汉语方言学会学术年会，在会上作了介绍《汉语方言学大词典》的学术报告，题为“《汉语方言学大词典》说略”。10 月 15 日，约同方小燕、甘甲才与五行集团吴董事长在暨南大学汉语方言研究中心办公室商讨建立服务于“一带一路”汉语教学培训需要的研究院事宜，初步决定由詹伯慧、甘甲才、方小燕三人为院长，甘甲才为执行院长，马上着手当前急办之事。10 月 17 日，与应华南理工大学之邀前来讲学的史皓元教授在暨南大学会面，并赠送《汉语方言学大词典》及《詹伯慧自选集》给他。10 月 21 日，应邀在广州图书馆作知粤讲堂第 15 讲《粤语研究与粤语应用》讲演。10 月 23 日，到广东教育出版社为向出版社网购《汉语方言学大词典》的读者一一签名后，由出版社将书寄出。10 月 26 日，应邀访问中山詹园一天，并为设在园内之中山市詹氏宗亲联谊会题写牌匾对联。11 月 11、18、25 日及 12 月 2 日连续四个周末为香港大学 M. A. 班讲授本学年的“中国语言与中华文化”。这将是从 2006 年开始为香港大学作的中华文化专题讲座的最后一次。因年事已高，下一年将停止这一讲授。11 月 23 日，应邀出席岭南方言文化博物馆在佛山图书馆举行的启动仪式，会上接受了图书馆、博物馆领导颁发的捐赠《汉语方言学大词典》的荣誉证书。11 月 26 日，在香港大学出席《当代粤语正音字典》交稿后的相关出版事宜会议。12 月 8 日，赴香港教育大学出席第二十二届国际粤方言研讨会，在开幕式上致开幕词。12 月 9 日，出席在香港荔枝角饶宗颐文化馆举行的庆祝单周尧教授七秩华诞国际学术研讨会，作题为“我所认识的单周尧教授——敬贺单兄七十华诞”发言。此文会前已刊登在台北《国文天地》2017 年第 391 期为单公祝寿开辟的专辑上。12 月 12 日，参加“五行”会议。12 月 14 日，上午接受佛山《珠江时报》的采访，晚上记者将写就的稿子发过来修改。是年，发表的文章主要有《保护和善用语言资源》[《语言战略研究》（首卷语）2017 年第 2 期，北京]、《杂议语言资源的开发、利用和保护》（《学术研究》2017 年第 9 期，广州）、《我所认识的单周尧教授——敬贺单兄七十华诞》（《国文天地》2017 年第 391 期，台北）。

2018 年 1 月 4 日，参加广州詹氏宗亲为筹备 1 月 13 日广州联谊会活动在黄埔润丰建筑公司举行的会议。1 月 30 日，在东方宾馆参加省委统战部慰问统战系统领导的迎春活动。2 月 6 日凌晨，国学大师饶宗颐先生在家中安详辞世，是日上午出席省历届政协委员在东方宾馆举行的迎春茶话会。中午回到家中《南方都市报》即电话采访，谈饶公仙逝的感受，翌日《南方都市报》记者又上门做进一步采访，拟再整理详细专稿日内刊出。2 月 9 日，出席省社科联顾问迎春座谈会。2 月 27—28 日，在香港为饶宗颐先生举行丧礼，习近平等一众中央领导均送花圈。4 月 19—22 日，在庄福伍和雅仙的陪同下，做了一次短暂而繁忙的三夜四日潮汕之行。4 月 20 日，在韩山师范学院作题为“追念父亲和我与饶宗颐教授的两代情谊”的报告。4 月 21 日，前往新丰实地了解詹安泰纪念馆建设事宜。4 月 22 日，参观汕头开埠纪念馆，并在汕头图书馆作关于饶公和我家两代交谊的报告。4 月 25、28、29 日，与甘于恩夫妇一起应邀到深圳南方科技大学参加李蓝主持的社科重大项目有关方言文献中的方言资料整理的中期成果评审会。4 月 29 日，转往蛇口游艇会出席由广东省社会科学界联合会、广东南方软实力研究院主办的粤港澳大湾区软实力研究论坛。6 月 3 日，应邀赴佛山石景宜、刘紫英伉俪文化艺术馆出席邱建彬等四位青年画家赴澳大利亚画展归来汇报展示会开幕礼。7 月中旬，被确诊为前列腺癌，住院三个星期后出院做不动手术的保守治疗。虽患病，但不背思想包袱，坚持吃药打针，照样工作生活，泰然处之。9 月 18 日，前往长沙出席联合国教科文组织和我国教育部联合主办的世界语言资源保护大会。10 月 18 日，赴台湾“中央”大学出席第十三届国际客家话研讨会，并作主题报告。这两个重要学术会议雅仙均陪同前往。与此同时，致力于清理所藏图书，预计 10 月初完成赠送给暨南大学图书馆为建立汉语方言学文献资料中心所需图书的工作，另外还要清理大批藏书供广州图书馆纳入文化名人赠书计划的工作，与疾病作斗争和清理藏书这两项工作都是要很有耐心的，争取年内能有成果。10 月 26 日，上午出席暨南大学图书馆百年馆庆及由詹伯慧倡导并以其赠书为基础建立的“暨南大学汉语方言学文献资料中心”的揭牌仪式；下午到白云国际会议中心作为五行教育科技有限公司高级顾问出席“一带一路”沿线国家汉语职业人才培养与创业孵化论坛。10 月 31 日，完成《谈谈编纂汉语方言大型辞书的体会》的文稿发给汪国胜，作为出席该月中旬在武汉举行的第十二届汉语词汇学学术研讨会的发言稿。11 月 11 日，出席由暨南大学汉语方言研究中心主办的第十三届全国语音学学术研讨会闭幕式并致辞，强调中国语言学的发展必须兼顾传承与创新两个方面，只有传承而没有创新就无法适应时代发展的需要，也不可能建成生机勃勃的现代中国语言学。12 月 10 日自香港赴埃克塞特市，参加 12 月 15 日之颖的毕业典礼。12 月 18 日全家老少三代五人赴法国南部、西班牙巴塞罗那、摩纳哥及瑞士琉森、苏黎世等地作七天游。是年，发表的文章主要有《〈汉语方言学大词典〉说略》（《方言》2018 年第 1 期，北京）、《一本普及粤语知识的好书——读〈粤语词汇讲义〉》[《粤语词汇讲义》，商务印书馆（香港）有限公司，香港]、《〈汉语方言学大词典〉前言》[《南方语言学》（第十四辑)，世界图书出版广东有限公司，广州]。

2019 年 1 月 6 日，参加刘村汉教授为打赢学术名声受损的官司特在广州跑马场设晚宴招待在穗同仁好友，与会 20 多人，气氛热烈。1 月 13 日，韩山师范学院赵松元教授等一行为受饶平老干局之托，负责设计詹安泰文化中心布展方案，特来穗约同中山大学吴承学、张海鸥两位教授及詹必富、谢振泽等人一起研究方案的完善落实事宜。1 月 15 日，参加省委统战部在东方宾馆举行的慰问座谈会，出席的有各党派退休的老领导及党外知识分子等一共 200 多人。1 月 18 日，武汉大学广州校友会暨南大学分会在招待所举行迎春联欢，约 50 人参加，特写两幅字（情系珞珈、美哉珞珈）供会上抽奖助兴。1 月 19—21 日，韩山师范学院詹安泰文化中心方案设计组师生一行 11 人来穗搜集整理所需书刊资料，并作口述录像。1 月 21 日上午，参加省参事室、省文史研究馆在珠岛宾馆举行的迎春座谈会，被安排坐主席台张馆长身旁。3 月初新学期开始后，第一件事是确定清明拜山的安排，最后决定提前两个周末于 3 月 24 日拜祭父母、三弟及靖哥。3 月 24 日阴雨绵绵，下午大家回到中山大学搜罗父亲遗物，供韩师师生进行中的饶平詹安泰文化中心展示之用，可谓精疲力竭，接下来咳嗽、哮喘连续病了上十天。是年为八八米寿之年，文学院院长建议在 7 月 10 日寿辰前的周末以研讨会的名义广邀学界友朋相聚举行庆祝米寿及从教六十六载活动。随即成立筹委会及会务组，于 3 月 21 日发出邀请信，按部就班开展工作。踏入 4 月，赴港休息几天，其间应香港语言学会之邀出席在 7 日举行之首创粤语朗读测试新闻发布会，当晚无线电视和翌日的新闻媒体都进行了宣传。4 月 13 日，到东莞大朗出席詹氏宗亲联谊会。4 月 17 日出席由暨南大学新闻学院领衔的广电部有关开展粤语播音员测试问题项目的讨论，久未见面的王泰兴也一起参与此事。6 月 11 日，参加由詹氏广州宗亲联谊会组织的广州詹姓大学生与詹氏宗亲前辈及企业家交流座谈会，旨在帮助大学生正确处理人生旅途中遇到的种种问题，以及面临的就业困惑。出席的有 60 多位詹姓大学生及宗亲长辈数十人。5 月中旬，之颖孙女提出 5 月下旬作一次四晚五天的东京之旅，目的在于看望老朋友平山久雄夫妇及其他老朋友，确定动身时间为 5 月 26 日，回程为 5 月 30 日。这一消息传到平山先生那里，他立即安排了会见老朋友的日程。这也是一个亲自向多位为《汉语方言学大词典》尽心费力撰写了不少词条的日本汉语学者致谢的大好机会，便要求平山先生安排一次《汉语方言学大词典》撰稿者的见面会，准备为每位作者书赠一幅书法条幅，并请大家吃顿饭，聊表谢忱。在东京除了会见久别的老友之外，还在平山先生的陪同下，到了东京大学校园及当年客居的西片町旧址所在，尽管原住房子已拆去另建新房，旧址新颜，不胜感慨！6 月 6 日，应香港浸会大学之邀，到该校作了一次题为“谈谈父亲和我与饶宗颐先生之两代情谊”的专题演讲。饶公女儿、女婿及香港大学原副校长、饶宗颐学术馆馆长李焯芬等几十人前来听讲，气氛十分热烈。6 月 10 日回到暨大家中，立即兴高采烈地投入筹备学校为八八米寿、从教六十六载举办大型研讨会的各项工作中。万万想不到，6 月 15 日半夜两点左右，一场几乎夺命的急病突然降临，一时头疼难熬，伴以呕吐，几经周折终于办理住院手续。经诊断是脑出血。这一病可惊动了方方面面，不断有人来探望。据说有几天昏迷不省人事，后来总算吉人天相，8 月 6 日终于出院，可以在门诊继续康复理疗。10 月 31 日，病后首次以项目主持人身份坐轮椅回办公室召集相关同事开会研究项目收尾结项工作。11 月下旬，找宋献中校长要求租住学校有电梯的周转楼，宋校长马上打电话叫总务处黄处长前来当面交代安排。12 月中旬，到房产科办理租房手续，拿了钥匙并交了 1 000 元押金，预计 2020 年 2 月买好所需家具及煤气炉、热水器等再搬进去住。

2020 年 1 月 4 日，坐敦一开的车偕雅仙等前往潮州韩山师范学院，此行主要任务是到潮州、饶平两地落实在韩山师范学院建立詹安泰研究所及在家乡饶平新丰镇建立詹安泰文化中心（纪念馆）的事，同时举行给韩山师范学院捐赠一批图书的捐赠仪式。借此机会带领家族成员詹俊、詹敦一、詹慧凡及詹曼芸夫妇、李蕾、骆小红等到家乡寻根问祖，特别是詹俊在体育界有很高知名度，迄今从未踏足潮州饶平，家乡众多粉丝早就翘首期盼他的到来。此行日程表中，安排詹俊在潮州韩山师范学院和饶平县城各作一场“我的体育生涯”的专题演讲交流，和球迷们互动的场面堪称震撼！1月8日晚和9日上午，恰逢饶平隆重举行英雄麦贤得的慰问大会和麦贤得事迹陈列馆揭幕大会，也就躬逢其盛，到9日下午才动身回广州。1月10日下午，雅仙确诊为肠梗阻，遂决定1月11日手术。手术从中午1点开始，到晚上10点才结束。医生说ICU观察治疗三两天后就可回到普通病房继续治疗。不料回到普通病房没几天，病情又有反复，原来手术割开的肠梗阻部分并未愈合，随即在当天晚上再做一次手术。第二次手术顺利完成后，在ICU观察如何逐步消除心脏等的感染，然后就可回普通病房慢慢治疗了。1月19日，期待已久的好消息终于到来：《汉语方言学大词典》获教育部第八届高等学校科学研究优秀学术成果奖（人文社会科学）一等奖，这是暨南大学第一次获得此项国家级奖项的一等奖！新冠肺炎疫情持续发展，学校解封开学遥遥无期。本想2月就从校外租住的马赛公寓搬回学校，结果一拖再拖，直到3月28日才终于实现搬进暨南大学周转楼的愿望。雅仙病情日渐好转，4月29日，终于出院。5月20日以后，连续两度应邀到太和詹克湘处和柯木塱刘基青的艺术馆为家乡新办的瑞峰学校等书写学校招牌并各人索要条幅等。社会活动已日趋正常，只是学校尚未宣布复课。5月28日下午，暨南大学汉语方言研究中心部分同仁一起开会，讨论酝酿已久的设立詹伯慧学术基金会及创设詹伯慧语言学优秀学术成果奖事宜。原想在汉语方言研究中心设立基金会，自主处理有关学术活动及学术成果设奖事宜。经了解，此事相当复杂，会议无果而散。往后此事如何发展，能否有启动希望，暂无定论。6月3日，暨南大学教育发展基金会的4位同志与暨南大学汉语方言研究中心同仁一起研究设立詹伯慧语言学奖的事，他们对此表示了很大的热情，连印好的《协议书》都带来了，彼此意向一致，双方联合设立管理委员会，由暨南大学汉语方言研究中心延聘校内外语言学家组成评审委员会，人选评出后交暨南大学教育发展基金会负责颁奖事宜。这样一来，马上就可以具体设计奖项的条例进行操作，奖金作为捐款交给暨南大学教育发展基金会后，其余例行的行政工作由基金会负责，彭志峰和肖自辉协助做些从申请到颁奖过程中的杂务。没想到会如此顺利，看来来年九十大寿时第一届颁奖不成问题，这可算是晚年实现的一件具有深远意义的大事。6月10—14日，甘于恩将2015年2月沈阳师范大学张宜教授采访的录音记录稿放到“语言资源通讯”公众号上，分上下两篇，并加插一些照片，引来大量读者，许多人都在朋友圈加以转载点赞。6月11日，力诚公司董事长李跃城到访，随后乘他的车赴省文史研究馆拜访庄福伍副馆长，畅谈近两小时。6月14日，在暨南大学汉语方言研究中心办公室接受凤凰卫视专题采访。7月10日，在暨南大学教育发展基金会的精心筹划下，于校友楼四楼会议室举行隆重的詹伯慧语言学奖启动仪式，会上社科处潘启亮处长、文学院程国赋院长及暨南大学汉语方言研究中心多位资深弟子等纷纷登台讲话，对这一奖项设立的意义和影响作了深刻的阐述，会后一众人等到明湖楼共进寿宴，气氛十分热烈。晚上暨大的武汉大学校友会又在招待所隆重举行祝寿宴会。没料到今年的生日正值疫情无法外出和弟子们欢聚之特殊时期，却能在校内连续享受两场华诞盛宴。文学院院长还特别请陈初生书写了“语坛泰斗”四字制成厚重的牌匾作为九十华诞寿礼，挂到新居的客厅上，觉得格外大气，弥足珍惜！9月8日，主管文科的校党委夏泉副书记、社科处潘启亮处长代表学校到家里来作教师节慰问。9月14日，《南方》杂志社记者一行约好前来采访，在暨南大学汉语方言研究中心办公室足足访录了两个多小时。9月29日，中共广东省委主办的《南方》杂志2020年第19期刊出该社记者刘艳辉的专访《詹伯慧：暨南大先生》，各方反应强烈，纷纷转载点赞。10月5日，《光明日报》在全国哲学社会科学工作办公室和光明日报社理论部联合主办的专版《国家社科基金》刊出三篇专论，其中一篇就是詹伯慧的《谈谈汉语方言大型辞书的编纂》，并加“编者按语”称：“语言文字事业具有基础性、全局性、社会性和全民性的特点，是国家综合实力的重要支撑力量。事关国民素质提高和人的全面发展，事关国家统一和民族团结，事关历史文化传承和经济社会发展，在国家发展战略中具有重要地位和作用，围绕国家战略和发展需求以及语言生活重点、热点和难点问题，本版特约请三位专家撰文，从不同角度展示战略性、前瞻性、对策性研究成果，以期为全面建成小康社会、建设与综合国力相适应的语言强国贡献学术力量。”10月23—24日，厦门集美大学举行闽南方言资源保护论坛，本已寄去发言稿准备出席，因雅仙住院临时取消此行，改以寄去视频录像在开幕式上播放。11月13日，由澳门大学主办的第二十四届国际粤方言研讨会以线上方式举行，特录制视频发言在开幕式上播放。从11月初开始，紧锣密鼓地筹备11月15日“暨南大学詹伯慧语言学奖”启动大会，计划邀请校内外一批嘉宾与会，包括邀请此奖项之校外评审委员会近十位自北京等地前来莅会。大会如期于11月15日上午在暨南大学图书馆文献展示厅举行，到会的有校长宋献中、前党委书记蒋述卓、党委副书记夏泉、文学院院长程国赋、院党委书记魏霞，及学校各部长、处长，中文系和暨南大学汉语方言研究中心各正副领导等校内同志，以及校外詹氏联谊会、省文史研究馆、省民盟等单位多位领导及校内外詹门弟子等近百人出席大会。《羊城晚报》社长刘海陵专程率两位记者前来与会并采访录像。中国语言学会会长王洪君特别发来贺信，因故未能到会的评审委员李宇明和戴庆厦发来视频祝词，著名方言学家王福堂教授也发来贺信。此次启动大会会前已有各方表示有意捐款赞助此奖项。其中会议期间已宣布的有：东莞天福连锁公司欧阳华金捐20万元，詹门弟子合捐8.3万元，广州詹氏宗亲联谊会捐7.3万元，暨南大学饶平校友会捐5万元，合计50余万元，再加上自己已捐的50万元，此奖项基金一经启动已有100万元以上，说明设立这一奖项是得人心的义举。大会情况当天（11月15日）《羊城晚报》及中国新闻社就已发表报道，广州电视台也在11月16日播出新闻稿。《潮州日报》得悉此会举行，16日电话联系要求暨南大学教育发展基金会提供材料并作专访，日内就会见报。此次会前还抓紧做了清书的工作，清了一批著述准备献给饶平力诚文化大观园设立的“潮汕学者著述书库”，另外再清出一批图书准备补充到暨南大学图书馆的方言文献资料中心去。12月中，与暨南大学汉语方言研究中心几位同仁商议，认为九十大寿应该出一本集子，决定收集较有影响的撰文专访，加上年谱、著述等，约30万字，初定以《南方》杂志文章的标题《詹伯慧：暨南大先生》作为书名，后经考虑更名为《暨南大先生：詹伯慧》。决定下来后找李战和程国赋院长落实出版及经费事宜，并与刘新中、李战商量篇目，除了香港、澳门需请人撰写专稿外，其余稿件都是现成的。新年前后跟邓景滨、许子滨通电邮，落实撰稿事宜。邓景滨答应立即写稿。许子滨负责起草文稿，经单周尧修改后以合署的方式将文稿发来。

2021年，元旦、新年没有任何节日气氛，一心忙于完成贺寿文集这件大事。可喜的是，由文学院程国赋院长出面具文呈请校领导林如鹏书记、宋献中校长为此书题词，他们都答应了，正在准备之中。3月3日下午，举行首届“暨南大学詹伯慧语言学奖”参评著作评审问题会议，将已收到的14部（篇）著作分配给评委们审阅，决定每部（篇）著作分请三位评委审阅，同时再动员一些优秀著作参加评选，为尽量使参评著作涵盖内容更广泛一些，当晚即发微信请单周尧找两位教授推荐其高足许子滨有关训诂方面的优秀著作参评，他马上表示赞同，就等推荐者把意见表及许子滨著作送来，再安排传统“小学”方面的评委专家进行评审。这样一来首届“暨南大学詹伯慧语言学奖”参评著作就既有现代语言学著作，也有训诂方面研究的著作，涵盖面更为广泛了。3 月 8 日，为落实第三本书法集最后定稿付排事宜与庄福伍及李跃城频频通话联系协商，终于落实可以马上发排付印。3 月底，《暨南大先生：詹伯慧》一书最后几篇稿子都已到齐，另加入新华社记者几年前的一篇采访稿，只差校党委书记林如鹏和校长宋献中的题词，以及照片的遴选，便可交由暨南大学出版社负责出版事宜。4 月 6 日，暨南大学汉语方言研究中心新旧班子交接仪式在中文系隆重举行，校社科处领导和学院院长、书记及中心成员到会甚多，热烈程度异常。刘新中正式接任主任一职，会上领导提出要求暨南大学汉语方言研究中心要进一步攀登高峰，向成为部级基地进击；会上就“继往廾来”四字作简短论述。4 月 27—30 日，由敦一开车，偕雅仙等一行 4 人专程赴饶平新丰镇詹安泰文化中心工程现场实地考察并与相关人员落实工程收尾及设计布展如何配合开展等具体事宜。预定三个月内完成，争取在次年父亲诞辰之时举行开幕式。5 月 6 日，《中国社会科学报》记者李永杰来家中采访。6 月 2 日，该报新设专版《学人剪影》刊出《詹伯慧：默默耕耘七十载，一生执着语言学》一文。由于广州疫情仍然严峻，本预计 7 月 10 日举行首届“暨南大学詹伯慧语言学奖”颁奖典礼暨《暨南大先生：詹伯慧》一书首发式的会议推迟至 10 月底再举行。近日传来两件喜讯：一是《汉语方言学大词典》再获一项国家级大奖——第五届中国出版政府奖，这是新闻出版界最高奖项，每三年评一次；二是中国民主同盟建盟八十周年，评出 100 名杰出盟员和 100 名优秀盟员，获中国民主同盟中央委员会授予杰出盟员奖，6 月 10 日收到民盟中央寄来的荣誉证书。广州历经一个月的疫情肆虐，终于得到遏制。政府宣布 7 月 3 号起进入常规防疫阶段，非疫区人员进出广州无须检测，无须隔离。借疫情好转的东风，7 月 10 日上午由暨南大学汉语方言研究中心、暨南大学文学院组织召开了“庆祝詹伯慧教授九十华诞暨从教六十八周年座谈会”。座谈会采取线下线上同时进行的方式隆重举行，校党委夏泉副书记代表林如鹏书记出席并讲话。校宣传部和社科处领导、文学院院长和书记、中文系主任和方言研究中心新旧主任、方言中心和华文学院有关师生代表、出版社的领导等 30 余人参加线下座谈；詹门弟子多名，包括在福建、江西、深圳、澳门等地的门生以及远在瑞士的唐莉、美国的林柏松几十位都参加了线上座谈。会后在广州酒家黄埔大道店举行盛大的寿宴，家人也借此机会分别从深圳、东莞及市内各地带同小孩共 30 余人前来参加寿宴欢聚，气氛温馨热烈。出版社李战副总编在上午的座谈会介绍了业已编就的《暨南大先生：詹伯慧》一书的情况，该书定于 2021 年 7 月出版，准备在 10 月底与首届“暨南大学詹伯慧语言学奖”颁奖典礼一起举行隆重的首发式。詹伯慧的九十华诞简朴而隆重，座谈会和寿宴取得了圆满的成功。7 月 26—28 日，应詹森涛之邀，前往惠东双月湾及惠州西湖作三日游，泡了海水浴，参观了海龟博物馆，瞻仰了惠州西湖苏东坡塑像。